# Just Fontaine

## mes 13 vérités sur le foot

Préface de **Michel Platini**

# Just Fontaine

## mes 13 vérités sur le foot

avec Jean-Pierre Bonenfant

SOLAR

# JUSTO, CET HOMME QUI

Nous ne connaîtrons jamais la réponse à la question : et si Just Fontaine n'avait pas arrêté sa carrière à 27 ans à peine ?

Tous les amoureux du football – et j'en fais partie – peuvent facilement imaginer que Justo aurait continué à enfiler les buts comme d'autres enfilent les perles.

J'étais bien trop jeune pour avoir vu jouer Justo. Mais j'ai le privilège de connaître intimement l'un de ceux qui peuvent en parler le plus justement. Je veux citer Roger Piantoni, vieux complice de mon père Aldo. Roger m'a raconté ou expliqué tant de choses à connaître et dans ses exemples revenaient le nom de Fontaine.

Bien entendu, les photos et les palmarès sont là pour œuvrer à la mémoire du football mais c'est en évoluant au plus haut niveau que j'ai pu me rendre compte combien Justo avait marqué plusieurs générations. Et lorsqu'en 1984 j'ai terminé meilleur buteur du Championnat d'Europe des Nations, je n'avais « que » 9 buts à mon compteur. Il m'en manquait donc 4 pour égaler la performance de Justo en Suède, en 1958.

Ah.. ces 13 buts ! Il lui ont apporté une gloire universelle en un temps où la communication télévisuelle n'était pas globale. Je ne dis pas que Justo est entré pour l'éternité dans l'histoire du football mais je ne suis pas loin de le penser.

Avant qu'une double blessure le pousse hors du terrain, Justo avait pu montrer sur tous les terrains qu'il était un buteur hors pair. Accrocheur, volontaire, adroit, opportuniste, solide, il ne lui manquait rien pour aider le ballon à pénétrer dans le but.

Débutant en équipe de France par un triplé, il allait réaliser durant sa carrière avec l'équipe de France une formidable série à me rendre presque jaloux. Et s'il s'était illustré depuis longtemps, lui le Marrakchi de naissance, sous les couleurs de l'US Casablanca, puis de l'OGC Nice, c'est tout de même en maillot rouge manches blanches du Stade de Reims qu'il terrorisait match après match les défenseurs les plus rugueux.

Mais un homme se résume-t-il uniquement à ses exploits ?

Ce serait faire injure à Justo et le réduire à un homme qui pense avec ses pieds (encore que ceux-ci aient montré leur intelligence en maintes occasions). À peine sa carrière prématurément stoppée, le voilà qu'il s'engage pour défendre les intérêts des footballeurs professionnels. Sur une

# VIT ET RESPIRE LE FOOTBALL

idée de Eugène N'Jo-Léa et la compétence du juriste Jacques Bertrand, il devient le premier président de l'UNFP (Union nationale des footballeurs professionnels) lors de sa création en 1961. Entouré de quelques copains, il lutte avec succès pour faire aboutir des revendications qui paraissaient alors insensées. Sa fantastique passion pour l'offensive débordait du terrain pour rejoindre le social.

Dès lors Justo, qui n'a jamais eu la langue dans sa poche, allait pouvoir s'en donner à cœur joie. Jamais à court de bons mots, il fait la joie des médias et de son entourage. Pensez donc, le football il le vit, il le respire. Ses analyses font mouche. Mais au-delà de son sens critique, Justo reste fidèle à ses idées. Ses valeurs du football – qui ne sont pas très éloignées des miennes – se tournent en direction du jeu. Lui qui a joué aux côtés d'artistes que furent Raymond Kopa et Roger Piantoni, il sait reconnaître au premier coup d'œil le véritable joueur de ballon.

Idéaliste au dernier degré, il ne pouvait réussir comme entraîneur. Têtu, passionné, avare dans ses concessions, il ne fut sur le banc qu'une étoile mais filante. Le poste de sélectionneur lui fut rapidement confisqué. Comment en effet résister aux pressions sans écorner ses idées, sans justifier l'injustifiable ?

Au Paris-Saint-Germain ce fut différent. L'aventure était amicale et toute de passion. Les copains – son fidèle Jacky Bloch en tête – étaient là pour le soutenir, le pousser à défendre contre vents et marées sa propre vision du football. Mais encore une fois, le football professionnel est cruel et admet difficilement les romantiques. Alors, Justo descendra vers le Sud (près de ses foies gras ?) pour y mener une existence toute aussi passionnée.

De match en match, de tribune en tribune, il va et vient au gré de ses humeurs. Les parties de cartes avec les amis ne sont perturbées que par quelques détours pour aller découvrir ce qui se fait ailleurs. Coupes du monde, championnats, coupes en tous genres, tout est bon pour l'appétit footballistique de Justo. Et pas seulement le football au plus haut niveau. Ses fidèles protégés de Noé sont la pour en témoigner.

Car pour Just Fontaine, le football s'écrit avec un grand A, comme Amitié ou Amour. Et ce n'est pas Arlette, sa femme, qui me contredira.

**Michel Platini**

# SOMMAIRE

# À LA RENCONTRE DE JUST FONTAINE

Buteur mythique de la Coupe du Monde 1958, – avec 13 buts en six matches –, Just Fontaine est surtout un footballeur d'anthologie. Son exploit de 1958 sur les gazons suédois est son sommet historique dans une riche carrière.

De retour sous les feux de l'actualité, à la faveur de la XVIIIe Coupe du Monde en Allemagne, son record inégalé de 13 buts, Just Fontaine s'exprime en témoin éclairé de l'évolution du football au fil d'une réflexion comparative entre les années d'hier et celles de maintenant.

Avec son ami Jean-Pierre Bonenfant, Just Fontaine contribue ainsi à l'histoire du football. En puisant dans des adecdotes de sa carrière d'attaquant d'élite, d'entraineur et de sélectionneur, ce personnage hors du commun projette sur le football moderne un regard à la fois critique et positif.

Son ouvrage *Mes 13 vérités sur le foot* s'articule en treize chapitres spécifiquement construits :

– chacun d'eux s'ouvre par l'un des treize buts de Just Fontaine dans sa campagne suédoise, décrit à chaud dans les conditions d'un commentaire radiophonique en direct ;

– puis le récit proprement dit alterne entre le propos (*en italique*) de Jean-Pierre Bonenfant et les précieuses confidences de Just Fontaine ⚽ ainsi que ses observations sur le football.

Sous cette présentation inhabituelle, très dense, la référence à l'évolution du football est aussi lucide que permanente. Dans *Mes 13 vérités sur le foot*, les interventions du Just Fontaine s'enchainent, au gré du récit, comme un réquisitoire contre les abus et les déviations du football et un fervent plaidoyer pour un football régénéré. En son genre, ce livre est un document d'exception.

1

# Conseils à Ronaldo pour tenter de battre un record imbattable

« Bonjour chers auditeurs. Nous sommes à Norrköping, en ce 8 juin 1958, au stade de l'Idrottsparken, où le public suédois est dense, avec près de 20 000 personnes. Pour son entrée en Coupe du monde, l'équipe de France affronte ce soir le redoutable Paraguay. C'est le Paraguay qui mène 1-0, grâce à un but d'Amarilla à la 20e minute. Kopa en milieu de terrain, Jonquet, Jean-Jacques Marcel, de nouveau Kopa qui dribble et combine avec Piantoni, Piantoni à Fontaine, à la limite du hors-jeu dans le camp paraguayen, Fontaine contrôle et s'en va : attention, quelle vitesse ! Balle au pied, il a semé tout le monde, une course de 40 mètres, il va se présenter seul devant Mayeregger, la France peut égaliser, le goal sort, but. Fontaine, à ras terre, du droit a anticipé la sortie du Mayeregger… Gooooooool… Le premier but de la France. Il est signé Fontaine. 25e minute de jeu :

**Paraguay 1 - France 1.** »

## *Ben Barek et l'enfance africaine de Justou*

*Just Fontaine marque le premier but de son fabuleux record. Il en manque douze !... Fontaine avait frappé sec et ras avant que Ramón Mayeregger n'esquisse un geste ou un plongeon, pris de court par une grande vitesse d'exécution. Face à lui, un avant-centre exceptionnel, contemporain d'une race d'avants-centres impitoyables. Au diapason du témoignage de Fontaine, plaçons-nous dans la tribune ou devant un écran de TV en noir et blanc. Les temps ont bien changé en matière d'efficacité devant le but. Il était une époque où quand Gerd Müller, Pelé, Skoblar, Di Stefano ou Puskas étaient en position de tir, le public retenait son souffle, ou fermait les yeux, car ça faisait mouche une fois sur deux.*

### À mon époque, le gardien avait peur de l'avant-centre, aujourd'hui c'est le contraire

Lors de la Coupe du monde 1958, j'ai eu vingt occasions de buts claires, 13 buts, un tir sur la barre, un sur le poteau, quatre arrêts du gardien et un tir dehors. De grands joueurs ont bâti leur réputation et leur notoriété de buteurs avec le n° 9 dans le dos. Je mets à part des champions comme Pelé, Alfredo Di Stefano, Hidegkuti, le Hongrois, Raymond Kopa et d'autres qui se sont illustrés avec ce numéro mais qui étaient plutôt des distributeurs, patrons ou organisateurs, qui jouaient partout plutôt qu'exclusivement en pointe. J'ai commencé avec le n° 10 et n'ai presque jamais joué avec le numéro 9 dans le dos, mais j'avais l'âme d'un 9.

Si auparavant l'avant-centre était soutenu par des inters et ailiers, dans le cadre d'un jeu créatif et offensif, généreux en buts et occasions de buts, aujourd'hui, dans un football où le pressing et la défensive dominent, le n° 9, plus isolé, est d'autant plus important. C'est le joueur qui va traduire la suprématie de son équipe sur la rivale en transformant en buts les plus rares occasions qui se présentent à lui. Dans ce cas, son efficacité doit être optimale, les meilleurs doivent au moins concrétiser 50 % des occasions. Dans certains matches, il suffit d'une opportunité pour transformer un nul en victoire ou une défaite en nul.

## Il était sur son mauvais pied !

Outre une excellente technique et la vitesse, la qualité première du buteur est évidente : il doit avoir deux pieds. Je bondis d'entendre les reporters se lamenter d'une occasion vendangée parce que l'avant-centre « était sur son mauvais pied ». Le n° 9, ou l'avant de pointe, doit évidemment être ambidextre. Il ne peut pas passer son temps à chercher son bon pied, dans ce football moderne où la vitesse et la pression sont de mise. Le temps qu'il cherche son bon pied, il s'est empêtré les deux entre trois paires de jambes de défenseurs adverses ! Il doit aussi avoir une bonne détente et un bon timing pour le jeu de tête. Il doit savoir lire la trajectoire du ballon sur les centres pour anticiper le placement et, même s'il se trompe souvent, recommencer sans cesse et sans cesse. Il doit donc être tenace et optimiste. Il doit être généreux quand un équipier est mieux placé, pour que ce dernier lui rende la politesse quand les rôles seront inversés.

Paul Nicolas, Jean Nicolas, Jean Baratte, Thadée Cisowski, Éric Cantona, Jean-Pierre Papin ont honoré le n° 9 en France. Ailleurs le Brésilien Leonidas, les Anglais Hurst, Lineker, John Charles, le Yougoslave Skoblar, le Hollandais Van Basten, l'Allemand Gerd Müller, etc., ont fait rêver les gosses à ce n° 9. Aujourd'hui, le Russe Chevtchenko, le Brésilien Adriano, le Camerounais Eto'o,

Henry ou Trezeguet sont de la race des grands avants-centres d'antan, mais ils doivent améliorer leur pourcentage d'efficacité, compte tenu de ce football plus avare en occasions. C'est sans doute Ronaldo, champion du monde 2002, qui illustre le mieux l'obligation de réalisme de l'avant-centre moderne, transformant souvent le résultat d'un match, malgré les rares occasions dont il bénéficie au Real Madrid.
Aujourd'hui, je m'inquiète du manque d'occasions de buts et de certaines tactiques conservatrices, où l'on joue souvent avec un seul attaquant puissant ou géant, genre Koller, le Norvégien Carew, Crouch, voire Drogba, qui sont des footballeurs moins joueurs, moins participatifs, qui occupent les défenses au profit des montées de puissants milieux comme Gerrard (Liverpool), Lampard ou Essien (Chelsea). J'ai la crainte que les gosses ne rêvent plus autant qu'auparavant de porter un jour ce fameux n° 9, symbolique d'un buteur auparavant redoutable et redouté et aussi plus joueur, devenu aujourd'hui moins résolutif et surtout moins créatif, hélas !

## Le grand buteur est un homme heureux

Quand commencera à rouler le ballon sur les terrains du Mondial en Allemagne, Ronaldo tentera de battre des records, a-t-il annoncé. Attention, danger, pas pour mon record. Mais pour ses défis. Il n'aura sans doute pas trop de mal à battre le record total de buts en Coupe du monde, détenu par Gerd Müller avec 14 buts (10 en 1970 et 4 en 1974), il en a déjà 12 au compteur entre les Mondiaux de 1998 (4) et 2002 (8) en arrivant chaque fois en finale et en disputant donc 14 matches. Il lui suffirait donc, pour assurer ce record, de marquer 3 buts. Mais il faudra le tenter dès les trois matches de la première phase, car en huitièmes, en matches éliminatoires directs, ce sera déjà plus compliqué.

## Quoique !

Je crois que pour être un grand buteur, il faut être heureux, c'est fondamental, et on ne doit surtout pas se mettre trop de défis en tête. Quand j'ai établi le record de 13 buts en une phase finale, personne n'y prêta attention. On se souvenait à peine que dans la Coupe du monde 1954, le Hongrois Kocsis en avait marqué 11. Et moi, je n'y pensais vraiment pas. J'en étais insouciant. J'étais heureux de la décision des sélectionneurs de m'avoir titularisé, ce qui m'avait donné une grande confiance, autre facteur favorable au buteur. Dans la finale pour la troisième place, il y a même eu un penalty avant la demi-heure de jeu et à ce moment là j'avais déjà inscrit 10 buts, j'étais donc à un but du record de Kocsis et personne n'a pensé à me le faire tirer, moi non plus d'ailleurs. C'est Kopa qui tirait les penalties.

## Les deux journalistes faisaient partie de l'équipe

En outre, il n'y avait aucune pression à l'époque. Seulement deux journalistes nous accompagnaient, Jean Gaillard (*L'Équipe*) et Dany Rebello (*France-Soir*). Ils se restauraient avec nous, ils sortaient avec nous, ils allaient à la pèche ou jouaient aux cartes avec nous, ils faisaient tout avec nous, ils appartenaient à l'équipe. Et ils s'entraînaient même avec nous. Bon. Pas longtemps...

## Ronaldo et mes conseils pour battre un record imbattable

Bref, il est fondamental pour un buteur d'être bien dans sa tête, libre d'esprit. Je crains que la tâche que s'est imposée Ronaldo puisse se retourner contre lui. C'est sans aucun doute le plus grand buteur du football actuel. Le seul armé d'une technique exceptionnelle : regardez-le contrôler un ballon, la balle reste là, dans ses pieds ou dans le un contre un face au gardien ou faire un contrôle orienté, etc. Quelle efficacité ! C'est l'avant-centre actuel qui vendange le moins d'occases. Souvent il n'a qu'une ou deux occasions et il les met au fond.

C'est le prototype de l'avant-centre à la fois de la classe et race de ceux de tous les temps et aussi du buteur du football moderne, plus mesquin en occasions. Mais même pour battre le record de Gerd Müller, il devra avoir de la réussite et du bonheur dans la tête. Il ne faut pas qu'il se marie et divorce à ce moment-là. Ou qu'il pense trop à sa jambe. On a observé qu'il joue d'une manière différente depuis ses deux opérations du genou droit. Je sais de quoi je parle. On est plus tout à fait le même après une terrible blessure.

## Les attaquants aujourd'hui mieux protégés

Ronaldo s'était aussi mis en tête depuis deux ou trois ans de battre le record de Pelé en sélection brésilienne (77 buts). Il en compte actuellement 57. À ce sujet, je précise que Pelé n'évoluait pas en pointe. Concernant les chiffres en sélection, je me permets de préciser qu'avec une moyenne de 1,43 (30 buts en 21 matches), je précède Kocsis (75 buts en 68 sélections), Gerd Müller (68 buts en 62 capes) et Puskas (83 buts en 84 rencontres), ce dernier jouant aussi plutôt inter.

Je crois que ce défi que s'est lancé Ronaldo peut être relevé. Il lui reste quand même quelques années de bon football à bon niveau. Et aujourd'hui l'attaquant est mieux protégé qu'en d'autres époques. Carton rouge pour un tacle par-derrière du dernier défenseur ou une faute du gardien qui prend le pied ou la jambe de l'attaquant. Le système de poules de qualifications pour les Coupes du monde ou d'Europe déclenche la fréquence de rencontres déséquilibrées. De plus, les arbitres sont meilleurs et plus professionnalisés, et se trompent quand même moins souvent qu'auparavant.

Enfin, avec le système presque généralisé de défenses de zone avec appui sur le hors-jeu, les occasions sont peut-être moins fréquentes mais donnent souvent lieu à un duel gardien libero contre attaquant. Bien sûr, les gardiens liberos sortent vite et anticipent à fond. Il faut donc que le buteur sache où est le gardien au moment du dernier contrôle de balle et, outre les feintes de frappe, les passements de jambes, les dribbles, utilise plus souvent qu'avant le piqué de balle ou le lob, et de n'importe quel pied ou de la tête. Mais ce conseil sur ce dernier geste technique est plus facile à dire qu'à faire, croyez-moi sur parole.

### Battre mon record, ça fait peur, c'est deux buts par match !

Quand vous pensez que la France entière se penche sur le problème de la stérilité offensive de son championnat de Ligue I qui n'enregistre que deux buts par match, un record du monde, hélas ! il ne faut surtout pas que Ronaldo se mette à calculer, ou qu'il se glisse ce record en tête. Seulement faire le calcul donne la migraine : il lui faudrait marquer deux buts par match minimum, en supposant qu'il joue tous les matches possibles du Mondial, soit sept. Si tu t'inscris ce défi en tête, t'es foutu.

## *Larbi Ben Barek, beauté sans âge*

*Asseyons-nous vingt ans avant le premier but de Fontaine au Mondial suédois au soleil de l'été 1938 dans les gradins du Stade Vélodrome de Marseille. Un footballeur extraordinaire nous y attend. Dès les premières minutes de son premier match officiel, il illumine un public marseillais passionné, pourtant accoutumé à la lumière du chaud et chaleureux port provençal. Une passe décisive au buteur Kohut et deux de ses buts scellent l'étincelante victoire de Marseille, 5-2, sur le grand Racing. Quelques jours auparavant, en match de préparation de la saison, il avait infligé huit buts aux Anglais de Southend.*

*Orphelin très jeune, né à Berrechid, entre 1914 et 1918, selon les anna-*

*les de l'histoire d'une date de naissance incertaine, ce phénomène du jeu avait gravé dans sa rétine les prouesses des étoiles qui se produisaient au soleil marocain au tournant des années 1930 : Sindelar et le Wunderteam autrichien, la Hongrie de Sarosi ou encore la sélection française des Veinante, Nicolas, Heisserer, ses idoles de gosse, avec lesquels, cas exceptionnel, il évoluerait plus tard en équipe de France. Dès ses débuts dans les rues de Casablanca, l'enfant Larbi fait étalage de la classe des futurs cracks africains ou brésiliens, celle des artistes noirs ou métis de la balle et de la rue, des enfants pauvres qui dribblent la misère en s'amusant, à la recherche du bonheur dans le plaisir du jeu.*

*Lors d'une rencontre entre une sélection d'Afrique du Nord et l'équipe de France à Casablanca, soldée par un 4-2 en faveur des « Bleus », il éblouit le public et les journalistes français qui devinèrent alors une étoile de la balle. Larbi Ben Barek débarque ainsi à Marseille.*

*Stature, élégance et style le favorisent, Ben Barek est un attaquant et artiste impénitent, à la fois buteur, passeur et créateur. Des deux pieds et de la tête, il le fait toujours beau, c'est naturel chez lui. Après une année splendide à l'Olympique de Marseille, la Seconde Guerre mondiale éclate et il retourne à l'US Marocaine de Casablanca. Moins de matches, mais plus de brio et de maturité, après les longues années de guerre, le Stade Français l'engage, à l'issue d'un match amical au Maroc, où Larbi avait été démon, divin ou magicien, selon le lyrisme de critères journalistiques admiratifs.*

*En fonction de son incertaine année de naissance, Ben Barek achève sa carrière bien au-delà de 40 ans à l'Olympique de Marseille en 1955. La France, l'Espagne et l'histoire du football le considèrent comme l'un des plus grands acteurs du beau football classique, et ce, malgré une carrière tronquée par les six années de la guerre 1939-45, où il était retourné à Casablanca. Larbi Ben Barek jouait sans télé ni publicité, mais il atteindra une célébrité universelle, comparable à celle des plus grands, grâce à sa magie, son élégance aérienne et son efficacité, à Marseille, au Stade Français et à l'Atletico de Madrid, et aussi grâce à la puissance médiatique de l'époque : le lyrisme débordant des journalistes. Quand, en 1948, le Stade Français le transfère à*

*l'Atletico de Madrid pour une somme alors fabuleuse, on lit dans la presse parisienne entre autres phrases historiques : « Vendez l'Arc de Triomphe ou la tour Eiffel, mais ne vendez pas Ben Barek. »*
*Le prestigieux titre espagnol* Marca *écrit : « Ben Barek, un phénomène, sans artifice, à la classe prodigieuse, avec une touche de balle mer veilleuse, une intelligente et superbe conception du jeu. » À l'Atletico de Madrid, il devient « la perle noire » de « l'attaque de cristal », avec le Suédois Carlsson, et les Espagnols Escudero, Juncosa et Pérez Paya, gagnant deux titres consécutifs de champion d'Espagne, en 1950 et 1951. Au stade Metropolitano et dans le championnat espagnol, il totalise 56 buts en 113 matches et 5 saisons, il est au zénith de son art, aux abords de la quarantaine.*
*Son arrivée à l'Atletico de Madrid fut un événement polémique et dramatique : à l'orée de la saison 1948-49, la nouvelle star madrilène est introuvable. On spécule alors qu'il est trop vieux, après tout, on ne savait pas son âge ; que tout ce transfert du Stade Français en Castille est un bluff, une opération loupée, que la France ne le libérerait pas, que l'Afrique non plus, etc.*
*Enfin, le voilà : il jouera aussitôt, convaincra et vaincra très tôt. Le supposé vieux Larbi sera alors plus performant que jamais. Son retard est dû à la mort de sa femme et il accommoda ses enfants à Casablanca avant de s'accommoder lui-même à Madrid. L'existence de Larbi, depuis sa jeunesse, dans la pauvreté et l'orphelinat, jusqu'à sa mort, dans la pauvreté et l'oubli, en 1992, est un voyage permanent sur les vagues du malheur et du bonheur, comme la « saudade », ce sentiment brésilien, qui lui allait si bien, en tant que père du football art afro-brésilien. Ce que reconnut d'ailleurs son roi, Pelé, qui lui rendit hommage au cours d'une de ses nombreuses tournées en Afrique.*
*Chaque dimanche, Larbi fabriquait du bonheur en communion avec le public de Casablanca, Marseille, Paris ou Madrid, quand il se lançait dans des dribbles inédits et surprenants, quand son élégante foulée perforait les défenses et quand ses passes étaient des demi-buts. Il avait émerveillé et illuminé des millions de regards dans moult stades, acquis à sa cause ou le contraire. Ben Barek était naturellement*

*spectaculaire, il jouissait autant lui-même de son spectacle que du bonheur de l'offrir et de le partager avec le public. Michel Drucker et bien d'autres professionnels du spectacle télévisuel ont diagnostiqué que si la télé avait existé à son époque, il aurait été la première grande star du football, bien avant Pelé, George Best, Platini, Zidane et autres Cruyff, Ronaldo ou Ronaldinho.*

## *L'enfance de la balle à Marrakech, la picaresque espagnole*

*À la naissance de Just Fontaine à Marrakech, le 18 août 1933, le premier championnat de France professionnel vient de se terminer sur la victoire de l'Olympique Lillois, et les deux meilleurs buteurs sont Robert Mercier et Walter Kaiser, du Stade Français et de Rennes, respectivement auteurs de 15 buts chacun. Au Maroc, la meilleure équipe est l'Union sportive marocaine de Casablanca, l'USM, dont la star historique est Larbi Ben Barek. Aux côtés de « la perle noire » et de Mario Zatelli, Just Fontaine obtiendra une place privilégiée dans le cœur des supporters de l'USM, tant par ses buts et son jeu, que par la gloire des titres majeurs.*

*Très tôt, le gamin Justou assène ses premiers buts à d'innombrables gardiens en herbe, démesurément petits sous les portails ou dans la cour de l'église catholique de Marrakech, où les cailloux de la place n'invitent pas aux plongeons que Julien Darui distille à cette époque-là en France, dans les bois de Lille. Quoi de plus naturel que de frapper du pied dans une balle face à un gardien qui, aussi naturellement, essaie d'arrêter les tirs de la main.*

## *Cet étrange ballon au pied qui étonne Pierre de Coubertin en 1897*

*Quoi de plus étrange que le football, un sport aujourd'hui universel, mais le seul jeu de balle qui se joue exclusivement au pied. Remercions ces Anglais illuminés qui, au soir du 28 octobre 1863, à la Freemason's Tavern, décidèrent de créer le Football Association, et les règles de base du jeu actuel, entre autres celles qui interdisaient le coup de pied dans les tibias, la cravate, le plaquage, le croc-en-jambe et le jeu à la main.*

*Ainsi naissait le football, un sport noble et fair-play, codifié et moins violent. Pierre de Fredi, baron de Coubertin, observe ainsi l'essence de la différence profonde entre les rugby et football naissants : « En tout ceci, je n'ai parlé que du jeu dit de Rugby : le football se joue aussi sous d'autres règles appelées règles d'Association. L'Association est un sport très élégant, plein de finesse, mais qui ne saurait être comparé au Rugby. Il est interdit de toucher le ballon avec les mains, de le porter… C'est en somme un "ballon au pied" habilement réglementé, mais ne comportant pas les combinaisons et les péripéties du Rugby (…) et je dois dire que je n'ai aperçu nulle part la trace de ce qui rend les combinaisons du moderne football si variées et si captivantes, je veux dire une réglementation scientifique. »*

## *M. Fontaine avait peur que Justo se casse la jambe*

*Le petit Just s'appelle affectueusement Justo ou Justou, en raison des origines espagnoles de sa mère María Dolorès Ortega, née à Almería, et du prénom du grand-père maternel, Justo. Maria Dolorès fera bon usage au profit du gamin footeux de la picaresque espagnole, celle de Lazarillo de Tormées ou de Don Quijote, celle de la démerde ou de la malice pour contourner difficultés et règlements. Mère de sept Fontaine, elle est une sainte femme. C'est elle qui nourrit parfois de nuit le fiston privé de nourriture quand il a fauté.*

*En effet, M. Fontaine, natif de Boudeville en Normandie, goal, demi de mêlée, basketteur, non fumeur, fonctionnaire à la régie des tabacs à Marrakech, et enfin arbitre de football, refuse de voir son fils jouer au foot, sport un peu risqué au Maroc, où, en minime ou cadet, Justou pourrait se confronter à des joueurs à l'âge officiel écourté de quelques années, bâtis comme des rocs ou des adultes. Et M. Fontaine, qui impartit la justice sur les stades de Marrakech et du Maroc, sait de quoi il parle quant aux chocs qu'il arbitre et il décide que Justo sera basketteur, pour éviter de se faire casser la jambe.*

## *Champion de basket et footballeur clandestin*

*Il sera en cela toutefois appuyé par son épouse qui trouve que les chaussures trouées ou déchirées souffrent trop des longues parties de football clandestines du gamin. Et Justou s'adonnera au basket, avec plaisir et talent, comme toute la famille Fontaine, une véritable équipe, sur le terrain comme à la maison. Dans les annales de l'histoire du sport marrakchi, figure en belle place la victoire d'une équipe Fontaine sur une équipe officielle de basket de Marrakech. Les succès basket et études se confirment. Justo passe l'examen d'entrée en 6e au lycée Mangin avant tout le monde, à 9 ans, et sera quelques années plus tard deux fois demi-finaliste du championnat du Maroc de basket cadet et junior avec l'AS Marrakech. Cependant, Justou est aussi un excellent chasseur de moineaux et de buts. Il adore par-dessus tout le foot. Il tire au but, du gauche ou du droit, et même de la tête, une tête où défilent de belles images des exploits, dribbles, une-deux et buts de Ben Barek, la star du Maroc qui joue et brille à Casablanca et en France. Pourquoi pas moi ? pense Justo, et cette frustration naissante ira en croissant au fur et à mesure des sermons et punitions que papa inflige quand il apprend que son rejeton a joué au foot, quand le curé lui signale que quelques vitraux ont été cassés et que les tirs de son fils en sont sans doute la cause.*

*Pourquoi ne pas imaginer qu'en obligeant son fils à dribbler en cachette et à marquer des buts à la sauvette, le père l'ait aidé à devenir un redoutable buteur ? En effet, pendant ces années où Justo était encore un footballeur clandestin, il apprit à marquer le plus de buts possibles en le moins de temps possible, presque furtivement. Ainsi travailla-t-il certaines qualités de l'avant-centre comme cacher le tir, la frappe le plus tôt et vite possible, de n'importe quel pied, comme subrepticement, à l'abri des regards paternels.*

## *Une circonstance rocambolesque déterminante*

*Au grand jour et au soleil de Marrakech, Justo est un champion de basket jusqu'au jour où il assiste à un de ces matches qui lui étaient interdits. Justo savait que le match serait arbitré par un certain M. Delphin Fontaine. Justo transgresse l'interdiction écrite, officielle et paternelle de jouer au football et demande à entrer à la mi-temps. Droit qu'il obtient en argumentant que l'interdiction du père était levée, puisque c'était son propre père qui était là et arbitrait. Après l'inévitable « Mais qu'est-ce que tu fais là ? », le match de Justo fut excellent et irréprochable, sous les yeux d'un père qui lui donna toutefois rendez-vous pour une explication à cet acte reprochable.*

*L'explication fut plus courte et moins sévère que prévue. C'est sans doute ce jour-là que la voie du football se dégagea. Cette sorte de coup de force de Justo, le basketteur, fut sûrement la première des deux ou trois circonstances qui déterminèrent le reste de la brillante carrière de Just Fontaine.*

## *Le nouveau Fontaine est arrivé*

*Dès lors, les succès en football de Justou apparaissent enfin au grand soleil des stades et dans les journaux, au détriment de ceux parallèles du basket. Ça va vite, buts et titres tombent immédiatement. C'est M. Aomar qui est le premier coach de Justou en cadets de l'AS Marrakech.*

*Et avec le prénommé Aomar, aussitôt nommé Crustacé par les joueurs étudiants en biologie, le nouveau Fontaine, le footballeur, signe à 15 ans ses deux buts premiers buts officiels, les deux d'une victoire 2-1, en fin de saison 1948-49. Dans la foulée débutante mais déjà déterminée et perforeuse de défenses du nouveau Fontaine, l'AS Marrakech est championne du Maroc Cadets, invaincue, en 1949-50, et Justou, le meilleur réalisateur. Impressionnant l'entraîneur de l'équipe fanion, Roger Caumer, il débute même en équipe première de l'ASM et marque dans chacun des deux derniers matches de la saison, deux victoires, dont l'une contre le leader invaincu jusqu'alors, le MCO. La saison suivante 1950-51, il alterne buts et matches avec les juniors et l'équipe première où il est titularisé dès l'âge de 16 ans, à l'aube d'un moment clé de sa future carrière de footballeur : une expulsion injuste.*

## Jouer au football toujours à onze contre onze, c'est juste

J'ai été deux fois expulsé dans ma vie, une fois du lycée et une fois du terrain, chaque fois, injustement. Le jeu de football et le sport en général s'appuient sur des idées nobles, l'une d'elles étant la justice. Mais quoi de plus injuste qu'une équipe qui joue en infériorité numérique contre une autre ?

Quelles que soient les circonstances, ma conviction est forte : les matches doivent être disputés durant 90 minutes à onze contre onze. Je ne suis pas le seul à le penser et le dire, mais on n'est effectivement pas très nombreux et on nous tient pour des fous. Peut-être qu'on ne prend plus le temps de la réflexion dans ce football moderne qui va si vite, qui ne nous laisse plus le temps de penser. Alors posons le pied sur la balle un instant. Je regarde énormément de matches. Voici deux exemples récents de cette injustice.

## Remplacer les joueurs blessés, au-delà des trois changements, c'est juste

Lors de la finale de la Coupe Intertoto 2005, entre Marseille et le Deportivo de La Corogne, un attaquant du Deportivo, Munitis, s'est blessé alors que son équipe avait déjà opéré ses trois changements, à 15 minutes de la fin. La Corogne était alors encore qualifiée pour la Coupe de l'UEFA mais dut finalement s'incliner en encaissant deux nouveaux buts en fin de match, avec Munitis incapable de bouger. Ce match se termina avec neuf joueurs de Marseille contre huit du Deportivo.

Dans la Liga espagnole 2004-05, Valencia-Espanyol de Barcelone, deux joueurs de l'Espanyol sont expulsés à la 42$^{e}$ minute, pour protester, apparemment avec raison, surtout pour son capitaine Tamudo. L'arbitre avait autorisé l'entrée des soigneurs pour une blessure feinte de Pablo Aimar. Ce dernier, immédiatement rétabli, ne sort pas du terrain, et pour comble, tire la faute lui-même.

L'Espanyol encaissera deux nouveaux buts en toute fin de match et perdra 3-0 en jouant à neuf contre onze toute une mi-temps.

D'autres expulsions classiques souvent discutables ou qui semblent injustes sont celles des gardiens, sur fautes de main aux limites de la surface ou sur certains penalties.

## Remplacer les joueurs expulsés, c'est juste

Pour restaurer la justice du sport dans le football, il faut remplacer les joueurs expulsés, car le football doit toujours se jouer à égalité, onze contre onze. Cela ne signifie pas la fin des sanctions, l'impunité. Non, bien au contraire. Les coupables d'agressions et autres gestes antisportifs seraient sanctionnés après consultation des images. Et les innocents, innocentés.

Et comme le barème, qui devrait être sévère (plusieurs matches, voire six mois, une année ou plus de suspension, selon la gravité des fautes et comportements, style tacles au niveau du genou, crachats, insultes, piétinements, coups de coude, agressions, etc.), croyez-moi, les joueurs redeviendraient des joueurs de football, au lieu d'être des gladiateurs qu'ils sont parfois. En effet, sachant par avance les risques encourus pour leur place ou leur carrière, ils y regarderaient à deux fois avant de commettre de graves fautes. Cette mesure de jouer toujours à onze contre onze se justifie aussi pour prévenir les inévitables erreurs d'arbitrage.

## Les arbitres ne sont pas exempts

Les arbitres, comme les joueurs, ne sont pas exempts d'erreurs. Et, comme les joueurs, ils ne doivent pas être exempts de sanctions. Les joueurs sont parfois sanctionnés injustement. Mais les arbitres qui commettent des fautes techniques graves ne le sont pas. C'est injuste. Pour remédier à ce problème d'injustice ou d'erreur d'arbitrage, il faut un contrôle de l'arbitrage, avec des sanctions. Cela c'est juste. Car les arbitres ne sont pas infaillibles, mais très peu s'approchent de la quasi-perfection que démontra Collina.

## Dis-moi qui arbitre et je te dirai si le match sera beau

J'avais annoncé, avant le match Manchester-Real Madrid, un beau spectacle dans une de mes chroniques dans la revue espagnole *Don Balón* en mai 2003. Effectivement, l'unanimité des observateurs qualifia ce quart de finale de la Coupe d'Europe de match superbe et loua le niveau exceptionnel de la rencontre. Le meilleur homme sur le terrain, Ronaldo, fut applaudi par le public de Manchester.

Mais dans les louanges, on oublia un peu vite que l'arbitrage du maestro italien Pierluigi Collina fut génial et parfait. Avec lui, pas de jérémiades, pas de tentatives d'intimidation avec des roulés-boulés au moindre contact physique. Les joueurs reprennent leur place sans demander d'explication, car ils savent très bien que le coup de sifflet est justifié. Donc sachant qu'ils ne peuvent tricher, vu l'autorité de Collina, ils s'évertuent à jouer le jeu, ce qui rend le match plus agréable pour les acteurs, les spectateurs et téléspectateurs.

## Collina, reviens !

La décision récente de Pierluigi Collina d'abandonner l'arbitrage a pu paraître à beaucoup comme normale car, après tout, il ne lui restait plus que quelques mois de service, arrivant prochainement à l'heure de sa retraite sportive. Mais c'est plus important qu'il n'y paraît. En plus d'être le plus célèbre arbitre du football mondial, il est peut-être le meilleur que le football international ait jamais connu, en tout cas, en Europe. Devant la sensible

baisse du niveau des buts et du spectacle et devant l'augmentation des actions polémiques, des actions dites de stratégie, où tout est valable, son départ sera lourdement ressenti.
Le voir administrer la justice en un match de football revenait à se rendre à une école d'arbitrage. Sa personnalité et sa qualité forçaient le respect des joueurs les plus polémiques des terrains italiens et européens. Il démontrait, au plus haut niveau de compétition, que les joueurs peuvent respecter l'arbitre. Et très peu d'entre eux tentaient de le tromper avec des plongeons dans la surface et autres simulations, comme malheureusement elles prolifèrent dans la majorité des stades et championnats du monde entier.
La fonction d'arbitre était valorisée à travers lui, comme le démontrent les opinions unanimes qui regrettent son départ. Et l'apparente autorité de son regard était celle de la compétence, la véritable base de l'autorité.

## Anelka hors jeu à Fort-de-France

Le retour d'Anelka en équipe de France, et à Fort-de-France, dans ses Antilles d'origine, en novembre 2004, a été salué et débattu par la presse unanime. Comme tout le monde, nous parlerons aussi d'Anelka, mais sous un angle que je n'ai vu nulle part. En effet, ce jour-là, Anelka a marqué un but illégal. Un de ces buts illégaux de plus en plus fréquents, qui ne soulèvent pas de critique dans la presse ou le public. Un type de but injuste, passé sous silence.
La France perdait 2-0 à la mi-temps et jouait endormie. Anelka la réveilla, avec la complicité de Henry et de l'arbitre de touche. Thierry Henry, à la 48e minute, reçoit une longue balle, excentré sur le côté gauche, en position réglementaire. Au centre du terrain, à 40 mètres des buts de Costa Rica, est aux aguets Anelka, en claire position de hors-jeu, 15 mètres derrière la défense caraïbe. N'étant pas destinataire de la passe, Anelka continue

sa course tranquille, toujours avec ses 15 mètres d'avance sur les défenseurs, reçoit le centre de Henry et marque sans opposition, grâce à son confortable avantage. But. But apparemment légal. Un but qui réduisait le score à 2-1 et fut à l'origine du réveil et de la remontée au score des Français.

Au cours du spectaculaire Pays-Bas-République tchèque de l'Euro 2004, idem, Van Nistelrooy est hors-jeu de position, 20 mètres derrière les défenseurs tchèques, quand Robben reçoit une transversale sur la gauche. Mais, par la suite, il profitera de cet avantage en recevant, esseulé, le centre de Robben et en concrétisant le 2-0. Idem pour un but de Wiltord en qualification du Mondial 2006. On ne parle pourtant pas de ces buts qui sont une évidente infraction à la règle 11 des 17 règles qui régissent le football, la fameuse règle du hors-jeu, si compliquée et simple à la fois. Cette règle dit ceci : un joueur en position de hors-jeu ne sera sanctionné pour cette position que si, au moment où le ballon est touché ou joué par un de ses coéquipiers, il se trouve, au jugement de l'arbitre, impliqué activement dans le jeu par une de ces trois circonstances :

– intervenir dans le jeu,
– gêner un adversaire,
– gagner un avantage de sa position.

N'est-ce pas assez clair ? 10 ou 20 mètres en hors-jeu de position derrière la défense sans se remettre en jeu, n'est-ce pas profiter d'un avantage de sa position ? Si on ne remédie pas à cette lacune, tous apprendront la leçon et se placeront volontairement en position de hors-jeu, embusqués derrière les défenses, en attendant que les circonstances deviennent favorables pour marquer un but illégal, un but injuste.

## Fort-de-France, fort de café

Le 2 décembre 1959, en pleine nuit, le barrage de Malpasset se rompt au-dessus de Fréjus. Quelques minutes plus tard, des centaines de personnes sont emportées comme des fétus de paille à la mer, avec tous leurs biens et on déplorera plus de quatre cents morts. En quelques jours, les footballeurs et la Fédération se mobilisent et organisent un match de bienfaisance entre la France et l'Espagne. Un grand match d'ailleurs, qui enchanta un public venu nombreux au Parc soutenir les victimes de la catastrophe de Fréjus et déguster un grand spectacle, le premier et seul but de Roger Marche en équipe de France et une victoire 4-3 contre une Espagne exceptionnelle avec Ramallets, Mateos, Kubala, Di Stefano, Suarez et Gento. 40 000 spectateurs au Parc des Princes versèrent leur obole solidaire et tous les internationaux français laissèrent la totalité de leur prime au profit des victimes.

En novembre 2005, après le match de solidarité France-Costa Rica à Fort-de-France, une malsaine polémique est apparue dans les médias au sujet du pourcentage de la prime laissée par les internationaux français en un moment douloureux pour nos compatriotes martiniquais, victimes de l'accident aérien du Venezuela, qui causa plus de cent cinquante victimes. On ne saura pas le fin mot de l'histoire, mais il n'y aurait pas dû avoir de débat ni de curiosité malsaine. Sans oser comparer les primes de mon époque avec celles d'aujourd'hui, il est absurde qu'une discussion ait pu naître à ce sujet. La solidarité dans le drame humain ne se discute pas, ne se divise pas, ne s'exprime pas en chiffres et pourcentages. Si, en un seul chiffre : 100 % de la prime.

## La grasse surprise de la kermesse

En 1958, au soir de notre retentissante victoire 6-3, contre l'Allemagne, le champion du monde sortant, pour la troisième place, à Göteborg, nous sommes allés fêter ça dans une kermesse et là, surprise. On finissait troisièmes du Mondial, avec le meilleur buteur, la meilleure attaque, trois joueurs dans le onze idéal et du beau jeu. Les gens nous acclamèrent et, force bières après, nous demandèrent de monter sur l'estrade et d'entonner une chanson... une sorte de tradition en Suède. On n'avait rien préparé, on a improvisé et toute l'équipe de France s'est mise à marmonner ou chantonner, puis chanter « les couilles de mon grand-père ». Ils ont cru qu'on chantait *La Marseillaise.*

2

# Il faut empêcher la faute tactique de tuer le spectacle et le football

« Norrköping, en direct, chers auditeurs, du stade de l'Idrottsparken, après presque une demi-heure de jeu. La balle est dans les pieds de Kopa, dans le camp français, qui dribble deux joueurs dans le rond central dont José Parodi, le futur Nîmois Kopa va alerter Fontaine en pointe, Fontaine est marqué de près, il est à la lutte avec deux arrières paraguayens, il résiste, pris en étau, il passe, il peut tirer. Tir et goal, but de Fontaine, encore Fontaine, du droit. L'avant-centre de l'équipe de France a résisté à la charge des deux défenseurs, à la lutte une bonne vingtaine de mètres et a tiré juste à l'entrée de la surface. La France mène, deuxième but de la France contre le Paraguay, deuxième but de la France en Coupe du monde, deuxième but de Fontaine en cinq minutes :

**Paraguay 1 - France 2.** »

## C'est Cascaro qu'a cassé l'carreau

C'est pas moi, je vous le jure. Comme il y a prescription, une soixantaine d'années plus tard, je pourrais avouer. La vie ou la carrière d'une personne est toujours jalonnée de circonstances. Dans mon cas, il en existe une, à la fois dramatique et cocasse, qui fut d'importance capitale dans le déroulement de ma carrière. C'est ma première expulsion, injuste donc, comme ma deuxième d'ailleurs, cette fois sur un terrain de football avec l'équipe de France, la seule, à lire plus tard. Le renvoi d'un adolescent du lycée est toujours un drame, mais dans mon cas ce fut une bénédiction.

Au lycée Mangin, à Marrakech, je fus renvoyé après un chahut collectif dont je n'étais pas responsable. Le professeur d'Espagnol m'envoya chez le censeur. Au travers d'une vitre en haut de la porte, je saluais mes copains, ce qui fut interprété comme un bras d'honneur par le prof. Quelque temps après mon renvoi, je revenais saluer les amis à la sortie du lycée et on m'apprit alors que des vitres avaient été cassées dans le bureau du surveillant général.

La rumeur propageait mon éventuelle culpabilité par vengeance. Un élève ami, Munier, recordman de saut en hauteur du Maroc et humoriste à ses heures, susurra dans la cour, au milieu d'une douzaine d'élèves, mais suffisamment fort pour être entendu par le pion de service, qu'il connaissait le coupable. Sur quoi, le pion fit son boulot et alerta le surveillant général et le censeur, qui interrogèrent longuement et sérieusement Munier à propos de ce coupable. Malgré son insistance à répéter qu'il s'agissait d'une blague, il dut, contraint et forcé, avouer le nom du coupable, selon lui : « Cela ne peut être que Cascaro. » Devant le ridicule de la situation, l'enquête s'arrêta là. Et pendant quelques mois, on n'appela plus Munier que Sherlock Holmes.

## *Ben Barek et Zatelli, les pères du football de Fontaine*

*22 janvier 1939, Parc des Princes, 40 000 spectateurs, la France rencontre la Pologne. Le demi-centre Étienne Mattler bat le record de sélections chez les Bleus avec 42 capes. L'attaque de l'équipe de France qui écrase la Pologne (4-0) est extraordinaire : les Racingmen Fred Aston, Heisserer, Veinante et le Marseillais Ben Barek. Le cinquième du quintette d'attaque, c'est un autre Racingman, une nouvelle star du football, un redoutable buteur : Mario Zatelli.*

*La France mène déjà 3-0, un premier but de Veinante, de volée, sur un centre de Ben Barek, le deuxième sur un corner de Veinante, repris par Hesserer sur un mauvais dégagement du gardien polonais, Krzyk, et le troisième de nouveau de Veinante, extraordinaire, un but direct sur corner, un but « olympique ». Eduardo Galeano, dans un magnifique livre*[1]*, explique de sa belle écriture l'origine de la dénomination « but olympique » :* « Quand la sélection uruguayenne rentra des Jeux Olympiques 1924, les Argentins lui offrirent un match d'honneur. À Buenos Aires, l'Uruguay perdit d'un but dont l'ailier gauche argentin Cesáreo Onzari fut l'auteur. Il tira un corner et le ballon entra dans la cage sans que quiconque ne le touchât. C'était la première fois dans l'histoire du football qu'on voyait un tel but. Les Uruguayens en restèrent pétrifiés. Quand ils retrouvèrent la parole, ils protestèrent. Selon eux, le gardien Mazali avait été bousculé pendant que le ballon volait. L'arbitre ne leur fit pas cas. Et alors ils marmonnèrent que Onzari n'avait pas eu l'intention de marquer directement, et que le but avait été l'œuvre du vent. Hommage ou ironie, cette rareté s'appela "but

---

1. *El fútbol a sol y sombra* (le football, ombres et lumières), Eduardo Galeano, 1995, Ediciones del Chanchito, Montevideo.

olympique". Et il s'appelle toujours ainsi, les rares fois où il se produit. Onzari passa le reste de sa vie jurant que ce ne fut pas un hasard. Et après tant d'années, la méfiance dure : chaque fois qu'un tir de coin rentre directement, le public célèbre le but avec une ovation, mais il n'y croit pas. »

*À la 70e minute, Larbi Ben Barek caracole une fois encore entre les défenseurs polonais, il déborde puis glisse la balle à Zatelli qui inscrit le 4-0 final. En ce froid dimanche d'hiver, Mario Zatelli fête sa première cape en équipe de France et la signe d'un superbe but, grâce à un « caviar » dont Ben Barek régalait habituellement ses coéquipiers, que ce soit au Maroc, en France ou en Espagne. C'est le quatrième (et dernier) but de la France, 4-0. C'est la première sélection du Racingman Zatelli et la deuxième du Marseillais Ben Barek. C'est aussi le premier but du beau Mario, et son dernier, car cette première sera sa dernière sélection. C'est aussi la veille de la Seconde Guerre mondiale.*

*Larbi Ben Barek et Mario Zatelli, unis en un premier et dernier match, sont les pères du football de Fontaine. Ils bornent et guident l'enfance et l'adolescence de Just Fontaine. Ben Barek alluma et illumina la passion de Fontaine pour le football et Zatelli lui ouvrira la route du professionnalisme et des records, en l'engageant pour l'OGC Nice. Ils sont les premiers personnages d'une série de grands noms de ce sport universel qui croiseront la route de Just Fontaine, tous présents dans ce récit.*

## Départ pour Casablanca

Renvoyé du lycée Mangin de Marrakech, je m'en vais donc seul à Casablanca, interne au lycée Lyautey, laissant à Marrakech ma mère désolée et mon père arbitrer.

## Laissons les arbitres arbitrer

Passionné de football, de jeu, de buts et donc de spectacle, je crois que l'arbitre a un rôle à jouer pour que le football, par lui-même, sur le rectangle vert, soit un bon spectacle. Mais sans la participation des joueurs, mission impossible. Messieurs les joueurs, à vous de jouer !

## Le théâtre, le cinéma, drames du spectacle de football !

Ça suffit, ces récriminations permanentes aux arbitres.

Ça suffit, ces plongeons dans la surface pour tromper l'arbitre, l'esprit du jeu et finalement le football.

Ça suffit de feindre des coups de poing ou de coude et de s'écrouler KO au sol pour provoquer l'expulsion d'un rival, alors qu'il n'y eut qu'un frôlement de main.

Ça suffit de feindre la blessure pour que l'adversaire dégage hors du terrain un ballon chaud de contre-attaque. Et de se relever sain et sauf, quand le danger est écarté. Observez ! Quand un joueur lève les bras au ciel à côté d'un adversaire gisant, jurant qu'il n'a rien fait, c'est sûr qu'il a commis une faute, etc.

Messieurs les joueurs, à vous de jouer ! Vous devez jouer, ne penser qu'au jeu, vous ne devez pas truquer le jeu, tromper l'arbitre. Vous vous trompez d'adversaire et vous ne rendez pas un grand service au football, au jeu.

## Il a fait une faute intelligente !

Voilà comment de nombreux commentateurs (sportifs ?) qualifient la faute tactique, cette faute qui tue peu à peu le football, cette faute qui empêche l'action de partir ou repartir, cette faute qui empêche l'attaque ou la contre-attaque, cette faute qui tue le jeu et le spectacle. Est-il scandaleux d'entendre de plus en plus souvent cette faute qualifiée d'« intelligente », ou « bien faite », ou encore faite « discrètement » ou « au bon moment ».

Mais, de grâce, surveillez votre langage, Messieurs les commentateurs et reporters, sachez qu'en qualifiant la scandaleuse faute tactique d'intelligente, bien faite et autres qualificatifs positifs, vous l'encouragez et donnez une idée favorable de la faute tactique, ce que des millions d'enfants retiendront et imiteront.

Non, la faute tactique est un grand drame pour le football et il faut la condamner, au nom du spectacle, au nom du football.

## La faute tactique tue le spectacle et le football

Et je ne parle pas seulement du tirage de maillot et autres plaquages ou crocs-en-jambe qui avortent la contre-attaque. Il y a aussi ces fautes discrètes et si difficiles à apprécier par l'arbitre, qui consistent à bloquer le pied du joueur ou à faire une discrète obstruction. Cela aussi devrait être sanctionné d'un carton jaune. Pour moi, la faute tactique doit être plus sévèrement contrôlée et les arbitres doivent impérativement la considérer comme telle : un danger pour le football.

## Ils ont tenté de me soudoyer

Les responsables du lycée Mangin, qui m'avaient renvoyé, m'avaient proposé d'annuler l'expulsion. L'économe était un fervent supporter et responsable de l'équipe concurrente de l'AS Marrakech, le SA Marrakech, et en contrepartie de ma réintégration au lycée Mangin, je devais changer de club et jouer au SAM. Selon la rumeur, je partirais à Casa et j'allais probablement m'inscrire dans le grand club de la grande ville du Sud, le meilleur club du Maroc, l'Union sportive marocaine, l'USM. C'était mal connaître un Fontaine, en outre prénommé Just, la décision n'était pas négociable et l'Union sportive marocaine veillait au grain. On me proposa même plus tard un appartement de fonction. Comme cela se pratique aujourd'hui, dans les grands transferts, à la satisfaction de mon père.

## Un appartement de fonction dans les vestiaires

Après une année comme interne au lycée Lyautey, cocasserie de l'histoire : l'USM m'installa au sein même de son stade Philip, en transformant un vieux vestiaire en une belle chambre. Dans ce centre de formation avant l'heure, leur recrue serait protégée des tentatives d'enlèvement des clubs concurrents, et en même temps, quoi de mieux pour s'injecter définitivement le virus du football dans les veines, ou le rejeter.
On connaît le fin mot de l'histoire, il n'y a pas eu de rejet. D'autres ont dormi avec un ballon, moi je dormais au stade.

## *Justou devient rapidement Just Fontaine*

*Tout se précipite, Justo est renvoyé de Mangin, étudie et réussit sa première partie du bachot, enfermé trois mois dans le bureau de la régie des tabacs de M. Delphin Fontaine, puis arrive à Casablanca où, accueilli par M. Ascona, il signe immédiatement à l'USM et devient bien vite une pièce maîtresse de l'équipe junior. Sélectionné avec le Maroc Juniors, il en devient aussitôt le capitaine et est déterminant en marquant trois des cinq buts des rencontres au sommet contre l'Oranie, 2-0 et l'Algérie 3-1. Puis dans la foulée, l'USM remporte haut la main le championnat du Maroc cette même année. En 1952-53, tout en étant plutôt intérieur gauche, Justou devenait rapidement Just Fontaine, le chasseur et réalisateur de buts qu'il promettait d'être. Dans son enfance et adolescence, il alternait la chasse aux buts, aux moineaux et aux paniers.*

## *L'emblème du coq, un signe*

*Consacré star africaine, il remporte le championnat du Maroc, le titre de meilleur buteur, avec 22 buts et enlève la Coupe d'Afrique du Nord des Clubs contre l'autre grand club marocain, le Wydad AC. 0-0 au premier match et 2-0 au retour avec un but de la tête de Justou. Pour Justou, c'est un nouveau titre d'une longue série qui commence.*

*L'équivalent africain de la Coupe d'Europe, pas encore née. Le maillot de l'USM est frappé du coq. Indice avant-coureur ou pas, c'est l'annonce du très prochain destin de Just Fontaine, l'équipe de France. Mais au contraire, pour l'équipe du protectorat, ce titre de champion d'Afrique du Nord, le coq s'enroue et cesse de chanter. C'était le dernier titre de l'USM, d'une longue série noire aussi. L'indépendance venue, l'USM dégringolera de division en division, après le départ de ses vedettes en France, dans l'ordre Ben Barek, Zatelli et Fontaine.*

## Allô, Armand !

– Allô ! Armand, c'est Justo, ça va ?
– Oui, ça va, dis donc, ça fait longtemps.
– Ben oui, depuis qu'on s'est vus à Montpellier.
– Oui, mais ça fait longtemps.
– D'accord, mais c'est la dernière fois que j'y suis allé j'te promets. Et la prochaine fois que j'y vais, j't'appelle. Ça t'fait quel âge, maintenant ?
– 77, mais ça va, et toi ?
– Un peu moins, tu sais qu't'as toujours été un père pour moi, moi je n'en ai que 72. Voilà, j'voudrais confirmer un truc, quand on jouait ensemble à Casa, avant que je parte à Nice, j'avais marqué combien de buts et est-ce qu'on a fini champion ?
– Oui, oui, on a été champion et tu avais marqué une bonne vingtaine de buts, 22 ou 23 je crois, je ne me souviens plus du chiffre exact. Mais tu avais fini meilleur buteur du championnat. Tu sais une bonne vingtaine de buts, c'était énorme là-bas car il n'y avait pas vingt équipes dans le championnat. Je crois qu'il n'y en avait que 13, alors ça fait du un but par match, ce qui a toujours été ta moyenne.
– D'accord, et tu te souviens comment les adversaires m'asticotaient les chevilles ! Ça jouait dur, tu venais souvent de la défense me défendre en attaque.
– Ouais, ouais, j'm'en souviens, j'venais jouer quelques instants

auprès de toi dès que tu me faisais signe. Il y avait des défenseurs adverses qu'il fallait évangéliser, j'te protégeais comme un fils, toi t'étais jeune et ils en profitaient. J'leur disais : Si tu touches encore une fois au gamin, je reviens. Avec ma carrure, j'avais pas besoin d'en dire plus, ni de revenir en général.
– Oui, oui, et ça marchait, après un seul avertissement, ils me laissaient tranquille, et ça me facilitait drôlement la tâche devant.
Armand Cabrera était arrière latéral à l'USM, mesurait 1,87 m, une taille de footballeur rare à l'époque, il ressemblait à un footballeur américain d'aujourd'hui. Il fut plus tard professionnel à Limoges et à Grenoble. Il réside aujourd'hui à Montpellier où Justo, qui n'oublie jamais les amis, lui rend visite, à l'occasion d'un match ou d'un repas avec Louis Nicollin.

## *Outre dormir au stade Philip, Justou se restaure chez les Cerdan*

*Le départ pour l'OGC Nice, pour la grande aventure se trame. Justou va abandonner l'USM, le football marocain, les titres et sélections marocains, le soleil et l'insouciance du Maroc où il fut heureux, d'abord dans le cocon familial de Marrakech, puis dans le stade Philip, où il jouait et vivait, outre la brasserie Cerdan, où il déjeunait et dînait, comme en famille. Une autre famille sportive que les Cerdan : la belle-famille, les frères Lopez, Narcisse, Henri, Émile, étaient tous d'excellents footballeurs, mais le meilleur était un grand boxeur, un futur champion du monde. Marcel Cerdan était à la fois boxeur et excellent ailier droit à l'Idéal de Casablanca. Il fut international marocain, avant de devenir champion du monde des poids moyens, le 21 septembre 1948.*
*Justo avait 15 ans.*

## Je fus honoré et comblé qu'un journaliste de *L'Équipe* m'appelle le « Marcel Cerdan du football »

Ce fut à l'issue d'un de mes meilleurs matches, en 1959 contre l'Autriche, soldé par une victoire 5-2 et j'y inscrivais trois buts. Dont le « but de l'année », décerné par *Sport et Vie* et *L'Équipe*, une reprise de volée dans la lucarne des 22 mètres sur un centre de François Heutte.

*Avant de quitter Casablanca, Just Fontaine, averti du talentueux football africain, tient Ben Barek pour sans doute l'équivalent (au moins) père africain de Pelé. Tous les deux, de race noire et africaine, ont beaucoup fait pour le football. Fontaine pensera cette lettre de défense du football africain, qu'il postdate aujourd'hui, avec plusieurs décennies de réflexion.*

## Lettre à M. Joseph Blatter, président de la FIFA

Copie conforme à M. Aissa Hayatou, président de la Confédération africaine de football (CAF)
Objet : Coupe d'Afrique des Nations
Mon cher Joseph, je profite de ma liberté de penser et d'écrire que m'offre cet épisode de cet ouvrage, où je vais quitter l'Afrique et le football africain pour le football européen. Le football africain, je l'ai pratiqué et aimé jusqu'à mes 20 ans. J'y ai même réussi. Vous savez aussi combien j'aime le football, le jeu, le spectacle des buts, etc. Bien que nous ayons souvent eu l'occasion de départir à ce sujet verbalement, je voulais intervenir pour la défense du football africain et mondial. Je veux parler évidemment de la Coupe d'Afrique des Nations.
Sous votre mandat, le quota de pays africains qui accèdent dorénavant à la Coupe du monde est passé à cinq. C'est formidable. Et s'il peut augmenter dans les prochaines années, ce ne sera que plus juste. N'oublions jamais que le continent africain

compte plus de cinquante nations et cinq représentants seulement, ce qui est peu, comparé aux continents sud-américain et européen.

Votre objectif d'augmenter la présence de pays du continent noir dans la Coupe du monde partait du bon sentiment de donner plus d'écho à des joueurs et à des nations qui ont beaucoup fait pour le football, où le football est presque une religion et où le football est bien souvent plus attrayant qu'en d'autres lieux. Tout cela, je le sais.

Mais il ne faut pas tout gâcher en continuant à programmer la Coupe d'Afrique des Nations la même année que la plus grande des compétitions, la Coupe du Monde. Comment joueront en Allemagne des pays comme la Côte-d'Ivoire, le Ghana, le Togo, la Tunisie ou l'Angola, ou des footballeurs tels Drogba, Zokora, Dindane, Trabelsi, Kuffour ou Kolo Touré ?

Cinq des pays qui participent au Mondial d'Allemagne ont disputé la Coupe d'Afrique des Nations entre janvier et février 2006 : Côte-d'Ivoire, Ghana, Togo, Angola et Tunisie. Presque tous leurs joueurs, et en tout cas les meilleurs, ont participé à des compétitions relevées ou exigeantes en Europe. Par exemple, les Ivoiriens Kolo Touré, Drogba ou Zokora, les Tunisiens Trabelsi ou Saidi, les Ghanéens Muntari, Kuffour, Yakubu, Appiah, Amoah, voire les Angolais Mantoras et Mendonça et le Togolais Adebayor.

Tous ces joueurs abordent le Mondial en Allemagne sans aucun repos – repos réel, vacances – pendant six mois, voire un an. Voici un seul exemple, celui d'un avant-centre, un problème et un sujet que je connais bien : Drogba.

Didier Drogba porte le maillot de Chelsea, un club anglais, exigeant physiquement, où il a été très sollicité par les trois compétitions domestiques. En janvier 2006, il se concentre pour la CAN, à fond, comme l'exigent l'honneur et le bonheur de défendre le maillot de sa sélection dans la plus grande compétition africaine. Dans la foulée, il est rentré en février en pleine compétition anglaise et européenne pour tenter d'enlever les deux titres, à fond toujours. Finale de la Ligue des champions, puis le

voyage et la concentration avec la Côte-d'Ivoire, pour tenter de briller au Mondial, que son pays dispute pour la première fois.
Il devra être le plus frais possible, pour un avant-centre qui devra marquer des buts pour tenter de qualifier la Côte-d'Ivoire pour au moins les huitièmes de finale de la Coupe du monde, l'aspiration de tout un peuple qui adule Drogba.
Je sais combien la fraîcheur et l'intégrité physique d'un avant-centre, outre ses qualités, sont des arguments indispensables pour marquer des buts ou créer la différence dans les derniers mètres. Mon cher Joseph, croyez-moi, vous qui voulez, comme moi, voir un football plus spectaculaire et généreux en buts, vous ne pouvez pas tolérer un avant-centre émoussé ou seulement un peu fatigué – je ne dis même pas très fatigué ou épuisé – qui risque de n'être ni efficace ni spectaculaire. C'est donc un problème pour le football offensif. En effet, le coup de patte, le petit avantage millimétrique ou le centième de seconde qui dynamise l'efficacité des avants-centres réalistes ne s'obtiennent que dans les meilleures conditions de fraîcheur.
Laissez-moi vous rappeler que lors de mon record des Coupes du monde avec 13 buts, j'étais arrivé en Suède en pleine forme physique. J'avais été opéré d'un ménisque en hiver et je n'avais rejoué que fin février. J'abordais le Mondial avec seulement trois mois de compétition dans les jambes et, en plus, deux mois de vacances forcées en hiver.

## Quand disputer la Coupe d'Afrique des Nations ?

L'autre débat concerne le G14 et les clubs puissants qui jouissent de la qualité de jeu des joueurs qu'ils « importent » d'Afrique. Ensuite, ils se plaignent de l'évasion africaine à chaque CAN. À mon avis, c'est un faux débat. D'ailleurs comme disait Coluche : « On n'est pas obligé d'y'aller... »
Si les grands clubs engagent beaucoup de joueurs en Afrique, c'est probablement parce que leur formation est défaillante. Le

vrai débat se situe là. Et finalement ces clubs ne trouvent pas aujourd'hui d'autre alternative : ils savent les premiers que leurs joueurs africains ne refuseront pas une sélection nation pour jouer la CAN, et que les meilleurs la disputeront à fond, pour la gagner. Et ils y iront tous les deux ans, toujours à l'époque où les compétitions et différents championnats européens entrent dans une phase décisive, en janvier, février, mars. D'ailleurs, les grands clubs ne peuvent critiquer cette attitude des joueurs concernés, qui sont souvent ceux qui leur donnent buts, jeu, victoires et spectacle.
En préambule de la solution simple à ce problème, je pense que comme l'Amérique du Sud dispute sa Copa América sur un intervalle de deux ans, contrairement à ce que demandent bien des opinions –, la CAF a parfaitement le droit de vouloir disputer sa CAN tous les deux ans. Il y a quand même cinquante pays concernés. Tant qu'elle est réduite à une phase finale de 16 nations, une sorte d'alternance (comme c'est d'ailleurs le cas actuellement) représente une bonne solution pour la naissance de nouveaux talents et l'engouement pour le football en Afrique.

## La prochaine CAF en 2009 et les années impaires

Mon cher Joseph, à ce grand débat récurrent, au sujet de la périodicité inopportune de ce tournoi, il y a pourtant une solution simple et si limpide que je ne comprendrais pas qu'on ne l'adopte d'urgence, avant le prochain Mondial 2010 en Afrique justement : organiser la Coupe d'Afrique des Nations les années impaires. Par exemple, la prochaine en 2009, ce qui serait en outre une parfaite répétition générale pour le football africain, un an avant l'immense événement que l'Afrique attendait : la Coupe du monde de football 2010.
Si cette décision n'est pas adoptée, je formule une crainte : tous les efforts de soutien et développement du football africain de la FIFA n'auront servi à rien. En effet, à la lumière de la

Coupe du monde en Allemagne, les cinq pays africains et leurs joueurs auront fort à faire. Outre leurs compétitions nationales et européennes de clubs, ils auront disputé, en quelques mois seulement, la Coupe d'Afrique des Nations et la Coupe du monde. Quant à briller avec l'éclat que tous nous imaginons du beau football africain, c'est une autre affaire. Le spectacle de la Coupe du monde s'en ressentira tout autant que la moyenne de buts marqués.

## Ce n'est pas Sir Alf Ramsey qui a inventé le 4-4-2 : c'est Bettache

Sir Alf Ramsey est, dans l'histoire du football, vu par les inventeurs du football moderne, le créateur du 4-4-2. C'est avec ce système que l'Angleterre remporte le Mondial 1966. Je crois que l'histoire du football se trompe. Le 4-4-2 avait été inventé au moins un bon lustre avant, à la fin des années 1950 et dans le sud de la France, plus exactement à Nîmes, où, sous la férule de l'entraîneur Kader Firoud, son arrière droit ne laissait jamais passer l'ailier adverse. À la longue, celui-ci se portait malade ou blessé et on ne lui trouvait pas de remplaçant. Bref, il reculait devant le danger.
Mais celui qui, malgré tout, affrontait cette force de la nature, bon technicien, mais très impitoyable défenseur, finissait aussi par ne plus tenter de le déborder et donc reculait. Le recul de l'ailier est bien l'œuvre de Mustapha Bettache, qui ainsi inventa le 4-4-2, par défaut. Sans même le deviner.

# 3

Laissons les enfants
jouer dans la rue,
sur la place, à l'école,
partout...

« Chers auditeurs, ça va mieux à Norrköping. Menés 2-3 à la 52$^{e}$ minute, on n'avait plus beaucoup d'espoirs pour la France face aux coriaces et expérimentés Paraguayens. Mais, miracle, Piantoni et Wisnieski ont renversé la vapeur en dix minutes. Piantoni a d'abord fusillé Mayeregger, suite à un puissant tir de Fontaine repoussé par le gardien, et égalisait, puis Wisnieski a repris un excellent service de Kopa sur coup franc. Nous arrivons à la 25$^{e}$ minute de jeu de la deuxième mi-temps. La balle est dans les pieds de Raymond Kopa, au milieu de terrain, qui alerte Roger Piantoni sur la gauche, Piantoni à Fontaine, passe redoublée, Fontaine à Piantoni, attention, Fontaine, en bonne position, feinte le tir du droit, se décale sur sa gauche, évite un arrière et le goal. Il tire du gauche. But, but ! Un nouveau goal de Fontaine. C'est son troisième du match. Formidable, la France creuse le break. Il ne reste que vingt minutes à jouer, et la France semble maintenant imbattable :

**Paraguay 3 - France 5.** »

### *L'unique histoire des Gudjohnsen, Père et Fils*

*C'est une histoire unique : le 24 avril 1996, l'Estonie rencontre l'Islande à Tallin. À la 62e minute, l'attaquant islandais Arnor Gudjohnsen, 35 ans, cède sa place à un jeune blondinet talentueux qui étrenne ses galons d'international à 17 ans, après avoir débuté chez les pros à Reykjavik, à 15 ans ! Ce futur partenaire de Ronaldo au PSV Eindhoven et actuel attaquant de Chelsea s'appelle Eidur Gudjohnsen.*
*C'est le fils d'Arnor, ex-attaquant des Girondins de Bordeaux, champions de France de deuxième division en 1992 avec Lizarazu et Dugarry. Ni le père ni le fils ne marqueront lors de la victoire islandaise 3-0, mais le match est passé à l'histoire pour avoir été témoin de cette curiosité unique en match international. Aujourd'hui, Arnor est l'agent de son fils, Eidur, et négocie salaire ou transfert de son fils avec le magnat de Chelsea, Roman Abramovich.*

## Mon premier titre en France, à 20 ans, contre mon idole, au moins quadragénaire

Larbi Ben Barek est ma première idole. Comment veux-tu ne pas être émerveillé, ébloui ? Il réalisait dès les années 1930 des choses incroyables avec le ballon. Des choses que personne n'avait encore vues quadrajeunies. Des trucs que même le Brésil, le pays du football art, découvrirait avec Zizinho et Pelé, seulement dans les années 1940 et 1950. C'est le premier artiste de la balle que j'ai vu.
Si la télévision avait existé à son époque, tous les amateurs de beau jeu du monde posséderaient un enregistrement de ses

meilleures actions dans la cédéthèque. Mais, au Maroc, on recevait quand même le journal. On savait qu'il brillait d'un vif éclat à Marseille puis à Paris, au Stade Français.
Lors de ma première saison professionnelle en France, à l'OGC Nice, à 20 ans, nous remportons la Coupe de France 1954, 2-1, contre Marseille et Larbi Ben Barek. Il avait au moins 40 ans, bien qu'il en annonçât deux de moins.
Sa licence, à son arrivée en France en 1938, indiquait une date de naissance farfelue. Pour son transfert à l'USM Casablanca, on l'avait rajeuni de quelques années. C'est d'ailleurs une coutume qui existe encore, en particulier pour les jeunes enfants des régions africaines reculées, qui ne sont inscrits à l'état civil qu'a posteriori, quand le hasard d'un voyage les emmène dans une grande ville.
Mais où Ben Barek s'était montré extraordinaire, c'est quelques mois plus tôt, en championnat. Il avait fait un récital, un but, deux passes décisives et des actions merveilleuses, comme à ses 20 ans, à l'US Marocaine, et Marseille nous avait dominé et battu 4-2, au rythme du jeu de Larbi, qui dirigea et gagna le match à lui tout seul.

## C'était un crack des terrains, pas des médias

Ben Barek, après ses exceptionnelles années de grand jeu en Espagne, était revenu à Marseille en 1953, qui immédiatement avait retrouvé du brio, du jeu et des résultats prometteurs. À plus de 40 ans, Ben Barek était si bon, qu'on le rappela en équipe de France, le 17 octobre 1954, pour affronter l'Allemagne, qui venait d'être sacrée championne du monde dans la fameuse finale de Berne le 4 juillet, où elle avait vaincu les invincibles Magyars Magiques.
Et la France, à Hanovre, devant près de 90 000 spectateurs l'avait emporté avec Remetter, Kaelbel, Marche, Jonquet, Vincent, Grillet et trois artistes : Ben Barek, Mahjoub et Kopa. Paul

Nicolas reprenait la direction de l'équipe de France et ne tarderait pas à associer Batteux au projet du Mondial 1958 qui commençait à se dessiner.
J'étais encore loin d'en faire partie, à 21 ans, même si je figurais déjà dans les espoirs. Et Ben Barek n'en ferait pas partie. Il reste toutefois dans l'histoire comme le plus vieux capé, à plus de 40 ans, officiellement, mais sans doute 42, réellement, et cela près de seize ans après sa première sélection en décembre 1938. Le record de longévité en équipe de France. Bravo l'artiste ! Artiste, oui vraiment. Aujourd'hui apparaissent (et disparaissent) des dizaines de cracks et futurs cracks dans les médias. Ben Barek lui n'y apparaissait pas. C'était un crack. Un authentique crack.

## *Né dans la rue ou au centre de formation ?*

*L'histoire de la jeunesse africaine de Fontaine, qui se termine avec son transfert à Nice, passe par cette douce frustration de devoir jouer au basket au grand jour et en plein air et au football à l'abri des regards de son père, mais elle se termine bien. Ce n'est pas toujours la règle. Aujourd'hui, bien des enfants subissent d'autres frustrations en Afrique et dans le monde entier dès leur plus jeune âge, et pourtant ils ont le bonheur de pouvoir jouer au football, enfin presque.*
*Fontaine a son avis sur la formation des gosses. Il pense avec Cruyff que la formation de la rue est largement aussi bonne que celle des centres de formation. N'oublions pas que les grands du football qui jalonnent l'histoire du ballon rond se sont formés en jouant dans la rue, sur les terrains vagues, dans la cour de l'école ou de l'église, ou encore sur les plages. Les exemples de l'excellente formation de la rue foisonnent : Pelé, Di Stefano, Garrincha, Maradona, Cruyff, Romario et même Zidane, contemporain des centres de formation, mais qui n'entra à celui de Cannes qu'à 15 ans passés, quand il évoluait en cadets à Septème, un club de quartier de Marseille.*

## Laissons les enfants jouer

Je crois que les enfants doivent jouer, au sens propre du terme jusqu'à 15 ans environ. Il me semble que les enfants dans des écoles de foot dès l'âge de 5 ou 6 ans, puis dans les centres de préformation dès l'âge de 12 ans risquent vite de s'ennuyer et de passer à autre chose si on ne les laisse pas jouer. Jouer.

Et je ne dis pas ça gratuitement. J'ai constaté un étrange phénomène fréquent : des moniteurs, parents, amis, diplômés ou non, pour être à la mode, inculquent des idées de système et autres notions tactiques et obligations complètement étrangères à l'aspiration de l'enfant à cet âge : jouer.

Parfois aussi, les gamins quittent les centres très jeunes, harassés par le rythme frénétique des sessions physiques, tactiques et techniques, outre de suivre leurs études et rendre des devoirs, lors de longues journées de travail, et d'être éloignés trop jeunes de la famille et des copains.

Ils n'ont presque plus le temps de jouer, sauf le samedi, en compétition et là, bien souvent déjà, il faut avant tout gagner. Oui, gagner.

On doit donc laisser les enfants jouer, s'exprimer librement sur le terrain de jeu le plus longtemps possible. Dans la rue, sur la place, à l'école, sur la plage ou le terrain vague. C'est en jouant, en s'amusant, en créant des trucs et techniques, en travaillant le une deux, seuls avec le mur ou entre copains, en étant toute la journée la balle au pied, qu'ils vont former leur technique, acquérir un style, en un mot s'adapter au football.

## Les dangers des centres de formation

Ce qu'on appelle plus tard la personnalité d'un joueur ou son style, c'est le résultat de ce qu'il aura appris dans sa tendre jeunesse.

D'abord l'adresse ou le don qu'il hérite le positionnera à un certain niveau. Puis il améliorera son bagage en inventant et créant, en jouant tout seul et en imitant les actions des grands. C'est cet ensemble qui forme le futur footballeur.
Pendant l'adolescence, il sera temps de corriger les défauts individuels et collectifs et de travailler les points faibles, par exemple le tir ou la technique du mauvais pied, et l'intelligence de jeu collective. De grâce, pendant l'enfance, n'inculquons pas de notions tactiques, ne bridons pas la créativité des gosses, laissons les enfants jouer sans carcan, se former en pleine liberté, et enfin, s'épanouir !

## *Arrivée à l'OGC Nice, grâce à Mario Zatelli*

*L'existence de Justo est émaillée de rencontres décisives avec des grands du football offensif. Ce n'est pas un hasard si un deuxième personnage important dans la carrière de Justo est le beau Mario, un excellent buteur, un de ces hommes qui sentent le but, de cette race de joueurs et hommes différents ou spéciaux. Un peu comme les gardiens, ils sont chargés de faire la différence. Comme les grandes parades des gardiens, les tirs ou reprises de volée victorieux des buteurs peuvent radicalement modifier la physionomie d'une partie et donner victoires, points et titres.*
*Mario Zatelli est alors co-entraîneur de l'OGC Nice, avec Numa Andoire. Un OGC Nice pléthorique qui venait de réussir le doublé Coupe-championnat 1951-52 et qui nourrissait l'ambition de monter une grosse équipe européenne au moment où la Coupe Latine, qui réunissait les champions de France, Italie, Portugal et Espagne, annonçait la Coupe d'Europe.*
*Zatelli s'était déplacé au Maroc pour superviser Abdesslem, qui portera les maillots de Bordeaux et Nîmes, mais il repartira avec une promesse de transfert faite à un junior appelé Just Fontaine.*

## *L'entraîneur du grand Marseille*

*Mario Zatelli fut plus tard le grand entraîneur du Marseille du début des années 1970, celui de Skoblar et Magnusson. Celui qui aimait à dire qu'il était le pompier de service, en raison de ses fréquents départs quand ça allait bien, et de ses retours quand ça allait mal, dans un OM déjà inconstant. Mais c'est lui qui créa le premier grand Marseille, celui qui força le recrutement de Josip Skoblar, auprès du président Marcel Leclerc, ce qui fut déterminant pour produire des buts et du spectacle au Stade Vélodrome.*

*Fils d'immigrés italiens et né à Sétif, en Algérie, en décembre 1912, il commence sa carrière à l'US Marocaine de Casablanca avant d'être recruté par l'Olympique de Marseille, en 1935, où il devient champion de France en 1937 et gagne la Coupe de France en 1938. Après une saison au Racing, sa prometteuse carrière est tronquée par la guerre 1939-45. Au détour des buts et du beau jeu offensif, il est champion de France de la zone Sud avec Toulouse, en 1943, avant de revenir jouer à Marseille, où, à 37 ans, il achève sa carrière, de nouveau sacré champion de France en 1948.*

## *Nice, un grand de France et d'Europe*

*Dans les années 1950, Nice est l'un des grands clubs de France avec Reims, Bordeaux et Nîmes, et est aussi très respectable en Europe. Champion de France en 1951, 1952, 1956 et enfin en 1959, il remporte aussi deux Coupes de France, en 1952 et en 1954. En Coupe d'Europe, l'OGC Nice eut le malheur de tomber deux fois, en quarts de finale (1956-57 et 1959-60), contre le futur vainqueur de la compétition, le grand Real Madrid. Ce fut la prodigieuse décennie d'un grand de France et d'Europe d'alors, perdant aussi la finale de la Coupe Latine 1952, 1-0, contre le grand FC Barcelone de Ramallets et du Hongrois Kubala. Un demi-siècle après, Nice remportera sa troisième Coupe de France, contre Guingamp, en 1997.*

## Je dois beaucoup à Mario Zatelli

Contacté par Reims, Troyes et Toulouse, c'est finalement à Mario Zatelli que je dois mon arrivée en France, un homme que j'ai beaucoup apprécié et remercié et qui nous a quittés en 2004 : Mario Zatelli fut international marocain et français, un attaquant, un très bon buteur et, plus tard, entraîneur de Marseille. Mario avait également joué à l'US Marocaine. Il m'avait repéré avant de m'attirer à Nice, avec la sélection des Juniors du Maroc, contre l'Oranie, dans un match de lever de rideau entre les deux mêmes sélections Seniors. On avait gagné 2-0 et j'avais marqué les deux buts, des 20 mètres, un du droit, un du gauche. Mais l'USM comptait sur moi et demanda à me garder une saison de plus.

## Escorte policière à l'aéroport de Nice

C'est Jacques Sinibaldi, un dirigeant de l'OGC Nice, qui vient m'accueillir à l'aéroport de Nice en cet été 1953. Je n'étais qu'un jeune de 19 ans et je compris plus tard que je représentais peut-être déjà une certaine valeur, puisque Jacques Sinibaldi était (aussi) commissaire de police.
J'étais donc sous bonne escorte. C'est aussi lui qui était venu me faire signer le contrat à Casablanca, en apportant les liasses de billets, que mon père mit un certain temps à compter. Un temps qui me parut une éternité.

### *Mahjoub, le Prince du Parc*

*L'US Marocaine n'est pas la seule pépinière du football français à Casablanca et au Maroc. Un des grands partenaires de Justo à Nice est, quant à lui, issu de l'USA Casablanca, et est aussi de cette finale de la Coupe 1954, Nice-Marseille, c'est Abderrahman Mahjoub. Il arrive de Casablanca directement au Racing Club de Paris où il devient « le*

*Prince du Parc », tant son jeu était fin et élégant, outre intelligent et efficace. Ses apparentes fioritures (pour les détracteurs) ou gestes techniques exceptionnels (pour les connaisseurs) n'avaient pour but que l'efficacité. Ses prouesses ne sont pas passées inaperçues puisqu'il est appelé en équipe de France.*

*Il suit ainsi les traces de Ben Barek et devient le deuxième Marocain à revêtir le maillot bleu frappé du coq. Et la consécration suprême est le Mondial 1954, où il ne perd pas, jouant et gagnant 3-2 le seul match qu'il dispute, contre le Mexique. Ce fut la seule victoire de la France, éliminée dès le premier tour, au profit des favoris théoriques au titre, le Brésil et la Yougoslavie.*

*Mahjoub conserve la fierté d'avoir côtoyé les Remetter, Kaelbel, Jonquet, Penverne, Marche, Vincent ou Kopa, joueurs qui seront l'ossature de la grande équipe de France du Mondial 1958, qu'il ne jouera pas, peut-être parce qu'il était trop bon. Kopa et Mahjoub s'entendaient à merveille : Kopa et Mahjoub, ou vice versa, une belle société d'artistes. Mahjoub avait déjà évolué avec Fontaine en équipe de France Espoirs et avait enchanté le stade du Ray de Nice toute la saison 1953-54, avant d'enflammer le Parc. Enchanté le stade du Ray, et aussi Fontaine qui se régalait à ses côtés.*

## Mes débuts avec Mahjoub, international invaincu

Mahjoub devint immédiatement mon grand ami à Nice. Notre passé à Casablanca nous réunissait sur la Côte d'Azur. Il m'adopte et me conseille. Il m'encourage et me sert des caviars à l'entraînement. Je joue quelques matches amicaux, contre le First Vienna et Monaco, où je marque et deviens une sorte de joker de l'attaque. Puis, c'est grâce à lui et à Sinibaldi que je débute en première division, à Nice, le 11 octobre 1953, contre Bordeaux. On perd 4-3, mais on a si bien joué, entre autres, Mahjoub et moi, qu'on touche une prime. J'ai marqué le premier but et donné le troisième.

## Comme Ronaldo, mais en mieux

Mahjoub, quel footballeur, un artiste, vraiment ! Il m'a appris énormément de choses, en particulier une feinte de corps pour dribbler ou tromper son adversaire, en l'embarquant d'un côté par une sorte de passement de jambe au-dessus de la balle et un départ fulgurant à contre-pied. Il les asseyait carrément. Ça ressemble à ce qu'en Espagne ils appellent la bicyclette (le passement de jambe sur le ballon), que pratiquent Ronaldo ou Robinho aujourd'hui sous le maillot du Real de Madrid au Stade Santiago Bernabeu, mais en mieux et plus efficace.

Sept fois international, il a le rare privilège de n'avoir jamais connu la défaite avec l'équipe de France. Et si, de retentissantes victoires, dont celle de Madrid, contre l'Espagne, 2-1, où, un demi-siècle avant les bicyclettes de Ronaldo et Robinho, dans le mythique stade madrilène, Mahjoub, le Prince du Parc et Kopa, le Napoléon du football, selon la presse espagnole, furent portés en triomphe, comme les toreros dans l'arène, en hommage à leur art.

Par la suite il a été entraîneur de son club d'origine, le Wydad de Casablanca (le WAC) et de la sélection du Maroc quelques années. Aujourd'hui, je le vois toujours, nous sommes restés de grands amis. Il vit à Casablanca et est en forme. Il fut un grand créateur de passes et de jeu, très offensif et spectaculaire, bref un grand joueur. Il était de la race des princes, « le Prince du Parc », comme Didi, le stratège brésilien de 1958, appelé « le Prince Éthiopien ».

## Un sans-papiers à la frontière suisse et un journaliste

Lors de ma deuxième sélection espoirs en novembre 1954, à Vicenza, contre l'Italie, j'ai un problème de documents puisque je vais bientôt faire mon service militaire et ne peux donc disposer d'un passeport, selon les lois d'alors.

Bien que j'explique le problème à la Fédération, je suis en fait un « sans-papier ». On me rassure en me disant qu'on allait en groupe et que tout se passerait bien. À la frontière helvète, à 5 heures du matin, un fonctionnaire suisse charmant me fait descendre du train, menottes aux mains, qu'il m'ôtera gentiment dès que nous serons seuls.

Nous attendons pendant trois heures l'ouverture des bureaux, pour obtenir un visa provisoire de trois jours. Jean Sadoul, le dirigeant de la Fédération qui nous accompagnait, me laisse un peu d'argent pour survivre. Je reprends le train, papiers en main. Au wagon-restaurant, grâce à mes études de latin, j'entends que mes voisins, journalistes italiens, parlent de moi. L'un d'entre eux se demande si je suis un joueur et l'autre lui répond que c'est impossible. Je ne serais pas tout seul. Quand même...

Un des journalistes me demande alors en français qui je suis. Je lui raconte ma mésaventure. Il reste interloqué. Nous parlons du match. Il me demande mes qualités et, entre autres, je lui réponds que je suis doté d'un bon tir des deux pieds, surtout du droit.

## Les deux du gauche

J'arrive à l'hôtel de Vicenza au moment où les Français partent s'entraîner. Du taxi je saute directement dans le car et hop, à l'entraînement. Et comme j'ai passé vingt-quatre heures entre trains, gares et attentes, l'entraîneur Louis Dugauguez et les dirigeants ne sont pas chauds pour me faire jouer vu mon éventuelle fatigue.

Le comité de sélection, comprend alors trois anciens internationaux : Jean Rigal et Gaston Barreau, deux ex-milieux de terrain, et Paul Nicolas, lui qui fut le grand avant-centre qu'on découvrira

plus loin. Ce dernier, avisé de la situation, tranche et décide de me titulariser.
Quelque temps auparavant, la sélection italienne espoirs avait battu son homologue hongroise par 5-0. Pendant notre échauffement, les Transalpins observaient notre entraînement d'un air condescendant, convaincus que nous battre serait un jeu d'enfants.
Résultat : la France domine l'Italie 3-1, chez elle ! Je signe deux buts de plus de 20 mètres et les deux du gauche. Dès le coup de sifflet final de cette défaite surprise des espoirs italiens, le journaliste italien du wagon-restaurant se précipite vers moi dans les vestiaires, l'air un peu déconcerté, et me demande : « Mais dites-moi, vous m'aviez bien indiqué que votre meilleur pied était le droit ? Et vous avez marqué deux du gauche. Alors, qu'est-ce que ça doit être du droit ? Si je comprends bien, on l'a échappé belle ? »

## Le jet-lag ?[1], c'est d'la rigolade

Quelques semaines plus tard, militaire au Bataillon de Joinville, commencent mes incessants voyages dans le PLM, le train du soleil, le Paris-Lyon-Marseille. En fait, pendant le service militaire, une époque où je jouais avec le Bataillon, avec l'armée, avec les espoirs, à Nice, puis à Reims, j'évoluais toujours à l'extérieur. Je partais de Joinville tous les samedis et veilles des matches. Je repartais et voyageais de nuit dès le coup de sifflet final. Et ce pendant trente mois !
Alors aujourd'hui, vous savez, quand on entend parler des dégâts du jet-lagpour les joueurs après des vols transocéaniques (surtout après un mauvais résultat d'ailleurs), ça me fait plutôt rigoler. Bon, aujourd'hui, j'aurais souffert le TGV-lag, c'est mieux.

1. Décalage horaire.

## Paul Nicolas, un grand supporter

Ma rencontre avec Paul Nicolas fut capitale : il n'hésita jamais à se mouiller pour moi, et je ne l'ai jamais déçu. Il semblait un inconditionnel de mon jeu et m'avoua un jour qu'il revoyait en moi l'avant-centre qu'il fut. C'est ainsi qu'il m'appuiera encore deux fois par la suite, d'abord lors de mon transfert de Nice à Reims, puis lors de la Coupe du monde 1958.
Né au XIXe siècle, le 4 novembre 1899, Paul Nicolas serait aujourd'hui à la une des rubriques sportives de la télé du XXIe, un homme en avance sur son temps, un moderne futuriste. Avant de devenir un grand dirigeant du football français, il fut un grand joueur, un redoutable avant-centre, très technique, intelligent et audacieux, comme doit l'être un grand buteur. Il joua les Jeux Olympiques de 1920, 1924 et 1928, fut 35 fois sélectionné en équipe de France, 22 fois son capitaine et y inscrit 20 buts. Il remporta 4 Coupes de France avec le club de presque toute sa carrière, le Red Star, en 1921, 1922, 1923 et 1928.

## Un précurseur né au XIXe siècle

Président du Groupement des Clubs, il proposa une idée révolutionnaire pour les années 1950, la réduction du nombre de clubs dans le championnat de France – un championnat de 18 équipes ! –, une idée qui sonne aujourd'hui comme une rengaine.
La majorité des clubs s'y opposa. Paul Nicolas y renonça, pour le bien du football et des joueurs, qui, comme à Reims, disputaient déjà trop de matches. Il pourra alors se consacrer à sa grande œuvre, celle de sélectionneur et patron de l'équipe de France de l'épopée 1958 de Suède.

## Réduire le nombre de matches et compétitions, l'éternel débat

À Reims, une année sur deux nous étions champions, et l'année suivante nous allions en finale de la Coupe d'Europe. Jamais nous n'avons pu harmoniser les deux. Donc le débat sur le nombre de matches disputés par Ronaldinho, Ronaldo, Raul, Lampard ou Zidane ne date pas d'aujourd'hui.

D'accord, les matches internationaux de l'équipe de France étaient moins nombreux, mais en cette année 1958 j'ai disputé près de cinquante matches, malgré une opération du ménisque qui me priva de compétition presque deux mois.

Nous avons gagné le championnat 1957-58, gagné la Coupe de France 1958, et nombre de rémois ont joué les six matches de la Coupe du monde. Et Kopa participait avec Madrid à la Coupe d'Europe. On faisait une tournée de fin ou début de saison. On se produisait dans de nombreux matches amicaux ou de bienfaisance, soit avec Reims, pour des motifs aussi différents qu'inaugurer l'éclairage de l'actuel stade Mestalla de Valencia, en Espagne et rencontrer le lendemain l'Espanyol de Barcelone, à 400 kilomètres de là ; soit avec l'équipe de France, comme par exemple, contre l'Espagne, au profit des victimes de Fréjus, au Parc des Princes le 17 décembre 1959.

### *De deuxième classe à capitaine*

*Non, ce n'est pas ce que vous croyez, le militaire Justo ne gravit pas les échelons de la hiérarchie militaire, sinon qu'il devint le capitaine d'une équipe de France militaire qui vola de victoire en victoire et où, en ses trente mois, il rencontra de grands noms comme Ujlaki, Kopa, Douis, Wisnieski, Mekhloufi, Tylinski ou Siatka.*

*Avec comme bilan, deux titres du challenge Kentish, un tournoi qui se disputait avec les sélections militaires de la Belgique et de l'Angleterre, et surtout la qualification pour la phase finale du championnat du monde de 1957, où Justo joua un rôle prépondérant. En particu-*

*lier lors des deux dernières rencontres, contre le Portugal. Au match aller, à Paris, la France gagne 3-1, avec un but de Fontaine et lors d'un match retour étincelant à Lisbonne, où Justo estime avoir réalisé son meilleur match.*

### *Son meilleur match, en meneur de jeu*

*Justo, comme Inter avec Mekhloufi, fait, au printemps 1957 à Lisbonne, un des sommets de toute sa carrière. Celui qu'il préfère, dit-il souvent, où il fut l'auteur des trois passes décisives, dont une après avoir dribblé le gardien, une partie où il réussit tous ses gestes tecniques, et était en état de grâce, un match parfait, mais étrangement dans la position inhabituelle de meneur de jeu, ce qu'il apprécia énormément, en étant aussi heureux d'adresser la passe de but que de définir. Le 3-1 final, en faveur de la France, la qualifiait pour la phase finale du championnat du monde militaire à Buenos Aires du 7 au 14 juillet 1957. La France remportait alors son premier titre international en battant l'Argentine et le Brésil par 5-0 et 4-1, respectivement.*

## Après trente mois, ils m'ont demandé de rempiler six mois

Quand mes supérieurs m'ont demandé de rempiler, pour la phase finale du championnat du monde militaire, j'ai quand même hésité. Mais après trente mois de bons et loyaux services, de voyages incessants sur le PLM, finalement, j'ai renoncé. Il fallait que je rempile six mois, après trente ! Je décidais donc de me consacrer enfin pleinement à mon club, le Stade de Reims, où je venais de terminer une bonne première saison.

## Cuissard à Fontaine, qui centre, but de Nurenberg

En finale de la Coupe de France 1954, que l'OGC Nice enlève 2-1, contre Marseille, Cuissard me lance sur la droite et je fais un centre tendu sur Nurenberg qui, d'une tête plongeante, marque un beau but qui signifie le 1-0.

Outre Mahjoub, ce sont ces deux joueurs avec qui je me suis le mieux entendu sur le terrain. Antoine Cuissard était un grand demi, international, qui aimait le bon football et avait le souci de la belle passe propre et juste. Il joua par la suite à Rennes. Avec Vic Nurenberg, d'une grande vitesse et vivacité, qui était ailier gauche, je m'entendais aussi à merveille. J'ai eu l'occasion de côtoyer un autre excellent joueur de Nice. Monsieur Joseph, Joseph Ujlaki, qui se tenait sur l'aile droite. Il était doté d'une frappe de balle très pure et je dois beaucoup de mes buts à ses centres précis. Il a confirmé par la suite, au Racing, être aussi un excellent meneur de jeu et buteur à la fois. Antonio, un inter combatif et inépuisable, fut aussi, sur la Côte d'Azur, un bon coéquipier et un bon ami qui m'apprit à conduire. Pas la balle, non : une Citroën traction avant de onze chevaux, qui nous permettait de nous muscler les bras.

## La place gratuite

Les rapports avec le président, l'avocat Me Charles, deviennent assez rapidement difficiles en raison d'une histoire sans parole. Il m'annonça à mon arrivée qu'il me donnerait une entrée gratuite au stade pour chaque but marqué... une sorte de prime, comparable d'ailleurs à celles du football actuel... ou plutôt incomparable.

Deux mois après mes débuts et déjà quelques buts, j'en inscris cinq contre Lens. Je vais voir le président et lui demande mon dû, qu'il me refuse. Il me laisse sans mes cinq invitations, qui étaient déjà promises. Le ton monte et je lui dis ce que je pense, qu'il n'a pas respecté sa parole. De là, une fausse renommée de mauvais caractère de Fontaine naît. Ce prétendu mauvais caractère n'était en fait que du caractère. J'étais intransigeant.

## Un problème avec l'entraîneur George Berry

La saison suivante, je me marie. George Berry, l'entraîneur anglais, me dit : « Tu ne joues pas dimanche, car tu te maries lundi », ce que je compris moins bien que s'il m'avait dit « Tu ne joues pas dimanche, car tu te maries samedi. »

Or, finalement pris au dépourvu par une indisponibilité, il me convoque et m'utilise. On gagne et je marque deux buts. Donc je ne pouvais plus nourrir un grand respect pour mon entraîneur après cet épisode.

## Un problème avec l'entraîneur Luis Carniglia

Lors de la saison 1955-56, ma dernière à Nice, Carniglia, attaquant de Nice, les années précédentes, devient entraîneur. Après une victoire en championnat contre Sedan, où j'avais marqué un but, à l'entraînement du mercredi, le médecin me dit que je devais me ménager, prétendant que je n'étais pas au top physiquement. Je suis surpris. Et comme je sentais que l'entraîneur avait une idée derrière la tête, je dis au médecin que j'étais en pleine forme, complètement apte à jouer le dimanche suivant, et qu'il le communique à l'entraîneur. Carniglia me convoque, mais comme remplaçant ! En me disant que je ne jouerai pas, car je suis blessé ou fatigué.

Ce que j'ai évidemment beaucoup de mal à comprendre. Soit je suis blessé et je ne peux pas être remplaçant, soit un autre est meilleur. Qu'il me le dise et j'aurais compris. Donc je refuse de partir en déplacement et la sanction tombe : suspendu, sans salaire, pendant un mois. De nouveau, une blessure les oblige à me réintégrer, je demande à encaisser les arriérés de salaire, et de retour sur les terrains je marque sans compter. Sept buts cruciaux en fin de championnat qui seront importants pour décrocher le titre de champion de France 1956.

## Et Carniglia découvre Fontaine après le Mondial 1958

Lors du premier match après mon transfert de Nice à Reims, Reims l'emporte 3-1 sur Monaco, et je marque deux buts. Et Carniglia, interrogé, de dire que ce n'était pas encore probant, qu'il fallait attendre la confirmation de Fontaine buteur, etc. Ce qu'il répétait chaque fois qu'on lui demandait son avis sur mon départ de Nice à Reims, exprimant toujours des doutes quant à ma projection. Même quand je finirai cette première saison à Reims, avec 30 buts en 31 matches.
Et, à ma grande surprise, après la Coupe du monde 1958, Carniglia déclarera que c'est lui qui m'avait découvert et qu'il voyait en moi un futur buteur de taille mondiale !...

## Hué au Stade du Ray

Avec Reims, on était au vert à Nice avant un match de championnat contre « les Aiglons niçois ». Et Raymond Marcillac me demande, en tant qu'ex-Niçois, de commenter sur la première chaîne le match aller de la Coupe d'Europe 1959-60 entre Nice et le Real Madrid, qui se déroulait le mercredi. Nice l'emporte 3-2 et je les félicite ainsi que Nurenberg pour leur belle partie. Je précise néanmoins que cela ne sera pas suffisant pour le match retour au stade Santiago Bernabeu, avec Di Stéfano, qui n'avait pas disputé ce match aller. Ce qui se révélera malheureusement exact, puisque le Real l'emportera 4-0. Sur ce, le dimanche, je suis copieusement hué à mon entrée sur le stade du Ray. Je marque les deux premiers buts, et fais marquer le troisième, mais les sifflets ne s'apaiseront pas pour autant.

### *Fontaine dans la presse*

*Lors de son arrivée en France, l'hebdomadaire sportif* Miroir Sprint, *en sépia, parle de la nouvelle étoile de l'OGC Nice et du football*

*français. Dès ses débuts à Nice, à peine âgé de 20 ans, Fontaine marque plus d'un but par match, entre les amicaux et officiels. Le public niçois l'adopte. La presse spécialisée lui consacre titres et articles. Et il est consacré, par cette même presse sportive, comme l'espoir du football français en 1953. Le lundi 5 janvier 1954, il a droit à la une de L'Équipe, après avoir totalisé 5 buts, lors de l'écrasante victoire de Nice sur Lens, 6-1. À la fin de sa dernière saison victorieuse à Nice, en 1955-56, on le réclame en équipe de France. Il n'a pas 23 ans. Il a participé grandement au titre de champion de France de l'OGC Nice, en marquant 7 buts décisifs dans les dernières journées.*
*D'une part, une somme de buts très respectable (47, seulement en championnat), malgré les démêlés avec entraîneurs et dirigeants, malgré les milliers de kilomètres en PLM et les convocations en sélections espoir ou militaire, qui lui font manquer près d'un tiers des matches.*
*Et d'autre part, deux titres majeurs, la Coupe de France 1954 et le championnat 1955-56, garnissent le bilan des trois premières années professionnelles de Just Fontaine. Les journaux n'ont pas fini de parler de lui. La rumeur de l'intérêt de Reims pour le buteur de l'OGC Nice va bientôt se confirmer, avec le retentissement que l'on imagine.*

# 4

## J'étais payé sept fois le SMIC en 1958, c'est mille fois aujourd'hui !

« Chers auditeurs, bonjour. 11 juin 1958, la France attaque son deuxième match de Coupe du monde à Västeräs dans le stade Arosvallen contre la formidable Yougoslavie. Une sélection qui joue un beau football, avec dans les buts le grand Vladimir Beara, et les artistes et créateurs de jeu Milos Milutinovic et l'exceptionnel Dragoslav Sekularac. Environ 13 000 spectateurs se pressent dans le stade pour assister à cette rencontre prometteuse entre la Yougoslavie et la France, qui, après sa superbe victoire contre le Paraguay, voudra confirmer ses bonnes dispositions, en particulier son attaque.
Le match a commencé, il y a 3 minutes. Jean-Jacques Marcel glisse le ballon à Piantoni sur la gauche. Il accélère, malgré sa taille, il est un redoutable sprinter. Un crochet et Piantoni déborde son arrière. Piantoni centre du gauche à ras terre, Fontaine aux 15 mètres dans l'angle gauche de la surface va pouvoir reprendre de volée. But, but !...

C'est encore Fontaine qui marque, du gauche, d'une reprise instantanée. Le ballon passe au dessus de la tête de Beara, qui n'a pas le temps de lever les bras, et se loge sous la barre. Quatrième de Fontaine. La France, contre toute attente, mène contre la grande Yougoslavie :

Yougoslavie 0 - France 1. »

## Reims, le transfert de ma vie, sans l'argent d'aujourd'hui

Le bruit, la rumeur, comme cela se passe aujourd'hui, courent avec insistance : que Reims me veut. C'est comme si aujourd'hui, le Real ou Milan voulaient t'engager. C'est incroyable pour moi à 23 ans à peine. La nouvelle m'avait traumatisé : le Stade de Reims me voulait, le grand Reims ! Ils avaient pensé à moi pour suppléer au départ de plusieurs éléments clés de l'équipe, dont Raymond Kopa, qui avait signé au Madrid.
Reims est alors une des grandes équipes d'Europe, avec le Real Madrid, Milan, le FC Barcelone et la Juventus. Il domine le football français, vient de remporter la Coupe Latine et disputera deux des quatre premières finales de la jeune Coupe d'Europe des Clubs, dont la première, perdue de justesse, contre le grand Real de Di Stéfano, Puskas, Rial, Gento et Kopa.

## Payé sept fois le SMIC en 1958, mille fois aujourd'hui

Voilà une notion comparable, le SMIC et les salaires de footballeurs, deux éléments qui expliquent l'évolution du football professionnel.
Mon premier contrat professionnel à Nice, en 1953/54 stipule un salaire de 70 000 (anciens) francs. Un critère principal était la sélection. Les espoirs touchaient 80 000, les « B », 90 000, les « A », 100 000. Les barèmes de salaires existaient, ils étaient établis entre la Fédération et la Ligue. Donc à Nice en gros, de 1953 à

1956, j'ai évolué de 70 000 à 90 000, étant international espoirs et « B », un salaire qui était de deux à trois fois le SMIC.

Et à Reims, en 1958, devenant un des joueurs les mieux payés de France, je touche 250 000 (anciens) francs et le SMIC est alors à 35 000, donc je suis payé sept fois le SMIC. Voilà, ça fait quand même réfléchir. Nous étions et nous nous sentions des privilégiés.

Pour l'exploit de la troisième place en Coupe du monde 1958, les 23 joueurs ont encaissé chacun 200 000 (anciens) francs. La Fédération avait donné une prime de 300 000 (anciens) francs, seulement pour les titulaires, qu'on a redistribuée équitablement.

Aujourd'hui, on est passé aux nouveaux francs ou francs et puis à l'euro. Thierry Henry, par exemple, encaisse l'équivalent de 1 million de francs par semaine à Arsenal, net d'impôts, soit 52 millions par an, soit 5 milliards d'anciens francs ou centimes de francs. Madrid paie ses stars 10 millions d'euros par an, net, soit presque 70 millions de francs ou 7 milliards de centimes. Idem en Italie où les meilleurs salaires sont proches.

Alors, si on compare ces chiffres avec le SMIC d'aujourd'hui, on attrape le vertige...

## On m'opère du genou et... je reviens

Donc, si je jouais aujourd'hui, je toucherais près de mille fois le SMIC, au lieu de sept ou huit fois comme à mon époque. Mais je vais voir. Guy Roux vient de me dire que je pourrais encore jouer aujourd'hui. Je vais me faire opérer le genou... et je reviens sur les terrains.

## *Albert Batteux, le Football Champagne*

*C'est une histoire extraordinaire, au sens propre du mot. En outre c'est une grande histoire, au sens noble du mot. C'est l'histoire unique du père du « Football Champagne ». Né à Reims, capitale de la Champa-*

*gne, sa belle histoire commence comme une aventure : milieu offensif du Stade de Reims, il célèbre au champagne la Coupe de France 1950, son deuxième titre après le championnat 1949, quand le président Henri Germain le nomme entraîneur, suite à la démission de Roessler, qui abandonne Reims pour Marseille.*
*Mais il échouera, car, dès lors, le Stade de Reims dominera le football français et sera avec le Real Madrid et Santos une des meilleures équipes de l'époque.*

## *Le jour où tu ne dribble plus, je te sors de l'équipe*

*Le nouvel entraîneur, Albert Batteux, à peine âgé de 30 ans, savoure le champagne de sa Coupe de France et n'imagine pas encore qu'il sera le meilleur entraîneur de France de tous les temps, l'inspirateur du football spectacle, offensif et créatif, l'apôtre du jeu de football et du football de jeu, le reconnu pionnier du jeu court et précis, de la technique, du une deux et du dribble. Du fameux dribble de Raymond Kopa, à qui il dira, alors que la presse l'accusait d'abuser du dribble : « Le jour où tu ne dribbles plus, je te sors de l'équipe. »*

## *Une standing ovation d'étudiants profanes*

*Dès lors, Kopa devint le grand joueur que l'on sait, tant à Reims qu'au Real Madrid. Albert Batteux et Kopa considéraient le dribble comme une arme fondamentale pour obtenir la supériorité numérique en attaque.*
*Albert Batteux savait convaincre les plus incrédules, voire les ennemis du football. Et il était persuadé que le jeu était la base du succès, et la noblesse du football. Lors d'une de ses nombreuses conférences, un jeune public étudiant, sceptique et profane en football, qui écoutait passif et sagement assis, finit par lui dédier une ovation, debout.*

## *Entraîneur de Reims, de l'équipe de France et chroniqueur*

*Albert Batteux estimait important de transmettre sa passion et son combat pour le football créatif et intelligent. En pleine activité d'entraîneur de Reims et de l'équipe de France, il écrivait régulièrement dans deux organes spécialisés, le* Miroir du Football *et* France Football *pour défendre le jeu et dénoncer les cancers du football de l'époque, qui étaient en gros les mêmes aujourd'hui : la faute tactique, le coup franc, ainsi que la violence et l'ignorance du fair-play.*
*Très vite, le football du Stade de Reims se convertira en Football Champagne. Reims, capitale de la Champagne, il fut aisé pour les chroniqueurs de comparer les bulles du fameux nectar et de son allégresse résultante avec les passes, dribbles et autres arts, un spectacle enivrant de plaisir pour le public de Champagne et de toute la France, un spectacle écrit par Albert Batteux et interprété par Lucien Muller, Just Fontaine, Raymond Kopa, Roger Piantoni et Jean Vincent, qui formèrent un temps un des plus beaux quintettes de l'histoire du beau jeu.*

## *À contre-courant*

*C'était un énorme pari d'affronter le courant d'un football, qui se préparait déjà au catenaccio de l'Europe de l'Est ou de l'Italie. Par exemple, le corner « à la rémoise » provoquait l'étonnement, sinon la stupeur, voire les sarcasmes.*
*À Reims, on ne tirait pas de corner de loterie nationale, à l'aveugle dans le paquet, non. On faisait une passette de 2 mètres, pour ensuite élaborer une nouvelle action de jeu en passes courtes.*
*À Reims, la loterie, non merci, le jeu, oui. Fontaine, qui concrétisait le beau jeu en victoire, par ses innombrables buts, précise que ce fameux corner à la rémoise était aussi explicable par la taille des attaquants. Avec 1,74 m, c'était lui le plus grand...*

## *Reims Football Champagne*

*Le Reims Football Champagne de Batteux enlève les championnats 1953, 55, 58, 60 et 62, la Coupe de France 1958, la Coupe Latine, mère de la Coupe d'Europe, en 1953, 3-0 contre le meilleur Milan de l'histoire, avec celui de Van Basten et Gullit des années 1990, celui de la Grenoli des Gren, Nordhal et Liedholm. Finaliste de la première Coupe d'Europe 1956, le Reims Football Champagne perd contre le grand Real Madrid 4-3, menant 3-2 à 20 minutes de la fin et répète la défaite en 1959, contre le même Real, où évolue alors Kopa, 2-0, cette fois sans excuse.*

*À la fin d'un cycle, Albert Batteux s'en va à Saint-Étienne. Là, avec ses idées de toujours, il jettera les bases du Saint Étienne des années 1970, en raflant les championnats 1968, 1969 et 1970 plus les Coupes de France 1968 et 1970.*

## *L'intelligence de jeu*

*Avec l'équipe de France, l'aventure Batteux s'embellit de l'exploit du Mondial 1958, cette France de Batteux, Kopa, Piantoni, Fontaine, etc., souvent considérée supérieure à la sélection championne du monde en 1998. En tout cas, quant à sa qualité de jeu offensif et créatif. Le 28 février 2003, Albert Batteux abandonna le beau spectacle du football, du jeu et de la vie, à l'âge de 83 ans, après une existence au service de l'intelligence du jeu.*

## Ma rencontre avec Monsieur Bébert

Albert Batteux m'a impressionné dès le début. Mais pas encore pour son succès et son immense aura. Non, la première fois que je le rencontre, c'est lors de ma première sélection avec les espoirs français, contre le Luxembourg, où je marquerai 3 buts, dans un match facile de qualification pour le Mondial 1954, où les sélectionneurs avaient décidé de faire jouer surtout des jeunes, des espoirs.

Ce match-là sera d'ailleurs qualifié comme « A » des années plus tard, puisqu'il servait à la qualification pour la Coupe du monde. Le personnage Batteux était passé par là, sans laisser personne indifférent. Beaucoup de choses en lui m'intriguaient, son allure, son style, un style élégant mais qui faisait austère et surtout son chapeau, un chapeau feutre sombre qui lui donnait un style plus sérieux et le regard plus perçant.

## Je portais le chapeau pour faire sérieux auprès des joueurs

Dans l'imagerie de l'histoire du football, Albert Batteux est toujours associé à son chapeau. Comme il avait à peine 30 ans quand il devint entraîneur de Reims, il avait trouvé cet artifice pour se vieillir quelque peu ou se rendre plus crédible. Même s'il n'en avait pas besoin, tant sa personnalité était remarquable. Bien des années plus tard, il me confia qu'il portait le chapeau pour faire plus sérieux. Je lui répondis qu'avec moi, en tout cas, ça avait marché.

## Un autodidacte génial, que je n'ai jamais pu tutoyer

Mais pourtant il n'avait pas besoin de ça. Son discours, sa façon enthousiaste et autodidacte de voir la vie et le football, de jouer le jeu, et sa manière de mener les entraînements, étaient des modèles du genre.
Huit fois international, en 1948-1949, comme excellent milieu offensif technique et intelligent, il maniait aussi l'humour, considérant qu'à Reims « il formait, avec Fernando Riera, l'aile marchante du club », faisant ainsi allusion à une certaine lenteur qui le caractérisait comme joueur, largement compensée par son habilité et sa clairvoyance.
Une fois à Reims, quelques années plus tard, il continua donc de m'impressionner. Je ne sais pas pourquoi, bien que nous nous

sommes fréquentés des années, je ne pus jamais me résoudre à le tutoyer, malgré sa jeunesse, et je l'appellerai Monsieur Bébert, Monsieur pour le respect, et Bébert, en guise de tutoiement, et ce jusqu'à sa mort, en 2003.
Au sujet de Bébert, j'ouvre une grande parenthèse en sollicitant l'opinion de Raymond Kopa.

## *Raymond Kopa compare le football moderne avec le sien*

*Raymond Kopa, 1,68 m, fut un grand du football mondial, la preuve de la supériorité de la technique et de l'intelligence de jeu sur le physique et les systèmes. En son époque du football classique, s'opposaient déjà deux idées, le football créatif, offensif et spectaculaire d'un côté, et de l'autre, le football destructif, défensif et ennuyeux. Kopa représenta le premier, avec Fontaine et Piantoni au Stade de Reims, puis avec Di Stefano et Puskas au Real Madrid. Il pense que jouer un football attractif est une obligation pour le respect et le plaisir du public, et pour le bien du football.*

## *Monsieur Kopa : interview créative et offensive, un vrai plaisir*

• *Avec Albert Batteux, le meilleur entraîneur français de l'histoire, est-ce aussi une grande idée du football qui a disparu ?*
Absolument, quand Albert Batteux cesse d'être entraîneur, le football change radicalement. En général, le jeu du Stade de Reims était court, précis, intelligent et offensif. Les idées d'Albert Batteux incluaient l'obligation du spectacle, du beau jeu pour les spectateurs, du plaisir pour les joueurs et du respect de l'adversaire.

• *Pourquoi le pari du jeu court avec Albert Batteux ?*
Simplement une question de bon sens ou d'intelligence : en jouant court on joue juste. Aujourd'hui on joue long, je ne suis pas contre, selon les circonstances, mais la passe longue est plus imprécise et a plus de probabilité d'interception.

*Je voudrais rappeler que les grandes qualités du football de notre époque, et en particulier du grand Reims avec Albert Batteux, étaient l'intelligence de jeu, la technique, et le physique, mis au service de la technique – et pas le contraire – et les qualités morales. L'entraîneur de ma carrière de footballeur fut Albert Batteux.*

• *Comparons le football actuel avec celui de votre temps.*
L'émergence récente de la notion de système a nui au comportement et au développement des joueurs. On ne voit plus de football offensif et spectaculaire comme avant. Tout se passe en milieu de terrain, quand avant tout était basé sur le plan offensif, il y avait des attaquants, beaucoup, des ailiers, aujourd'hui, il ne reste que deux attaquants, parfois un seul. Que voulez vous faire avec si peu ? On attend longtemps pour voir des buts, voire des occasions. Et souvent ce sont des buts sur coups de pied arrêtés. Maintenant, dans tous les pays on joue à peu près le même football, seulement changent les joueurs.
Aujourd'hui on joue trop vite, je préfère aller moins vite mais jouer plus juste et précis, en jeu court. Ce n'est pas ce que l'on nous propose aujourd'hui. Alors choisissez vous-même : ou le football classique ou celui dit moderne.

• *Le football actuel est-il malade des systèmes de jeu, castrateurs de la créativité individuelle ou collective ?*
Bien sûr. On ne peut pas enfermer le joueur dans des systèmes trop rigides. Si on ne lui laisse pas une certaine liberté de manœuvre, le joueur ne progresse plus. C'est impossible. Quand nous bénéficions de garçons capables de faire la différence, laissons-les jouer, dribbler, décider, etc.

• *On ne peut par parler avec Kopa sans évoquer le dribble. Vous en étiez un artiste et consommateur invétéré. Le dribble est-il interdit aujourd'hui ?*
Selon tel système ou entraîneur, je ne saurais vous dire. C'est vrai qu'aujourd'hui on ne dribble plus vraiment, on voit plus de passements de jambes, que de crochets et contre-pieds. En ce qui me

concerne, le dribble était une arme majeure. La presse me reprochait de trop dribbler à Reims ou en équipe de France. Albert Batteux m'a dit un jour : « Si tu ne dribbles pas, je te jette de l'équipe. »
Cette phrase m'a fait gagner dix ans, j'ai pris confiance, je suis alors devenu Kopa et j'ai pu être enrôlé par le Real Madrid, la meilleure équipe de l'époque. Le dribble est une arme essentielle pour éliminer l'adversaire, pour créer la supériorité numérique, fondamentale en football.
Les grands dribbleurs d'hier seraient les bienvenus aujourd'hui. Garrincha, par exemple, un des plus grands dribbleurs que j'ai connu, multiplierait les ravages, aujourd'hui. Il n'y a pas de comparaison.

• *Que pensez-vous du fair play, du comportement des joueurs ?*
Je ne sais pas si le fair-play a disparu, mais je suis généralement déçu par un ensemble de comportements, arbitrages, joueurs. Personne ne veut de la vidéo.
Moi j'y suis radicalement favorable, pour plus de justice dans l'arbitrage et pour éviter la triche des joueurs. Trop de joueurs, aujourd'hui, essaient de tromper l'arbitre délibérément. Et il y a aussi trop de gestes excessifs. Je n'aime pas ces airs triomphateurs quand on a marqué un but, surtout sur penalty. Je crois qu'il y a beaucoup de progrès à réaliser du côté des joueurs. Leur comportement doit être respectueux, joyeux, oui, mais sobre. Le but, par exemple, est d'abord une œuvre et célébration collective. Jeter son maillot au public. Non, etc. L'aspect excessif du comportement des joueurs doit être corrigé.

## La balle et Fontaine sont faits l'un pour l'autre

**En leur époque à Reims, Kopa disait à peu près cela de Fontaine, entre autres compliments : « Quand Justo a un ballon au pied, et le but devant, rien ne saurait l'arrêter. Dans tous les sprints à l'entraînement, je gagne contre lui. Mais si on donne un ballon à chacun de nous, là il n'y a rien à faire. La balle et Fontaine sont faits l'un pour l'autre. »**

Et Fontaine de rajouter : « Sans la balle au pied, j'étais aussi le plus rapide, si devant moi il y avait une balle qui courait. »

## Raymond Kopa, le Napoléon du football

Avec Batteux, c'est Raymond Kopa qui est à l'origine du style de Reims, d'abord, comme on sait, Albert Batteux l'a encouragé à dribbler, car il pensait qu'il était l'antidote au marquage individuel qui faisait rage à l'époque. En employant des moyens légaux, il était impossible de l'arrêter. Il avait un centre de gravité assez bas, il était solide, c'était aussi un athlète. Il avait un crochet en pleine vitesse, en pleine course, il stoppait net, crochetait et repartait aussi vite dans la direction opposée. Son palmarès parle pour lui, Ballon d'Or 1958, où j'étais troisième, désigné aussi meilleur joueur de la Coupe du monde 1958, quatre fois champion de France avec Reims, deux fois champion d'Espagne et aussi trois fois champion d'Europe, avec le Real Madrid.

Il est un des trois meilleurs Français de tous les temps avec Platini et Zidane. Raymond était en outre un gagneur et un patron, heureux de jouer au football, qu'il pratiqua au-delà des 70 ans, avec les anciens d'Angers. Son seul regret est de n'avoir pu gagner la Coupe de France, mais contrairement à Napoléon, il aura le plaisir de finir ses jours en Corse où il vit une grande partie de l'année et y côtoie Dominique Colonna, entre autres.

## Le marquage de Kopa

La vivacité de Raymond Kopa, avec son dribble syncopé, lui permettait de créer une supériorité numérique dont les attaquants de pointe profitaient, en faisant des appels au moment opportun, et on recevait alors une passe bien souvent décisive.

Mais tant que Raymond n'avait pas fini de dribbler, c'était inutile de faire un appel de balle. Il fallait parfois attendre que Raymond ait fini sa session.

Cette extraordinaire façon de jouer, au sens propre du mot, lui valait parfois d'être l'objet de marquages spéciaux, étroits, très étroits.

### Un différend avec Monsieur Bébert qui me chagrinera toujours

Raymond a été l'origine indirecte du seul différend que j'ai pu avoir avec Monsieur Bébert. Il y a deux terrains en France, où il fut tellement mis à mal que j'ai pensé à des consignes dans ce sens. Cependant après un de ces deux matches, d'où Raymond sortira blessé, l'entraîneur adverse, un ancien joueur de Reims qui évolua avec Albert Batteux, était venu saluer son ancien coéquipier à l'hôtel après le match, ainsi que les joueurs.

Et j'ai alors refusé de lui serrer la main. Ce qui déclencha mon différend avec Batteux.

Avant le match, j'étais allé aux toilettes, près du vestiaire adverse. J'avais pu surprendre des consignes du genre. « C'est un homme comme un autre, il faut être agressif, on est chez nous », etc. Le traitement de faveur pour Raymond était servi ! Et malgré mes aveux à Monsieur Bébert, pour expliquer mon refus de poignée de main, il ne me crut pas, car il ne pouvait pas imaginer qu'un de ses anciens coéquipiers de Reims, où régnait le bon esprit et le beau jeu, puisse être déloyal. J'en ai toujours gardé un souvenir amer.

## *El Biar élimine Reims à Toulouse*

*C'est à Alger que commence cet extrait de récit signé Louis Sigala, alors supporter d'El Biar, plus tard, directeur régional de l'Éducation physique et des Sports en Algérie et Inspecteur général honoraire, texte publié intégralement dans* L'Histoire illustrée des sports et de l'éducation physique en Algérie de 1946 à 1962 *(Collection Africa Nostra).*

Le 2 février 1957, onze joueurs et une demi-douzaine de supporters s'envolèrent d'Alger pour Toulouse avec le même état d'esprit qu'une colonie de vacances partant pour un voyage agréable : c'était le SCUEB, et le « Skuèb » n'était pas encore « El Biar ». Initiales qui signifient Sporting Club Union El Biar. Cette vingtaine de voyageurs était heureuse d'aller en France, de quitter pour quelques jours cette triste atmosphère d'Alger où les attentats se multipliaient et où, pour la première fois, les stades avaient été visés. (...)

## *L'entraîneur joueur d'El Biar, l'insigne rémois à la boutonnière*

Dans l'avion, Benoît donna le signal de la bonne humeur cependant que le joueur entraîneur Buffard était le seul à penser au match prévu le lendemain avec Reims. Le seul à réfléchir, car Buffard vivait déjà ce qu'il pensait être son apothéose personnelle : voir de près ses idoles, les Rémois (...). Pour lui, il n'y avait qu'un football et qu'une équipe : Reims. Il avait été le premier adhérent à la section de supporters d'« Allez Reims » et c'est l'insigne rémois qu'il arborait à la boutonnière.

Il avait obtenu avec son équipe de beaux résultats en éliminant à Alger, Montpellier puis Aix (après deux matches) et en se qualifiant ainsi pour les seizièmes de finale. À Toulouse le soir même, Buffard eut vraiment sa grande soirée : interview à la Radio toulousaine où Batteux avait déclaré que ses joueurs ne ridiculiseraient pas les Algérois, puis des heures de bavardage avec l'entraîneur rémois. Le lendemain, sur le Stadium quasi désert, les joueurs des hauts d'Alger s'alignèrent, la peur au ventre, chacun s'attendait à prendre un carton.

Or, après quatre minutes de jeu, El Biar bénéficia d'un coup franc ; Buffard le tira à travers une défense qui faisait un mur dérisoire et Reims encaissa son premier but. Quatorze minutes après, c'était Almadovar qui recevait une longue transversale de Baéza, se précipitait en même temps que Cicci et la balle fusait hors de portée de Jacquet. El Biar menait par 2-0. Là, nous nous aperçûmes que cette avance n'était pas pour rassurer Buffard et ses hommes : « On les a surpris, mais maintenant ils vont se reprendre. » Il fallut que les supporters donnent de la voix pour les revigorer, leur faire garder tout espoir et même leur mentir en rapportant à la mi-temps des appréciations flatteuses, qui n'avaient jamais été exprimées dans la tribune de presse.

La seconde mi-temps, nous l'avons passée derrière le but de Benoît, ce qui nous valut maintes réflexions du fougueux Leblond, estimant que nous étions trop bavards. Nous nous souviendrons toujours de ces 45 minutes où El Biar écrivit sa légende. Tout d'abord les Algérois jouèrent comme en début de match : petites passes, déviations, ouvertures sur Buffard et Vidal, Taberner et Baéza au centre de l'attaque importunant souvent Jonquet, Siatka et Penverne.

Mais, au fur et à mesure des opérations, Reims devenait plus pressant : Hidalgo, Glovacki, Bliard, Leblond, Vincent, en raids successifs, eurent souvent le but au bout du pied, mais chaque fois Chakor, le puissant Florit ou Lapasset intervenaient à l'ultime seconde et quand ils étaient doublés il y avait Benoît, un gardien qui faisait « la partie de sa vie ». Tout lui réussissait, dans n'importe quelle position et celui qui fut surnommé « Le tigre volant » semblait ne pouvoir être battu. Quinze minutes avant la fin, Buffard crut au miracle et fit venir en défense Vidal. Pendant ce quart d'heure, Reims domina outrageusement mais il y avait toujours Benoît à terre, en l'air, dégageant du poing, du pied. Leblond jurait à haute voix, Jonquet s'en prenait à l'arbitre, Bliard hurlait sa déconvenue... et il s'en fallut de peu que, sur une longue balle, Taberner n'aille ajouter un troisième but.

Dans les tribunes, les quelques supporters « pieds noirs » avaient maintenant avec eux le millier de Toulousains, criant aussi des encouragements à ces Algérois qui continuaient à se battre. Exténués, saoulés de leurs efforts, ne sachant plus jouer au ballon, mais s'acharnant à le renvoyer de leur zone de défense, les El Biarrois réussirent tout de même à préserver leur avance.

Dans le vestiaire ce fut une « fantasia » : on buvait au goulot les bou-

teilles offertes par Reims, on s'embrassait, on pleurait, on riait. Deux heures après, à l'hôtel, ce fut la pluie de télégrammes, les coups de téléphone, les interviews. Le retour à Alger prit des allures de triomphe : la population algéroise faillit, à l'aérodrome, faire capoter l'avion, chacun voulant voir de plus près les héros de Toulouse.
Même le terrorisme marqua une trêve et ce fut là aussi et surtout une des victoires du football...
Éliminé par Lille, au tour suivant, El Biar reprit son rang de modeste équipe de banlieue, Buffard son poste de correcteur dans un quotidien. Reims obtint sa revanche, à Alger même, en gagnant par 6-0, avec trois buts de Fontaine, absent du match de Coupe. Taberner s'en alla au Havre, Buffard, la saison suivante à Port-Saint-Louis, puis l'équipe s'émietta au vent de l'Histoire.
Mais aujourd'hui, dans l'aventure de la Coupe, l'exploit d'El Biar figure toujours comme une des pages les plus extraordinaires. N'est-ce pas devenu classique, pour les plus grands chantres de notre football, d'écrire en parlant d'une surprise possible en Coupe de France : « Rappelons-nous la victoire d'El Biar sur Reims ! »

## Le niveau baisse, ou Romario, 40 ans, meilleur buteur brésilien

**Romario, 40 ans, est le meilleur buteur du championnat brésilien 2005, et il rempile, pour la saison 2006. Il est aussi le deuxième meilleur buteur de la sélection brésilienne, derrière Pelé avec 70 buts, sans y jouer depuis un lustre et loin devant Ronaldo. Il est aussi sur le point de devenir le troisième homme au monde au-delà des 1 000 buts, après Pelé et Eusebio[1].**
**Les exploits de l'attaquant du Vasco da Gama étonnent le monde mais ça n'interpelle personne. Moi, j'en suis éberlué. On lui demande comment expliquer son rendement de buteur au Vasco, en dépit de son grand âge, et il répond avec sa franchise**

1. Le 29 janvier 2006, jour de son 40e anniversaire, Romario a marqué son... 950e but, le seul de son club, Vasco da Gama, contre America Rio, vainqueur par 2-1.

coutumière : « Je suis encore compétitif parce que le niveau baisse. »
Voilà une réponse préoccupante et je suis plutôt d'accord avec lui sur cette dégradation du football.
Le Brésil n'est plus le Brésil. Cela fait vingt ans que le Brésil, champion du monde en 1994, finaliste en 1998, champion en 2002 et grand favori en 2006, domine le football mondial et le ranking Fifa, sans vraiment convaincre ni être ultra offensif, malgré les Romario, Bebeto, Ronaldo, Ronaldinho et autres Adriano, Kaka ou Robinho.
La Hollande, chez elle, lors de l'Euro 2000, enlevé par la France, avait raté six penalties (dont quatre tirs au but) en demi-finale contre l'Italie. Le championnat italien est depuis près de trois ans maintenant bien plus prolifique que le français. Alavés et Calais disputèrent respectivement la finale de la Coupe de l'UEFA, et de la Coupe de France, au moment où en Angleterre, en Allemagne, en Espagne, des clubs de 3e et 4e division accédaient régulièrement aux quarts ou demi-finales des Coupes nationales, voire à la finale, tout cela, sans que cela n'interpelle personne.

## Du jamais vu : les amateurs de Calais, favoris contre Nantes !

Je me souviens même que Calais, équipe amateur, avait été donnée favorite de la finale de la Coupe de France 2000, contre l'historique FC Nantes, comme si c'était normal. Cela me choqua.
Le 2 février 1957, l'élimination de Reims par les Algérois de El Biar en Coupe de France fut l'un des événements de l'année au même titre que le prix Nobel de littérature d'Albert Camus, la chienne Laïka dans l'espace ou encore la première victoire du jeune Jacques Anquetil dans le Tour de France.
Même sans Kopa, au Real Madrid et Fontaine absent ce jour-là, de garde au Bataillon, ce Reims était exceptionnel et avait été sorti par une équipe de division d'honneur. Honte au grand

Reims, dans la presse et dans la rue. Aujourd'hui, sous prétexte du cliché classique selon lequel « il n'y a plus de petites équipes », on ne se surprend plus, voire on excuse ou justifie les fréquentes éliminations de grands clubs professionnels par des équipes amateurs.

## On dit qu'il n'y a plus de petites équipes. Mais y a-t-il de grandes équipes ?

La France, championne du monde 1998, avait peiné pour battre Andorre 2-0, devant 80 000 personnes au Stade de France et au match retour, au Stade Olympique de Barcelone, elle arracha sa qualification pour l'Euro 2000, sur un penalty andorran enfantin à la 86e minute !!!... Certes, la sélection française deviendra ultérieurement championne d'Europe. On s'en souvient. Néanmoins, à quatre minutes près, elle aurait pu ne pas se qualifier. Et alors...

## Roger Piantoni, un grand

Né le 26 décembre 1931, 1,70 m, Roger Piantoni fut un dribbleur virtuose, sans doute le plus doué de sa génération, très rapide et aux crochets intérieurs ou extérieurs meurtriers et doté d'une frappe de balle très pure à la Puskas.
Gaucher de charme et joueur intelligent, c'est tellement beau qu'on n'oublie pas le défaut d'un certain manque d'ambition ou d'une sagesse qui le poussait à se contenter de ce qu'il avait. Pourquoi pas ? Avec ses dons, j'aurais peut-être réagi pareil.
Un grand ami avec de l'esprit et plein d'humour. À 20 ans, il fut le meilleur buteur du championnat, exploit qu'il répéta une deuxième fois dix ans plus tard. 38 fois international, quelques matches à la Kempes (meilleur buteur de la Coupe du monde 1978), et des passes de 35 mètres comme en s'amusant.
Trois titres de champion de France, la Coupe 1958, le doublé 1958,

la finale de la Coupe d'Europe 1959, il fut assassiné cette même année contre la Bulgarie à Sofia et ne fut plus le même par la suite, ni même hélas ! pour jouer avec les « anciens de Suède ». Il est le seul footballeur français que les Argentins voulurent engager (le River Plate), ce qui flatte ses qualités techniques.

Lors du 45e anniversaire de mon record, j'ai cédé à Roger, pour une longue soirée, mon soulier d'or, offert par Gary Lineker, journaliste à la BBC, international anglais, ex-grand joueur de Tottenham et du Barça, meilleur buteur du Mondial 1986 avec 6 buts. Je pensais qu'il avait largement mérité d'en gagner un. Car il fut un très grand joueur, et aussi un grand buteur.

## Robert Jonquet, le meilleur d'Europe

À son époque, je n'hésite pas à croire qu'il fut le meilleur arrière central d'Europe. Né le 3 mai 1925, il était doté des grandes qualité nécessaires à ce poste. 58 fois sélectionné, il régnait en empereur de la surface, doté d'un grand sens de l'anticipation, vif et bon de la tête, grâce à une superbe détente. Riche d'un excellente frappe de balle et d'intelligence de jeu, il fut un pilier du grand Reims, le plus titré après Roger Marche. Faisant preuve de plus de vivacité pivotante[1] que bien des arrières centraux actuels, il serait aujourd'hui un des meilleurs du football moderne à ce poste, ou au poste de libero. Beckenbauer avant l'heure.

## Armand Penverne, l'iceberg

Né à Pont-Scorff, dans le Morbihan, le 26 novembre 1926, il était aussi froid qu'un iceberg. Lucide et ferme sur l'homme, malgré un gabarit moyen, il développait un grand sens tacti-

1. En Espagne, les entraîneurs appellent cette qualité « avoir de la ceinture ».

que au milieu, plein de clairvoyance et d'assurance qui donnait confiance à Reims, puis au Red Star et à Limoges. Ce métronome, qui possédait une exceptionnelle frappe de balle, marquait, des 25-30 mètres, des buts dits aujourd'hui de deuxième rideau, à la Gerrard ou Lampard. Il fut 38 fois sélectionné en équipe de France.

# 5

# Un miracle pour que je joue la Coupe du monde

« Chers auditeurs, nous sommes toujours à Västeräs où la France est menée 1-2, à quelques minutes du coup de sifflet de l'arbitre gallois, M.Griffith. Les deux buts de Petakovic, qui avait neutralisé le premier but de Fontaine, et de Veselinovic, au bout d'une heure de jeu, avaient redonné l'avantage à la Yougoslavie. La France joue bien, disons même, très bien. La colonne vertébrale Jonquet - Penverne - Kopa fonctionne à merveille. Les ailes aussi, avec Wisnieski et Vincent et le jeu associatif de Piantoni, inter gauche, et Fontaine, avant-centre, mériterait mieux. Au moins le nul, voire la victoire.
Cinq minutes à jouer, et la France pousse toujours. Remetter vient de donner à Marche, qui glisse à Kaelbel qui remonte, balle au pied en position de demi droit. Il avise Fontaine, en pointe, décalé sur la gauche. Longue passe diagonale de Kaelbel. Fontaine va recevoir, aux 30 mètres, et s'avance un peu. Beara sort à sa rencontre. Fontaine tente le lob. Et

le réussit. But, superbe lob de Fontaine, en pleine course, de son pied droit. But. La France égalise. Et c'est bien mérité. Et encore et toujours Fontaine, qui marque son deuxième but aujourd'hui et son cinquième en deux matches. Plus que quelques minutes de jeu et d'espoir de victoire :

Yougoslavie 2 - France 2. »

*(Résultat final 3-2 pour la Yougoslavie, but de Veselinovic à la 88e minute)*

## *Cisowski et Fontaine à la une*

*En couverture de* Sport et Vie *d'octobre 1956, Cisowski et Fontaine entourent la vedette du Salon de l'Automobile, une Simca Aronde « plein ciel ». Eux sont les vedettes du début de saison, les grands buteurs respectivement du Racing et de Reims. Le 11 novembre 1956, l'équipe de France entame son parcours de qualification pour la Coupe du monde 1958. Les futurs héros de la sélection, Kopa et Fontaine, ne sont pas cités dans les chroniques. Kopa est absent, retenu par le Real Madrid – à l'époque, les clubs n'étaient pas obligés de céder leurs internationaux – et Fontaine est sur le banc des remplaçants. Rachid Mekhloufi conduit le jeu et la balle de belle façon et Thadée Cisowski la met au fond. Thadée Cisowski est la star du match. Il est le premier héros de cette équipe de France qui entame la belle aventure suédoise. Né le 16 février 1927 à Laskiv en Pologne, à 29 ans, il est en pleine force de l'âge des grands buteurs et compte déjà 9 sélections.*

## *Le record de « Ciso »*

*Au Racing depuis 1951, il en est le buteur impénitent et, avec Ujlaki, une vedette. Le Racing est alors, avec Reims et Nice, un des grands de France. Ciso est le meilleur buteur français incontestable à l'aube du Mondial, avec 30 buts en 1956 et 31 en 1957. Contre la Belgique, il signe un exploit du football français et un record toujours debout. Cinq buts, outre la passe du sixième. Pas n'importe quels buts, plutôt de près, dans un style différent, dans le style « Ciso », comme un renard des surfaces qui « sait être là », comme il dit, pour inscrire des buts imparables.*

*La France l'emporte 6-3 en ce premier match de qualification. Ce record de cinq buts en un seul match, en équipe de France, résiste depuis l'instauration du professionnalisme en 1933. Eugène Maes en avait marqué autant, contre le Luxembourg, en 1913, à l'époque du football amateur. Pour les analystes de statistiques, curiosités et autres records, on lit parfois que Maes détient le record d'efficacité en équipe de France avec 15 buts en 11 sélections. À ce sujet, en négligeant la distinction amateur-professionnel, à tout seigneur tout honneur, c'est bien Just Fontaine qui détient ce record, au demeurant universel : 30 buts en 21 sélections, entre 1956 (France-Hongrie) et 1961 (France-Bulgarie).*

## *Le héros de Colombes qualifie la France*

*À la 13e minute, Ciso inscrit le premier but de son record, reprenant un tir terrible de Mekhloufi repoussé par Dressen, le gardien belge. Dans la foulée, le deuxième, reprenant de volée un centre de Wisnieski. Mais à l'époque, ça joue, ça attaque, ça ne spécule pas. La Belgique est, dans les années 1950, un adversaire des plus respectables et Houf réduit le score à 2-1. Puis Cisowski se transforme en meneur de jeu et lance dans l'espace Jean Vincent qui établit le 3-1 à la 18e minute de jeu ! Quatre buts en cinq minutes, les 50 000 spectateurs qui comblent Colombes sont aux anges, et aux pieds de Ciso, qui en rajoute encore un en reprenant de près et de volée un centre de Piantoni. Délire à Colombes, 4-1 à la pause et à la Cisowski.*

*En début de deuxième mi-temps, la France se relâche et la Belgique se fâche. Le match s'emballe et le suspense plane. À vingt-cinq minutes de la fin, un doublé de Willems et la Belgique revient à 4-3. Tout est à refaire, le public s'est tu, pense qu'il reste bien du temps car les Belges jouent bien. Cisowski se surprend à craindre que son exploit ne serve à rien, que ses espoirs de Coupe du monde s'estompent. Alors, en s'associant dans le jeu avec ses virevoltants coéquipiers d'attaque, Piantoni, Wisnieski et Vincent, abreuvés de bons ballons de Rachid Mekhloufi, Thadée Cisowski fait encore trembler les filets deux fois. D'abord, sur une nouvelle balle repoussée par Dressen, sur un tir canon de Piantoni et reprenant une balle déviée du pied par Dressen, toujours, comme si le gardien belge voulait participer à l'exploit de Cisowski.*

## Un miracle pour que je joue la Coupe du monde!

Je suis admiratif, à 23 ans, bouche bée sur le banc des réservistes, face à cet exploit de Ciso, qui établit un record alors extraordinaire, imbattable. Je n'ai encore jamais été titularisé en équipe de France. On se dit à ce moment-là que ça va être difficile d'aller au Mondial. Mais les circonstances, si importantes dans la vie, comme dans le football, et mes buts, modifieront radicalement nos destins.
Mais au soir du 11 novembre, moi sur le banc et lui le héros du premier match de qualification, je me fis une réflexion à propos de mon ami Ciso : « Oh là là... quel coup d'fusil, celui-là ! Faudra un miracle pour que je joue la Coupe du monde... un coup d'fusil... »

## Cinq buts dans la tête du buteur...

Ce n'est pas tous les jours qu'un buteur, aussi bon soit-il, totalise cinq buts dans un match officiel de premier niveau, en sélection ou en club.
Je n'ai jamais marqué cinq buts avec la sélection française, si, avec Nice ou Reims et encore bien plus souvent quatre, dont une fois en équipe de France, lors du Mondial 1958 et une fois en Coupe d'Europe, fait extrêmement rare aujourd'hui.
Que ressent le buteur, dans ces moments-là ?

## Si le but est l'orgasme du football, alors cinq buts, c'est...

Marquer un but est pour l'avant-centre, selon moi, sa tâche, son devoir, mais c'est aussi une grande joie personnelle et – trop souvent oubliée – une forte allégresse collective, car la majorité des buts sont l'œuvre de plusieurs. J'ai aussi toujours aimé faire des passes de buts, qu'on appelle aujourd'hui « décisives ».
Et il ne faut jamais oublier que l'objectif étant le but, si on est moins bien placé qu'un partenaire, on doit transmettre le ballon. Le but, c'est l'accomplissement, la fin parfaite de l'action individuelle ou collective. Le but donne un sens et concrétise le jeu de football. Alors, comme écrit l'auteur uruguayen, Eduardo Galeano[1], si le but est l'orgasme du football, alors en marquer cinq dans un seul match, qu'est-ce que c'est ?
Je vous laisse le soin de répondre, après réflexion.

### *Maracanã, hué par 120 000 personnes*

*Rio de Janeiro, stade Maracanã, 120 000 spectateurs en colère. Les haut-parleurs annoncent Julinho en nom et place de Garrincha sur l'aile droite de la Canarinha, la superbe sélection brésilienne, déclenchant une huée monumentale, digne du pays géant et du profond silence qui envahit ce même monument du football lors de la fameuse finale de la Coupe du monde 1950, perdue par le Brésil contre toute attente en face de l'Uruguay.*
*Ils adorent et veulent voir Garrincha, auprès des Gilmar, Djalma Santos, Nílton Santos, Didi, auprès de Pelé, l'autre héros brésilien. Ils aspirent à se délecter des dribbles du « Chaplin du football », rire de ses diableries, qui assoient simultanément plusieurs défenseurs sur le gazon. En 1959, un an après son premier titre de champion du monde, le Brésil affronte l'Angleterre, puissance mondiale, pour la première fois à Maracanã. C'est d'abord une affiche historique et deux minutes*

1. *Le Football, ombres et lumières.*

*plus tard, cela deviendra un match historique. C'est le temps qu'il faudra à Julinho pour marquer un superbe but aux Anglais, et calmer les cariocas siffleurs ou persifleurs. Puis Julinho offrira à Henrique la passe du 2-0 définitif. Et il continuera à dessiner dribbles et courses dignes des arts de celui que le public voulait voir. Digne de Garrincha.*

## Quatre-vingt-dix minutes plus tard, ovationné par 120 000 spectateurs, debout

*Quatre-vingt-dix minutes après avoir copieusement sifflé Julinho pour usurper le poste de l'idole Garrincha, les mêmes 120 000 l'applaudissent à tout rompre, debout, pendant deux minutes inoubliables, pendant autant de temps qu'ils l'avaient hué en début de match. Ils applaudissent Julinho Botelho, un grandissime acteur de la belle histoire du football d'attaque brésilien, qui intègre l'interminable liste des artistes du dribble et du but du Brésil, de Friedenreich à Ronaldinho, en passant par Leonidas, Zizinho, Garrincha, Pelé, Zico, Romario ou Ronaldo.*

*Au Mondial 1954, en Suisse, où Julinho avait été sacré le meilleur ailier droit du tournoi, où il fut un extraordinaire déprédateur des ailes droites, il sera le seul à sortir indemne de la déroute du Brésil, avec Didi. À tel point qu'il fut engagé par la Fiorentina, cas exceptionnel à l'époque. Dès son arrivée à Florence, en 1955-56, il donnera à la Fiore son premier scudetto. Depuis lors, la Fiore n'en a gagné qu'un autre, en 1969.*

## Julinho engendre Garrincha

*Grâce à sa belle prestation de 1954 et à ses succès florentins, Julinho est appelé dans la sélection brésilienne du Mondial 1958, au poste d'ailier droit, avec Joel comme remplaçant. Mais Julinho Botelho refusera. Il croyait plus juste que l'honneur de défendre les couleurs du Brésil revienne à des joueurs évoluant au Brésil.*

*Ce beau geste de Julinho ouvrit grand les portes à Garrincha, devenu le remplaçant de Joel sur l'aile droite d'un Brésil qui en 1958 commencerait sa marche triomphale jusqu'à nos jours. Le 11 janvier 2003, à São Paulo et à l'âge de 73 ans, décédait Julinho Botelho, l'honnête homme qui, par son geste généreux, engendra le football unique de Garrincha.*

## Déserteur en 1958, héros aujourd'hui, on en rigole avec Kopa

Dans le même ordre des choses, quand j'arrive à Reims en 1956, c'est en partie pour combler le départ de Raymond Kopa au Real Madrid. Ce transfert provoquait des remous. Kopa n'a pas disputé les matches de qualification pour le Mondial 1958, sinon quelques matches amicaux. Le Real Madrid ne le libérait pas facilement, les clubs n'étant pas obligés de libérer leurs internationaux.
À tel point que la France entière débattait si Kopa devait jouer le Mondial dans ces conditions. Un débat insensé et excessif s'envenima, au point de l'accuser de déserteur. Et dans la sélection 1958, Kopa était le seul à jouer à l'étranger. Ce débat autour de Kopa et la belle histoire de Julinho reflètent un état d'esprit d'une autre époque. Avec Raymond, on en rigole quand on voit que les héros d'aujourd'hui sont les déserteurs d'hier.

## Garrincha et Pelé, remplaçants

Garrincha et Pelé ne participèrent pas au moindre match de qualification du Brésil pour le Mondial. Les circonstances joueront un rôle important dans leur épanouissement universel. Et c'est le cas pour presque tous.
Quelques jours avant le départ en Suède, ils n'étaient que des remplaçants. Je dirais même qu'ils étaient encore plus remplaçants que moi. Bon, d'accord, des remplaçants de luxe. D'autant qu'ils avaient réussi des saisons extraordinaires avec Botafogo

**et Santos, respectivement. À la place de Pelé jouait Evaristo, un grand buteur ou inter, qui plus tard signera au FC Barcelone, ou Dida, et sur l'aile droite de Garrincha on trouvait Joel ou plus souvent Julinho, que certains chroniqueurs disaient alors meilleur que Garrincha.**

## *En France : Fontaine, Cisowski, Bliard, Ujlaki, Mekhloufi, Piantoni, etc.*

*En 1951, le meilleur buteur du championnat est le petit Nancéien Roger Piantoni qui affirme sa force de frappe du gauche avec 28 buts, score et titre qu'il répétera avec Reims dix ans plus tard. Piantoni sera de l'aventure suédoise au poste d'intérieur gauche. En 1952 et 1953, l'artilleur suédois de Marseille, Gunnar Andersson, double avec 31 et 35 buts, puis le Franco-Polonais de Bordeaux, Kargu, inscrit 27 buts en 1954. En 1955, le canonnier du championnat est le Rémois René Bliard, avec 30 buts. Thadée Cisowski en marque 31 en 1956 et est de nouveau le meilleur en 1957, avec 33 buts.*

*Pendant ces années prolifiques en buteurs, Fontaine piétine à Nice jusqu'en 1956. Déchiré entre le long service militaire de l'époque, les blessures ou les différends avec entraîneurs ou dirigeants, il ne joue pas assez pour marquer des buts et l'esprit des sélectionneurs. Outre les buteurs, d'autres attaquants se pressent au portillon de l'équipe de France : le Stéphanois Mekhloufi, le Racingman Ujlaki, l'Angevin Bruey, le Monégasque Ben Tifour, etc.*

## *Mekhloufi et Zitouni ont disparu*

*Au milieu d'avril 1958, la presse, sur cinq colonnes à la une, radios et télé, annoncent la disparition de Mekhloufi et Zitouni, présélectionnés pour la Coupe du monde. Rachid Mekhloufi, joueur génial, meneur de jeu et buteur du grand Saint-Étienne de Jean Snella, était même supposé remplacer Kopa, que le Real Madrid ne libérerait pas si facilement. Ce qui avait provoqué ce débat sur son droit à jouer en équipe de France.*

*Alors que l'URSS lance son deuxième satellite, Spoutnik II, et la chienne Laïka autour de la terre à la grande surprise de l'univers, la fusée américaine Vanguard explose. Quand l'Europe signe son acte de naissance à Rome, Jacques Anquetil gagne le premier de ses cinq Tours de France et le Real Madrid sa deuxième Coupe d'Europe.*
*Nous sommes en 1957 et pendant que les canonniers et attaquants de France se préparent pour la Coupe du monde, la France va perdre plusieurs footballeurs algériens qui faisaient souvent le spectacle dans les stades de France.*

## *La cheville ouvrière de l'opération clandestine joue à Reims*

*En même temps que Fontaine, était arrivé à Reims un très jeune attaquant algérien, créatif, talentueux et bon buteur. Fontaine s'entend à merveille avec lui en préparation de la saison et lors des premiers matches de championnat. Reims s'installe immédiatement leader avec les buts de Fontaine et les passes du petit prodige algérien né à El Biar, sur les hauts d'Alger en 1936. C'est à eux deux, jeunes et nouvelles recrues, qu'Albert Batteux confie la baguette de Reims en ce début de saison 1956-57, Penverne blessé et Kopa parti au Real Madrid.*
*Sur le terrain, à Auguste Delaune ou à l'extérieur, Justo fait des appels de balle sans compter, siffle et crie sans cesse : Moha, Moha, Moha !!! Quelque temps plus tard, Mohamed Maouche perd peu à peu sa place de titulaire, Penverne étant de retour.*
*Mais aussi parce qu'une grande idée lui envahit l'esprit. Il est la cheville ouvrière d'une immense opération clandestine. Presque tous les clubs français comptent un ou plusieurs Algériens dans leurs rangs, pour la plupart talentueux. Mohamed Maouche est chargé des contacts avec les Algériens les plus doués et représentatifs de la métropole.*
*C'est la naissance du « Onze de l'Indépendance » qui disputera 95 matches avec un bilan sportif impressionnant de 385 buts marqués et 66 victoires dont la plus retentissante, 6-1 contre la Yougoslavie, à Belgrade devant 80 000 spectateurs. Bien que cette fameuse équipe clandestine ne rencontrât que des villes et sélections amies, issues en*

*particulier du bloc communiste, elle est considérée par les historiens du football comme une redoutable machine à créer du beau jeu et totaliser des buts. En 2004, dans le journal algérien* El Watan, *Mohamed Maouche a écrit un long témoignage sur ces moments, dont ces quelques phrases significatives :*

### *Le secret était bien gardé*

*« Mohamed Boumezrag El Mokrani, à son retour des jeux de l'Amitié organisés à Moscou en 1956, a eu la géniale idée de mettre en place une équipe de football, dont le rôle était de faire connaître la cause algérienne (...) : former une grande équipe nationale composée de joueurs professionnels opérant dans les grands clubs français, tels Monaco, Saint-Étienne, Lyon, Toulouse, Reims, Bordeaux... (...). La presse de l'époque s'empara de la question en lui accordant une grande importance à quelques semaines de la Coupe du monde en Suède, avec des Tricolores où deux joueurs algériens étaient considérés comme des titulaires potentiels, Mustapha Zitouni et Rachid Mekhloufi. Mise sur les rails, l'équipe se retrouva à Tunis en avril 1958 pour commencer ce qui allait être une véritable épopée... »*

## Rachid était un sacré joueur

Je n'ai pas eu la joie d'évoluer avec Mekhloufi en équipe de France. Il n'y fut sélectionné que quatre fois, mais la première fois à 20 ans ! Cependant, avec Nice et Reims, je l'ai affronté, lors de ses superbes premières années stéphanoises. Voilà encore un joueur « né dans la rue », à Sétif, issu d'une famille nombreuse. Il a appris sa créativité sur les terrains de sable ou de terre, souvent pieds nus et aussi souvent en tapant dans une balle faite de chiffons et papiers, à défaut d'un mauvais cuir dégonflé. À tel point qu'on disait, lors de son arrivée à Saint-Étienne en 1954, âgé de 18 ans, qu'il avait des problèmes pour jouer avec des chaussures de foot.

Mais Jean Snella l'encouragera et le lancera dans le grand bain presque immédiatement, ébloui par son aisance et sa technique en milieu de terrain offensif. Lors de son premier match amical, en guise d'essai, outre délecter de sa classe et sobriété les rares spectateurs, il marquera trois des six buts de sa nouvelle équipe. On connaît la suite. Mekhloufi fut un sacré joueur, un joueur complet, autant un bon inter, distributeur, régulateur, qu'un avant-centre et buteur des deux pieds et de la tête.
Sans cette longue parenthèse politique de l'Algérie, il serait sans doute devenu un des plus grands du football français, au niveau de Kopa, Platini ou Zidane, qui sait ?

## *Rachid Mekhloufi, stratège et buteur des Verts*

*À Saint-Étienne, le plus titré des clubs français, avant que Salif Keita et Platini ne s'y illustrent, il signera les premiers titres verts. Assisté de Njo Lea et Ken Rijvers, entre autres, il lança le club du Forez vers la gloire. C'était l'époque dorée du football français, du grand Reims et de Saint-Étienne, entraînés par Albert Batteux et Jean Snella. Du bon football, du grand football, presque de l'art.*
*Après l'indépendance de l'Algérie, les clubs demandèrent aux instances du football le retour de leurs joueurs algériens exilés, condamnés par la Fédération et par la FIFA. Mekhloufi, avait quitté Saint-Étienne dans la clandestinité, le titre de champion de France 1957 en poche, et, pendant son absence, le club du Forez avait été relégué en D2. Il y reviendra pour remonter l'équipe en première division, immédiatement. Et, cas unique, exploit formidable, lui offrir son deuxième titre de champion de France, en 1963-64, en cette même année de la remontée en D1 et sept ans après le premier !*

## *Sélectionneur des Fennecs, le scandale Allemagne-Autriche 1982*

*Une vingtaine d'années après la naissance officielle des Fennecs, au Mondial d'Espagne 1982, Mekhloufi en est leur sélectionneur. Il*

*souffrira en ses chairs le scandale du match arrangé, avec un résultat concerté, 1-0 en faveur de l'Allemagne face à l'Autriche, qui éliminait l'Algérie de Rachid Mekhloufi, Dalheb, Madjer, Mansouri ou Belloumi.*
*Quelques jours avant, elle avait surclassé en jeu et spectacle et avait logiquement battu l'Allemagne des Schumacher, Stielike, Breitner, Rummenigge ou Littbarski. Les Fennecs avaient prouvé au monde que leur football, à l'image de celui de Rachid Mekhloufi, très technique, offensif et créatif, était plus fort que le vaillant et physique football allemand, contraint à la triche pour passer, avant de perdre en finale, contre l'Italie de Rossi, et après avoir éliminé la France en demi-finale, en ce dramatique et grand match de Séville.*

## *Stockholm 1957, Albert Camus, gardien de but et prix Nobel de Littérature*

*Albert Camus reçoit le prix Nobel de Littérature, signant là ainsi le livre d'histoire de la littérature, en novembre 1957, à Stockholm, en Suède, où quelques mois plus tard Fontaine mettra son sceau sur le livre d'histoire du football, comme en un signe du destin.*
*Camus fut l'excellent gardien de but du RUA, le Racing Universitaire d'Alger, autour des années 1930. Il apprit du football bien des secrets de la vie, en particulier dans les bois :* « J'appris tout de suite qu'une balle ne vous arrivait jamais du côté que l'on croyait. Ça m'a servi dans l'existence et surtout dans la métropole où l'on n'est pas franc du collier », *écrivait-il dans un texte que publia* France Football *à l'occasion de son prix Nobel de Littérature.*
*Dans ce très beau texte, Albert Camus écrivait aussi à propos du Racing de Cisowski :* « Et puisque j'en suis aux confidences, je puis bien avouer qu'à Paris par exemple je vais voir les matches du Racing Club de Paris, dont j'ai fait mon favori, uniquement parce qu'il porte le même maillot que le RUA, cerclé de bleu et de blanc. Il faut dire d'ailleurs que le Racing a un peu les mêmes manies que le RUA. Il joue "scientifique", comme on dit, et, scientifiquement, il perd les matches qu'il devrait gagner. »

## Je ne joue pas les qualifications

La France continue son parcours de qualification en battant l'Islande 8-0 à Nantes, et 5-1 à Reykjavik, où Cisowski marque deux buts. Lors du quatrième et dernier match de qualification, capital, contre la Belgique à Bruxelles, le 27 octobre 1957, la France se qualifie après un 0-0 soporifique. On a eu chaud, car si nous perdions, il fallait faire un match d'appui. Le goal-average ne comptait pas alors. Et qui sait ? les circonstances...
Les attaquants Brahimi, Jean-Jacques Marcel, Stéphane Bruey qui fêtait sa première cape et les Rémois Michel Leblond et Jean Vincent sont restés muets. Toutefois, en fin de phase de qualification, l'attaque bleue présente un bilan impressionnant : 19 buts en 4 matches, dont 7 pour le seul Thadée Cisowski en 2 matches. Ma place est en jeu.

## Beaucoup de Rémois dans la sélection bleue

Bien qu'il ne joue pas les qualifications, non plus, Kopa est théoriquement un titulaire indiscutable de l'équipe de France. D'autre part, Albert Batteux, entraîneur de la sélection, l'est aussi de Reims. Enfin, les Rémois, même s'ils le méritent par leurs qualités, étaient légion en équipe de France. Ces éléments ont certainement retardé ma titularisation en sélection. Ça rouspétait dans les journaux quand il y avait sept ou huit joueurs du Stade qui étaient pressentis. Et Albert Batteux voulait préserver une bonne ambiance générale.
Mais je participerai à des matches amicaux, et pas n'importe lesquels. Pourtant, ça fait bien longtemps que je marque sans compter, malgré ces voyages permanents en train d'un bout à l'autre de la France ou à l'étranger. Je suis en effet encore militaire en cette première saison à Reims. Et malgré tout, dès cette première saison 1956-57, je termine juste derrière Cisowski, au

classement des meilleurs buteurs avec 30 buts en 31 matches. Pas mal pour ma première saison au grand Reims, que Kopa vient de quitter, et derrière le meilleur buteur français des deux dernières années, Ciso.

## Ma première sélection contre la meilleure équipe du monde

C'est une affiche extraordinaire. Et c'est ma première sélection. Tout simplement contre la grande Hongrie des Puskas, Hidegkuti, Bozsik et autres Czibor ou Kocsis. Tout simplement contre la meilleure équipe du monde ! En automne 1956, l'histoire de la Hongrie, du football hongrois et du football est sur le point de se jouer à Budapest, pendant que la Hongrie joue à Paris. Le 7 octobre 1956, c'est l'avant-dernier match de l'histoire des authentiques Magyars Magiques. Quel souvenir ! Fêter sa première sélection contre la meilleure sélection du monde !
Mais, associé à Thadée Cisowski à la pointe de l'attaque, je suis un « bleu » et je vais surtout me sacrifier à marquer l'incontrôlable stratège du milieu de terrain hongrois, Jozsef Bozsik, qui figure dans mon meilleur onze de l'histoire du football. 0-0 à la mi-temps, Machos ouvre le score en début de la seconde période, mais Cisowski égalise immédiatement. Après l'inévitable but de Kocsis en toute fin de match, on nous a refusé le but de l'égalisation, de Cisowski, à la 90^e^ minute. Il avait tiré entre le premier et le deuxième coup de sifflet final de l'arbitre, et la balle est rentrée dans le but de Grosics, avant le troisième.
Bon, cela pour dire qu'on n'avait pas démérité, loin de là, contre l'équipe qui était alors encore la meilleure, et que je considère la meilleure de l'histoire du football, si on me contraint à un seul choix, exercice toujours difficile et injuste.

## Hidegkuti, Czibor

Quelle qualité en attaque en cette grande Hongrie qui jouait en 4-2-4 ! Hidegkuti était un inter qui se transformait en avant-centre ou vice versa. On dit parfois de lui qu'il mit le WM à l'envers, en particulier contre l'Angleterre à Wembley, en ce match légendaire de 1953, que les Anglais perdirent 6-3. Entre autres raisons, ils ne savaient pas comment le marquer, se dédoublant en permanence avec un théorique avant-centre, Kocsis, ou un théorique inter, Puskas.
Zoltan Czibor, quant à lui, était un ailier gauche hors classe. Il captivait tout le monde grâce à ses dribbles déroutants, sa fantaisie alliée à une grande vitesse et une bonne force de frappe, qui en faisait aussi un buteur. Comme tous les ailiers d'alors, il marquait près d'un but tous les trois matches.

## Sandor Kocsis, recordman en 1954

Né en 1929 à Budapest, Kocsis jouait indistinctement inter ou avant de pointe, dans un système de permutations permanentes avec Hidegkuti ou Puskas. Surnommé « Tête d'or », il signait près d'un but sur trois de la tête. Sans doute la tête la plus efficace de l'histoire du football, il devait sa qualité à un timing parfait et à une double détente qui le laissait en suspension un moment.
Néanmoins adroit des deux pieds, il reste un des plus grands buteurs de tous les temps. Il fut le meilleur buteur de la Coupe du monde 1954, avec 11 buts, ce qui devint alors un record, et il a marqué plus d'un but par match avec la sélection magyare. Un record que seul deux autres joueurs possèdent : Gerd Müller et Just Fontaine.

### Ferenc Puskas, une vie et un jeu extraordinaires

Capitaine de la grande Hongrie, le « major galopant » comme on l'appelait en son pays, ou « Cañoncito Pum » au Real Madrid, fut un des plus grands attaquants du monde, doté d'un pied gauche magique, tant pour le dribble que pour la passe millimétrique. Et enfin pour déclencher des tirs d'une puissance et pureté incomparables, sauf avec ceux de Pepe, du Santos brésilien de Pelé. Avec la Hongrie, il compte l'extraordinaire total de 83 buts en 84 matches et accumula les titres avec le Real Madrid, dont deux Coupes d'Europe, 1959 et 1960.
Dans la finale 1960, au Hampden Park de Glasgow, il marqua 4 buts, lors de la victoire 7-3 contre l'Eintracht de Francfort, sans doute la plus belle finale de ce somptueux tournoi européen, les trois autres buts signés Alfredo Di Stefano. Arrivé à Madrid après l'invasion soviétique de Budapest, il attendra deux ans avant d'obtenir l'autorisation de jouer des instances du football et fut rapidement surnommé « Cañoncito Pum » en raison de sa puissance d'artilleur et de ses origines du Honved, le club de l'armée hongroise. Avant de se retirer des terrains, il fut aussi entraîneur, en Espagne, au Canada, au Chili, en Grèce. Aujourd'hui gravement malade, je ne peux que penser avec émotion à cet homme intelligent et généreux, à la destinée à la hauteur de son jeu, extraordinaire.

## *Le Parc archicomble*

*Le 7 octobre 1956, les Magyars Magiques, au sommet de leur art, s'avancent comme les favoris du Mondial 1958. Le stade de Colombes est archicomble. Plus de 60 000 spectateurs viennent applaudir les artistes du football des années 1950. L'équipe hongroise n'a perdu que trois fois en six ans et soixante matches. Parmi ses trois défaites, l'une demeure éternellement historique et dramatique : la finale de la Coupe du monde 1954, contre l'Allemagne.*

*Parmi ses innombrables victoires, l'une n'est pas moins historique et dramatique : 1-0 à Moscou. Championne olympique, finaliste du mondial, possédant le record universel de buts par match, 5,4, durant la Coupe du monde 1954, cette équipe n'a jamais perdu lors des 29 matches joués entre 1949 et le 4 juillet 1954. Cette belle Hongrie évoluait sur le terrain dans l'allégresse du jeu collectif, du jeu court et en appui permanent et jouissait des atouts artistiques des Czibor, Hidegkuti, Puskas, Bozsik, Kocsis, et autres Budai, Zakarias, Sandor et Grosics, entre les poteaux. Sur le terrain, on respirait des idées différentes. Et un air différent aussi, que les joueurs prenaient plaisir à goûter, tant avec leur sélection qu'avec le club Honved au hasard de tournées internationales, fuyant une oppression soviétique bientôt envahissante. Ils triomphèrent des meilleurs lors de ces quatre années glorieuses : Brésil, Uruguay, Argentine, Yougoslavie, Autriche, URSS, France, etc. Enfin, ils ridiculisèrent l'Angleterre, qui s'autoproclamait alors la meilleure équipe du monde, 6-3 à l'aller à Wembley et 7-1 au retour au Nepstadion.*

### *Le défi de la victoire contre l'URSS*

*En septembre 1956, la Hongrie commet un sacrilège en battant l'URSS, 1-0, à Moscou, devant Staline en personne, à la tête de 100 000 spectateurs russes. Staline ne s'intéressait que peu au football, mais énormément à la victoire, contre ce pays satellite. Puskas, Kocsis, Hidegkuti et compagnie décidèrent de ne pas perdre, pour l'amour du jeu, au risque de perdre la liberté.*
*À douze minutes de la fin du match, Zoltan Czibor se donna le temps de penser au cours de sa chevauchée de 35 mètres : « Que risque-t-on ? Si mon plaisir est de jouer librement et de marquer des buts. Que faire ? Mon peuple, ma famille et mes amis seraient fiers de moi, non ? » Il tira, et marqua.*
*Staline et ses dignitaires, ne purent fêter la grande URSS. Quelques semaines plus tard, ils envahissaient le pays du fils ingrat.*

## *La finale polémique de 1954*

*L'équipe en or. C'est ainsi qu'on appelait cette bande de copains qui riaient avant les prolongations de la demi-finale du Mondial 1954 contre l'Uruguay, et qui à la reprise du jeu marquaient ces deux buts qui leur ouvraient les portes de cette maudite finale contre l'Allemagne perdue 2-3 après avoir mené 2-0 au bout de neuf minutes, au stade Wankdorf de Berne.*
*Cette finale, beaucoup de chroniqueurs la décriront comme douteuse et Puskas a toujours pensée truquée. En outre, Puskas, blessé par un défenseur allemand lors du match du premier tour, remporté 8-3, demeurait fortement diminué. Puis l'arbitre avait accordé un but hors jeu à l'Allemagne, en même temps qu'il en refusait un, valide, du presque invalide et courageux capitaine Puskas.*
*La formidable répercussion de la victoire universelle de l'Allemagne en football permit à un pays, au ban des nations, de revenir dans son concert. L'Allemagne, pendant une décennie, avait souffert des défaites politiques et militaires. Sa victoire en cette Coupe du monde de l'été 1954, contre la meilleure sélection des années 1950, fut surtout politique. En octobre 1954, les Nations Unies et l'Alliance Atlantique réouvraient leurs portes à l'Allemagne.*

## Ma deuxième sélection, un an plus tard, contre une autre Hongrie

Un an après ma première sélection presque jour pour jour, le 6 octobre 1957, au Nepstadion, et devant 100 000 personnes, je reçois ma deuxième sélection. Encore contre la Hongrie. Mais ce n'est plus la même Hongrie, qui nous bat cependant 2-0 avec deux buts d'un inspiré Aspirany, en fin de chaque mi-temps.
Déjà après notre match d'octobre 1956, à Paris, on sentait que certains, qui partaient en tournée en Espagne, avec le meilleur club hongrois, le Honved, ne reviendraient plus en Hongrie, si les événements s'envenimaient. Manquaient, à l'appel de cette revanche à Budapest, Czibor, Puskas et Kocsis. Czibor et Koc-

sis rejoindraient au FC Barcelone leur compatriote Kubala pour créer, avec Luis Suarez, une des plus grandes équipes européennes, en rivalité avec le Real Madrid, où arriverait Puskas, pour former une attaque de rêve avec Di Stefano, Kopa, Gento et Rial.

## *Matches amicaux de haute volée*

*Dès le début 1956, la France se prépare sérieusement en rencontrant des sélections de haut niveau international. À Bologne, le 15 février et devant 45 000 spectateurs, sur un terrain enneigé, l'Italie de Boniperti et Montuori bat la France 2-0.*
*Kopa et Jean-Jacques Marcel sont les inters pourvoyeurs de ballons glissants pour l'avant-centre de poche Piantoni, qui tente désespérément de s'accrocher au sol. Mais la France ne se rapprochera pas au score, signé Gratton et Carapellese en deuxième mi-temps. Le 15 mars à Colombes, la France bat l'Autriche 3-1. Le Rémois Leblond, le Lillois Vincent et le Nancéien Piantoni sont les buteurs. L'avant-centre autrichien Hanappi réduit le score dans un match sans histoire, si ce n'est le magnifique but en retourné de Jean Vincent. La France laisse entrevoir du beau jeu.*

## *France-URSS, Fontaine et Colonna sur le banc*

*Quelques jours après la visite de la Hongrie à Paris, Colombes est de nouveau comble, 62 000 spectateurs attendent l'URSS de Lev Yashine en ce 21 octobre 1956. Et la France l'emporte 2-1. Un exploit, les deux attaquants de pointe sont Thadée Cisowski et Rachid Mekhloufi, mais les buts sont signés Tellechea et Vincent.*
*Tellechea exploite une ouverture de Pierre Grillet et Jean Vincent culmine une passe de Jean-Jacques Marcel, servi par Rachid Mekhloufi, qui fête sa première sélection. Sur le banc, Just Fontaine. Et Colonna, qui observe les évolutions de « l'araignée noire », Yashine, qui deviendra le meilleur gardien de l'histoire. Dominique Colonna prend bonne note, pour alimenter une intelligente et pertinente réflexion qu'il ne*

*cesse de prêcher aujourd'hui, quant à l'évolution négative du rôle du gardien de but.*

## *Dominique Colonna, un gardien volant d'attaque, 1,72 m*

*Dominique Colonna fut du voyage en Suède, sans toutefois disputer un seul match, bien qu'il fut sans doute le meilleur gardien de la sélection française. Il fût aussi le superbe gardien du grand Stade de Reims de 1957 à 1963, après l'avoir été de l'OGC Nice, un parcours calqué à celui de Just Fontaine. Dans les meilleurs clubs. Aujourd'hui retiré au soleil de la Corse, atterré par l'évolution du gardien moderne, il s'anime passionnément au sujet de l'importance d'un poste que Yashine et d'autres gardiens sud-américains, comme Carrizo, ainsi que Darui en France, avaient glorifié.*

## *Colonna : « Je ne suis pas d'accord avec Platini »*

*« Remarquons d'abord que le changement récent et le plus important des lois du jeu concerne le gardien de but. J'ai parfois des discussions passionnées à ce sujet avec Michel Platini, parce qu'il pense que la règle qui interdit au gardien de recevoir une passe d'un coéquipier à la main "a fait rentrer le gardien dans le jeu".*
*Et moi je pense le contraire car quand le gardien est aujourd'hui sollicité, c'est le plus souvent dans de mauvaises conditions, et il dégage comme il peut, il met les balles en touche ou alors à 50 mètres en hauteur !... Pour moi donc, le gardien d'aujourd'hui a perdu une partie de son rôle, le jeu. »*

## *« La taille n'est pas un critère »*

*« Moi j'étais de petite taille, 1,72 m. À l'époque, la taille des gardiens n'importait pas, ce qui comptait c'était son jeu, sa technique et ses sorties. D'ailleurs Julien Darui, l'homme qui a donné ses lettres de noblesse au gardien de but en France, ne mesurait que 1,68 m. La seule exception était alors Lev Yashine, grand (1,88 m), mais vite au sol, et qui couvrait toute la surface. J'avais donc des qualités compen-*

*satrices, la détente, et surtout les sorties, l'intégration au jeu, j'aimais aussi commander ma défense, ce que ne peuvent plus faire les gardiens d'aujourd'hui, à peine sur les ballons arrêtés. »*

## « Les entraîneurs russes supervisaient mes dégagements à la main »

*« Je faisais un dégagement à la main, en bras roulé, très précis, je m'étais aperçu qu'ainsi je ne rencontrais pas d'obstacle, c'était une sorte de lob qui surprenait tout le milieu de terrain.*
*En fait, une première bonne passe d'attaque ou de contre-attaque. J'avais commencé à Nice où je le pratiquais avec succès, pour l'intérêt de l'équipe. Même des entraîneurs russes supervisaient mes dégagements à la main. C'est le dégagement le plus précis et sûr. »*

## « Le gardien est le dernier défenseur et le premier attaquant »

*« C'est aussi pourquoi Albert Batteux était venu me chercher à Nice. Et puis à Reims, les attaquants étaient de petite taille, Piantoni, Vincent, Kopa. C'était Just Fontaine le plus grand avec ses 1,74 m.*
*Donc il ne fallait pas dégager trop aérien et imprécis, au-dessus de leurs têtes. À Reims, notre vocation première était la possession du ballon et mon rôle de gardien était celui de dernier défenseur mais aussi de premier attaquant. »*

## « La noblesse du rôle du gardien »

*« Aujourd'hui, on observe plus la taille du gardien que sa technique. Pour moi, le choix d'un gardien c'est d'abord son jeu, ses qualités techniques, la sortie devant un attaquant adverse. La technique du gardien est primordiale. Maintenant beaucoup claquent la balle, ne la bloquent plus et jouent beaucoup plus avec les pieds. Ils sont plus proches des gardiens de handball. Les critères de détection sont aujourd'hui plus physiques que techniques, quand ce devrait être le contraire, et d'ailleurs aujourd'hui, les gardiens les plus grands*

*sont ceux qui sortent le plus mal. Maintenant, hélas ! on néglige ces aspects nobles du rôle de gardien, de sa technique, de son jeu, de son intelligence de jeu, on le cantonne à un rôle d'immense ultime rempart. »*

## Yashine, l'araignée noire

*Né en 1929, décédé en 1990, il n'a pas connu d'autre club que le Dynamo de Moscou entre 1949 et 1971, où il fut, déjà dans les buts, champion de hockey sur glace, avant de devenir le plus grand portier de l'histoire du football universel. Seigneur au style inoubliable, au jeu élégant, bien vêtu de noir, il a enlevé moult titres et prix. Champion de Russie (1954, 55, 57, 59, 63) de la Coupe (1953, 67, 70), il fut 78 fois international russe, participa à 3 Coupes du monde (1958, 62, 66), outre celle de 1970, comme troisième gardien à 41 ans. Champion olympique en 1956, sa prestation fut de nouveau capitale, quatre ans plus tard, pour remporter le premier championnat d'Europe des Nations, en 1960, à Paris. Il fut élu meilleur goal des Coupes du monde 1958, 1962 et 1966, des championnats d'Europe 1960 et 1964 et des Jeux Olympiques 1956, 1960 et 1964.*

## Seul goal Ballon d'Or

*En 1963, il reçoit le Ballon d'Or de* France Football *du meilleur footballeur européen. Jamais auparavant, ni jamais plus, un gardien ne gagnera le plus ancien et prestigieux trophée individuel du football. Cette même année, il garde les buts de la Sélection Mondiale, contre l'Angleterre lors du centenaire de la Football Association. Sur le terrain, Djalma Santos, Popluhar, Schnellinger, Masopust, Kopa, Law, Di Stefano, Eusebio, Gento, Seeler, Puskas. Une sélection et un match inoubliable, et dans les bois, Lev Yashine.*

## Un verre de vodka avant le match

*Selon l'histoire, il a arrêté 150 penalties ! Ne doutons pas de cet exploit chiffré, à portée de la main du meilleur. Yashine contait par-*

*fois un de ses secrets : un verre de vodka avant les matches pour se réchauffer. Lors de ses adieux, en 1971, l'élite, dont Pelé, Eusebio et Beckenbauer, l'honora de sa présence lors d'une des dernières grandes rencontres de l'histoire, un Russie-Sélection Mondiale, à Moscou devant 100 000 spectateurs. Le peuple élut Yashine comme le meilleur sportif russe du siècle et la FIFA, comme le meilleur gardien des Coupes du monde.*

## Portugal, Angleterre, Bulgarie

*Le 24 mars 1957, à Lisbonne, au Stade National, Mekhloufi et Cisowski sont de nouveau les attaquants de pointe, accompagnés de Wisnieski, Piantoni et Vincent. C'est le Nancéien Piantoni qui marque le but (solitaire) de la victoire française 1-0 sur les excellents Lusitaniens emmenés par Cavem et José Aguas.*

*Le 27 novembre, 65 000 personnes assistent à une déroute française 4-0 contre l'Angleterre, dans le temple de Wembley. La blessure du malheureux demi-centre stéphanois Richard Tylinski, qui fête sa première cape, n'est pas vraiment une excuse car la France est menée 3-0 dès la demi-heure de jeu. La raison en est le dispositif extrêmement offensif anglais et surtout les deux avants-centres, auteurs chacun de deux buts anglais, Taylor et Bobby Robson. Sir Robert Robson aujourd'hui est alors un redoutable buteur. Le jour de Noël 1957, 40 000 spectateurs sont quand même au Parc des Princes pour le dernier match de l'année contre les Bulgares de Dervenski, dans les buts, Nestorov à l'organisation, et Yanev et Diev en attaque. Match nul 2-2. Wisnieski ouvre le score dès la 11e minute sur un centre en retrait de Stéphane Bruey. Diev égalise à la 55e minute, mais Yvon Douis redonne l'avantage immédiatement à la France sur un superbe lob déclenché dans la foulée sur un centre de Vincent. Enfin, le stratège bulgare Nestorov établit l'égalité à un quart d'heure de la fin d'un bon match français, malgré l'âpreté du jeu des centre-européens.*

## *Deux matches en deux ans*

*Deuxième du classement des buteurs en 1956-57, en tête du classement des buteurs du championnat 1957-58, piaffant d'impatience au bord de l'équipe de France, le Noël de Fontaine est fait d'interrogations, à cinq mois du Mondial. Seulement deux matches à son actif, deux matches amicaux, ses deux premières sélections, contre les deux Hongrie où il n'avait pas convaincu.*

## 6

# Maintenant, on siffle tout le monde, joueurs, entraîneurs, présidents

« 15 juin 1958, chers auditeurs, nous sommes au stade d'Eyravallen, à Örebro, à 200 kilomètres au nord-ouest de Stockholm. Troisième et dernier match de l'équipe de France en poule du groupe B. L'assistance est estimée à 15 000 personnes. Le plein dans ce joli stade qui date de 1923. Bonne nouvelle, la France mène 1-0 contre l'Écosse, cette Écosse qui a barré la route du Mondial à l'Espagne. Kopa a marqué à la 20e minute. Il a repris de volée un centre de Just Fontaine, qui avait dribblé et débordé sur l'aile droite, puis servi un centre en retrait précis au joueur madrilène, à l'angle des 6 mètres. Nous jouons les derniers instants de la première mi-temps, le ballon est au milieu de terrain, dans les pieds de Jonquet, qui s'avance. Fontaine fait un appel de balle en diagonale aux abords de la surface. Fontaine en position de tir. But ! C'est incroyable, je n'ai pas eu le temps de vous décrire l'action. Fontaine tire plus vite que je ne puis parler.

Il a déclenché un tir du droit, sec et précis, un tir croisé, et le gardien écossais Brown n'a pas eu le temps de s'élancer. But de Fontaine, d'un tir croisé impitoyable, son sixième but dans la compétition et la France s'en va au repos avec un confortable avantage. Et peut envisager la qualification pour les quarts de finale :

France 2 - Écosse 0. »

*(Résultat final : France 2 - Écosse 1, Baird réduit le score à la 65e minute, et la France se qualifie comme première du groupe B, devant la Yougoslavie, aussi qualifiée)*

## *Un premier record pour Fontaine !*

*En 1957-58, tout change. Cisowski, la jambe brisée, déclare forfait pour le Mondial et Fontaine explose à Reims, à côté de Piantoni et Bliard. Malgré une opération du ménisque pendant l'hiver, il marque 34 buts en 26 matches et signe un premier record, celui du ratio matches/buts de meilleur buteur du championnat de France. Ce record, il le détient toujours devant son ami et admiré Josip Skoblar qui totalisera 44 buts en 36 matches lors de la saison 1970-71. Avec le Stade de Reims, Fontaine s'auréole de deux nouveaux titres, le championnat et la Coupe de France, le premier et unique doublé des Champenois. Les buts de Fontaine sont déterminants.*

## *Dernière victoire de l'équipe de France, contre l'Islande*

*Fin 1957, outre ses victoires faciles contre l'Islande (8-0 et 5-1), la France ne gagne plus, et alterne défaites – Angleterre (0-4) et Hongrie (0-2) – et matchs nuls – Belgique (0-0) et Bulgarie (2-2). La presse et le public français n'y croient plus. Quant à Just Fontaine, la presse de la trêve des confiseurs remplit ses pages de regrets de ne pas voir assez souvent, sur le front de l'attaque des Bleus, le meilleur buteur de France. Un débat, presque une polémique, qui se prolongera plus tard sur un différend entre Jacques Ferran* (L'Équipe) *et Just Fontaine.*

## La chrysalide devient papillon

Quand nous avons joué en Suède, c'étaient d'abord les débuts de la télé. Il n'y avait ni vidéo ni espionnage. Même les entraîneurs allaient peu superviser les adversaires. Les voyages étaient longs et incommodes. Seulement les défenseurs des équipes du championnat de France me connaissaient.
Pendant le Mondial 1958, Jacques Ferran avait intitulé un article de *L'Équipe* : « La chrysalide est devenue papillon. » Et il me demanda pourquoi je marquais tant de buts en Coupe du monde. Comme si je n'en marquais pas en France ! Je lui ai répondu que je ne comprenais pas la question... ou alors que, selon lui, tous les demi-centres ou arrières centraux français étaient des cons, car je venais quand même de marquer 34 buts en 26 matches de championnat.
Donc je lui dis que si je marque en Coupe du monde, c'est parce que c'est la première fois que je la joue. Et Ferran de me demander pourquoi je me fâche et de m'accuser d'insinuer que les arrières qui me marquaient étaient des cons...

## Ma performance de Suède valorise les arrières français

Et je rétorquais à Ferran qu'en aucun cas je ne pouvais penser que les demi-centres et arrières centraux français étaient des cons. Bien au contraire, puisque ici aussi, en Coupe du monde, contre tous ceux qui me sont opposés, de quelque pays que ce soit, j'ai marqué, même contre le Brésil, en demi-finale qui n'avait pas encaissé encore un seul but ! Et que donc tous mes buts du Mondial valorisaient le niveau de mes adversaires de la défense en France. Je ne sais toujours pas s'il a accepté ma juste argumentation.

## Un juste droit, un droit du Just

Ah ! La presse, aïe, aïe !

J'en ai eu des problèmes, des mauvaises interprétations souvent. Mon expérience, outre mon palmarès ou mes performances, me confèrent, j'espère, un juste droit, ou un droit du Just, à exprimer des opinions sur le football d'antan, bien sûr, mais aussi sur le football moderne, voire de les comparer.

Cela pour dire aussi qu'effectivement la presse est toujours sensible aux abords du Mondial ou pendant ces grands événements.

## J'ai marqué plus de buts à moi tout seul que la France à onze

Oh ! là là, cette réflexion-là, que j'avais faite la veille de la finale du Mondial 1998, j'en ai entendu parler. Effectivement la veille de la finale, après ses six premiers matches donc, la France avait marqué 12 buts. Cette réflexion du recordman buteur des Coupes du monde fut mal interprétée, ou montée en épingle.

Mais, en même temps, je l'exprimais d'une autre façon, moins imagée ou agressive en soulignant que cette équipe de France avait gagné le Mondial, grâce à la défense. En fait, c'était à peu près la même chose, pour expliquer des différences de style de jeu des deux époques.

## Où la France a gagné grâce à sa défense

La France disposa de la meilleure attaque du Mondial 1998, avec 15 buts en 7 matches (qu'il faut comparer avec les 23 buts en 6 matches de 1958). Dire qu'au bout de six matches, j'en avais marqué plus à moi tout seul en 1958 que l'équipe de France tout entière en 1998, je ne crois pas, manquer à la vérité ni être blessant.

Ma franchise m'a parfois créé des problèmes, ou généré des réactions de susceptibilité, sans pourtant jamais avoir voulu être vexant ni méchant. Et rappelons-nous cette défense exceptionnelle, le « carré magique » Thuram, Blanc, Desailly, Lizarazu, devant un exceptionnel Barthez. Une magnifique défense effectivement, dans un autre football d'une autre époque. Avec des buts de défenseurs (Thuram contre la Croatie et Blanc face au Paraguay) et un avant-centre, Guivarch, qui ne marqua pas ! Mais il y avait heureusement Zidane...

### La force du résultat

Mais comme seul le résultat compte dans le football, Aimé Jacquet a peut-être eu raison de jouer ainsi. Et sans doute que pour cette équipe de 1998, c'était la meilleure façon de jouer. Et ils sont devenus champions du monde. Mais de manière bien moins offensive que Batteux et notre équipe 1958.
Enfin, quand on désignera les meilleures équipes championnes du monde, l'équipe de France 1998 ne figurera pas dans les trois meilleures, on citera avant les Brésil 1958 et 1970, l'Argentine 1986 ou 1978, voire l'Uruguay 1930. Et on ne citera pas non plus, dans ces trois meilleures sélections, ni le Brésil 1994 ni celui de 2002.

## *France-Espagne, 13 mars 1958*

*Le 13 mars 1958, le Parc des Princes et 40 000 personnes accueillent la grande Espagne du très bon organisateur espagnol Luis Suarez, de l'ex-Hongrois Ladislao Kubala et de l'ex-Colombien Don Alfredo Di Stefano, naturalisés, outre les excellents Quincoces, Zarraga ou Santisteban et Carmelo Cedrun dans les bois. Une équipe d'Espagne de haute volée, pourtant récemment éliminée du Mondial par l'Écosse.*
*Le terrain n'est pas propice au beau jeu en cet après-midi pluvieux mais il y a trop de stars sur le terrain pour qu'on passe un mauvais*

*moment. Et, en deuxième mi-temps, Fontaine éclaire la grisaille d'un superbe tir croisé de 20 mètres sur une remise en touche de Vincent. C'est l'égalisation à 1 partout et à la 50e minute après le superbe but de l'artiste magyar, Kubala, dès le premier quart d'heure.*

*Pour l'histoire, c'est aussi à l'époque le premier but officiel de Just Fontaine avec l'équipe de France A. La France se plaît et plaît, mais le stratège espagnol Suarez redonne l'avantage aux Ibères, emmenés du beau geste et de la voix par l'enthousiaste de Di Stefano. Enfin Yvon Douis, quelques minutes plus tard, après une superbe action en une-deux avec Piantoni offre à ce dernier la passe lumineuse du match nul final 2-2.*

## *Fontaine consacré et réclamé par la presse*

*Consacré par la presse le lendemain, Fontaine fait sans doute partie dorénavant des derniers 23 prétendants au voyage en Scandinavie. Puis vient le dernier match de préparation, un match nul et vierge contre la Suisse (0-0) à Paris, encore au Parc, qui neutralise la belle performance contre l'Espagne.*

*Fontaine est associé à son coéquipier de Reims, René Bliard, à la pointe de l'attaque bleue. Les deux compères rémois restent muets, comme la presse qui fait la moue et va bouder l'équipe de France jusqu'à la demi-finale de la Coupe du monde contre le grand favori, le Brésil. Le jour de ce dernier match amical, le 16 avril 1958, Zitouni, Mekhloufi et Ben Tifour manquent à l'appel de la sélection. Ils sont portés disparus depuis le 14 avril, partis rejoindre à Tunis la future équipe d'Algérie.*

## *Un journaliste, stratège de la Suisse*

*Le jour de ce dernier match amical avant le Mondial, dans l'équipe suisse joue un futur journaliste, Norbert Eschmann. Il est le stratège du jeu helvète. Lui non plus n'est pas impressionné par le jeu français, qui, malgré la nouvelle absence de Kopa, retenu par un Real Madrid qui vole vers son troisième titre de champion d'Europe, présente tou-*

*tefois un onze de garanties avec des noms comme Bliard, Fontaine, Wisnieski, Vincent, Remetter dans les buts, outre Kaelbel, Marcel, Marche et Jonquet.*
*Contre une France peu inspirée, c'est un Norbert Eschmann inspiré qui maniera la balle aussi facilement qu'il maniera la plume auprès de François Thébaud à la rédaction du mythique* Miroir du Football *des années 1960, un magazine mensuel qui défendra toujours le beau jeu, les équipes offensives, les entraîneurs et joueurs offensifs et créatifs, tels Batteux, Fontaine et Kopa.*

## Premiers partis, premiers revenus

La France s'en va en Suède la première, c'est pour revenir la première, entend-on ou lit-on. Après notre victoire en Coupe de France, les nombreux sélectionnés rémois montent dans le car, direction Orly, dès le lendemain des festivités dans une cave de Champagne. À notre départ pour la Suède, la France ne croit pas en nous. Voici presque neuf mois que la France n'a pas gagné un match. Et la dernière victoire remonte au 1er septembre 1957 contre l'Islande (5-1).
Donc, comme en 1998, la presse est dubitative, voire critique. Imaginez et comparez ! En 1998, la France n'arrête pas de gagner, elle est invaincue depuis deux ou trois ans en 25 matches et elle est fortement critiquée, surtout pour son jeu.
Nous, au contraire, le jeu convainc assez souvent, mais on perd ou on fait match nul, mais contre des très grosses équipes de l'époque, Hongrie, Italie, Espagne, Angleterre.

## C'est toi qui joueras

À Orly, quelques minutes avant de monter dans l'avion, mon protecteur et supporter réapparaît. Paul Nicolas, le chef de la délégation et sélectionneur, m'annonce que je serai l'avant-

centre titulaire. Albert Batteux veut jouer avec deux ailiers, deux inters et un avant-centre. C'est sûrement grâce à lui que j'ai réussi mon Mondial et établi le record. Cela te donne une confiance extraordinaire.
Enfin, c'était la reconnaissance de mes résultats exceptionnels de la saison 1957-58. L'histoire dit que c'est la blessure de René Bliard en Suède qui m'a ouvert les portes.
Mais la vraie histoire, c'est celle-là : j'étais titulaire avant de partir.

### Aujourd'hui, on siffle joueurs, entraîneurs, présidents

Ne pas être en confiance, être critiqué ou chahuté par le public ou la presse, c'est le pire traitement qui puisse arriver à un avant-centre. La confiance est pour le buteur, un des éléments les plus indispensables à la réussite, comme pour le gardien. Eux n'ont pas trop l'occasion de courir, de toucher beaucoup de ballons, comme à d'autres postes pour se « refaire » après une ou deux erreurs. Surtout aujourd'hui, où les occasions de buts sont plus rares.
Même Ronaldo, l'une des stars du Real Madrid, s'est fait siffler au stade Bernabeu. Pourtant, il ne va recevoir parfois qu'un ou deux ballons propres dans un match. Joueurs et entraîneurs se font engueuler, siffler. Même les présidents, subissent ce même traitement aujourd'hui, ce n'est pas facile avec cette énorme pression.

## *Le moral des joueurs est au beau fixe*

*Fontaine et les Rémois ont accompli une saison pléthorique, championnat et Coupe en poche, Fontaine comme meilleur buteur. Et les joueurs avaient plaisir et confiance en un système de jeu porté sur l'offensive, avec cinq attaquants.*
*Pourtant, l'enthousiasme de la saison écoulée et celui de l'aventure suédoise sont en parfaite opposition avec l'opinion et la presse. Ray-*

*mond Kopa, qui n'est pas encore libéré par le Real, pense qu'avec Batteux, les joueurs et l'esprit offensif qui anime l'équipe de France, tout est possible. Lui qui n'a pas joué beaucoup avec la France – et pas du tout avec Fontaine – pense que la France est parmi les premiers favoris. Les instances du football français n'y croient pas trop non plus.*

## Trois maillots et une paire de chaussures usée

On n'était alors évidemment pas équipés, dotés de moult matériels des grandes marques telles Nike et Adidas. On est partis avec seulement trois maillots, de la maison Soms, sans aucune marque distinctive, ni publicité, si ce n'est le coq, qu'on y a cousu.

Un maillot pour chacun de nous et chacun des trois matches qualificatifs de la première phase, c'est tout. Ça vous donne une idée de la confiance dont on bénéficiait ! On a dû les laver pour les trois autres matches ultérieurs, non prévus. J'ai même joué avec une paire de chaussures qu'on m'a prêtée. Mes crampons cloués, pas vissés, avaient rendu l'âme sans hésitation.

## Mes treize buts avec des chaussures d'emprunt

D'autre part, il était alors impossible de jouer avec des chaussures neuves, qui devaient alors être formées quelques semaines. Et comme j'ai utilisé les chaussures de Stéphane Bruey, de la marque Ours, qui ne serait pas titulaire et qui faisait ma taille, il est possible que mon record soit dû à la présence de deux esprits dans ses chaussures.

Et d'ailleurs je lui ai rendu ses chaussures après la Coupe du monde et nous n'avons jamais pensé à l'évolution des choses. Il les a jetées dès qu'elles furent usées. Aujourd'hui, elles auraient une valeur énorme dans des enchères au profit d'une organisation humanitaire.

### Je n'ai jamais vu une chaussure qui marque toute seule !

Voilà une autre différence entre notre époque et aujourd'hui, n'est-ce pas ?
Souvenez-vous de ce ballon arrivé dans les tribunes, dans les mains d'un petit malin qui par la suite l'avait revendu sur Internet, une vente qui a atteint une somme fabuleuse. Pourquoi ? Parce que c'était une balle tirée et manquée par David Beckham. Et sur penalty...
Et quant aux chaussures, quand maintenant un joueur dit qu'il a des bons résultats avec des chaussures de marque, vous comprenez, je rigole. S'il y avait des chaussures qui faisaient marquer des buts, ça se saurait et on ne vendrait que celle-là...
Je n'ai jamais vu une chaussure qui marque toute seule. Sinon, ça se saurait.

## *Un groupe difficile*

*Le groupe B du Mondial verra s'affronter la France avec le Paraguay, la Yougoslavie et enfin l'Écosse. Un programme très difficile. Les maigres derniers résultats de la France la classaient comme ultime outsider. Le grand favori du groupe était la Yougoslavie riche de grands joueurs et artistes du beau jeu, comme Sekularac et Milutinovic, et invaincue lors de son parcours de qualifications, terminant devant la Roumanie et la Grèce.*
*Le Paraguay était parmi les favoris du Mondial, ayant éliminé sans coup férir l'encore excellent Uruguay, lui infligeant une déroute 5-0 à Asunción. L'autre outsider était l'Écosse qui avait accompli l'exploit d'éliminer l'Espagne de Kubala et Suarez, dans la phase de qualification, Di Stefano récemment naturalisé espagnol n'avait joué qu'un match. Du beau monde dans ce groupe B, ce qui expliquait peut-être ce pessimisme ambiant. Mais ce qui déterminerait Fontaine, Kopa, Piantoni et consorts à relever le défi avec enthousiasme et confiance. Et avec du jeu et du football, la matière première du succès, tout de même.*

## *Ambiance repos, pêche, pétanque... et foot amateur*

*Outre l'entraînement, dirigé intelligemment et progressivement par Albert Batteux, l'ambiance en équipe de France est idéale. Fontaine enchaîne les buts dans les matches de préparation contre de modestes clubs suédois. Trois matches qui se soldent par trois victoires avec des scores à deux chiffres pour la France et une quinzaine de buts pour Fontaine, sauf lors du dernier match remporté 2-1.*
*Et, coïncidence curieuse, c'est le premier match de Kopa, qui vient d'arriver, enfin libéré du Real Madrid, pour la troisième année consécutive, champion d'Europe. Et c'est aussi la première fois que Kopa et Fontaine opèrent ensemble.*

## *Menés 2-3 à une demi-heure de la fin contre le Paraguay*

*À un peu plus d'une demi-heure de la fin de ce match extraordinaire, 5 buts déjà au tableau d'affichage, et les pronostics les plus pessimistes se confirment, la France pourrait bien revenir la première à la maison, d'autant que lors du deuxième match de poule c'est l'un des grands favoris qui attend les joueurs français, la Yougoslavie. Elle est menée 2-3, mais les cinq attaquants de Batteux, de droite à gauche, Wisnieski, Kopa, Fontaine, Piantoni et Vincent, marquent chacun un but. 7-3 pour la France qui s'est régalée en cette dernière demi-heure.*
*Fontaine marque ses trois premiers buts et son entente avec Kopa est immédiatement parfaite. Puis vient une (sans doute) injuste défaite de la France contre la Yougoslavie de Beara, dans les buts, Boskov, Milutinovic et Sekularac, une belle équipe qui devra attendre la 89e minute pour l'emporter 3-2 en réduisant à néant les mérites français et les deux nouveaux buts de Just Fontaine.*

## *Troisième match capital contre l'Écosse*

*Cette fois, il faut absolument gagner. Cette équipe de France démontrera que ,plus de son plaisir de produire du bon football, elle a aussi le goût pour le résultat, le désir de gagner. Ou la démonstration que le bon football n'est pas ennemi du bon résultat. Qu'il n'est pas for-*

*cément justifié de privilégier, comme aujourd'hui, le résultat avant le jeu. Ou la charrue avant les bœufs. Kopa et Fontaine sont les buteurs de l'équipe de France qui se qualifie pour les quarts de finale en battant l'Écosse 2-1. Une Écosse qui avait chèrement vendu sa peau en fin de match.*

## *France-Irlande du Nord, 4-0*

*Aujourd'hui, comment imaginer que l'Irlande du Nord puisse écarter, de la route du Mondial, l'Italie et le Portugal ?*
*C'est pourtant ce que réalisa l'Irlande du Nord version 1958. Mystères de l'évolution du football moderne, mais la patrie mère de George Best fut la révélation de ce Mondial 1958, d'abord en se qualifiant de cette belle façon, puis en Suède, en éliminant tout simplement la Tchécoslovaquie dans un match de barrage émouvant avec deux buts de l'ailier gauche Mac Parland, dont un en prolongations.*
*L'Irlande du Nord de Blanchflower, Mac Ilroy, Bingham et Harry Gregg avait ainsi terrassé le futur finaliste de la Coupe du monde 1962 et en outre avait réussi le nul 2-2 avec l'Allemagne, tenante du titre. Il faudra une mi-temps pour voir la France ouvrir le score par Wisnieski. En deuxième période, après avoir failli marquer d'une tête qui aboutit sur la barre, après avoir sauté plus haut que Gregg, Fontaine ajoutera deux buts, avant que Piantoni ne clôture le score d'une superbe victoire à la française sur une équipe nord-irlandaise dépassée, mais qui signe son meilleur Mondial de l'histoire.*

## Jean Snella observe Garrincha

Jean Snella était l'entraîneur de l'AS Saint-Étienne, dont il fit un grand club de France dans les années 1950 et 1960, remportant à sa tête trois titres de champion (1957, 1964 et 1967). Adjoint d'Albert Batteux, il était surtout chargé d'observer les adversaires et leurs meilleurs joueurs. On allait rencontrer en demi-finale, le

favori théorique pour le titre, le Brésil de Pelé, jeune débutant plein de talent, Didi, Zito et un certain Garrincha.
Selon Jean Snella, Garrincha était un joueur capital dans le jeu brésilien par ses incessantes diableries, débordements et centres sur l'aile droite. Il serait capital de mettre au point une « tactique » pour l'arrêter. C'est André Lerond, notre arrière droit qui était chargé de l'impossible tâche de le marquer.

## Garrincha et Lerond

Tout le monde s'intéressait au problème. Jean Snella avait expliqué que Garrincha faisait toujours une feinte de départ à l'intérieur, puis s'arrêtait net et repartait à l'extérieur. La leçon bien apprise, Lerond fin prêt, avec encouragements et répétitions à l'entraînement, etc. Et lors des premières minutes de la demi-finale, Garrincha feinte le départ extérieur et rentre à l'intérieur, exactement le contraire de ce qu'on avait prévu. Et cela, trois fois de suite. Le pauvre André était perdu.
Mais ce n'est pas pour ça qu'on a perdu cette demi-finale.

## Ma première grande frustration

De très longues années ont passé, mais cette demi-finale du Mondial est encore pour moi une grande question, ainsi que pour tous ses coéquipiers de ce match historique. C'est la première fois que la France atteint les demi-finales d'une Coupe du monde, et avec ses chances.
Le Brésil est impressionnant en qualité technique, en capacité réalisatrice avec Pelé, Vava, en génie et stratégie au milieu de terrain avec Didi et Zito et sur les ailes avec Zagalo et Garrincha. Sans oublier une défense impénétrable avec De Sordi ou Nilton Santos et encore Gilmar, qui n'a pas encaissé un seul but. Vava marque dès la 2$^{e}$ minute de jeu. Mais on ne succombe pas et on

fait front. Nous nous créons même quelques occasions. Et j'égalise dès la 9e minute. Le match s'équilibre. Comme si les artistes brésiliens se posaient des questions, repensant à leurs échecs permanents au moment crucial de cette compétition, en quarts, en demi-finale, ou en finale comme en 1950 à Rio de Janeiro. La mauvaise fortune ?

## À dix contre onze pendant plus d'une heure

Sale péripétie : Robert Jonquet a la jambe cassée, fracture du péroné, dès la 28e minute, dans un choc violent avec Vava, l'avant-centre brésilien. Et il doit s'exiler, immobile sur l'aile gauche, restant ainsi sur le terrain plus d'une heure de jeu. Cette injustice ne sera réparée que douze ans plus tard, au Mondial 1970. En 1958, les joueurs ne pouvaient être remplacés en cas de blessure. Jonquet était une pièce maîtresse de notre défense, outre le capitaine de l'équipe. Nous avons encore résisté un quart d'heure aux assauts des Pelé, Didi, Garrincha ou Vava, avant que Didi donne l'avantage au Brésil en fin de la première période.
En deuxième mi-temps, Pelé donna un festival, ajoutant trois buts. Piantoni réduit le score à 5-2 en faveur du Brésil. La messe était dite. Mais à onze contre onze, je crois encore que le résultat n'était pas dit. On avait des qualités techniques presque équivalentes aux leurs, et collectivement nous avions plus de vivacité. Mais ils avaient Garrincha et Pelé.

### *Les débuts rocambolesques de Garrincha et Pelé*

*Le magnifique football brésilien perd le Mondial depuis 1930. En particulier en 1950, titre abandonné lors du dernier match dramatique contre l'Uruguay 2-1. Puis en 1954, ou encore favoris, ils tombent contre les Magyars Magiques en quarts de finale. Le Brésil devient un « looser » et il faut réagir.*
*Au pays du candomblé de Bahia et de la macumba de Rio, on innove*

*et le Brésil devient pionnier de l'assistance psychologique de joueurs de football de haut niveau en engageant le directeur du recrutement des conducteurs de la compagnie métropolitaine des autobus de São Paulo... Et comme pour engager ses chauffeurs, João Cavalhares impose des tests psychologiques et intellectuels aux joueurs brésiliens. Là, Garrincha, qui a fait l'école buissonnière dès son plus jeune âge, pour jouer au foot dans la rue ou sur les terrains vagues, n'est pas brillant. Pelé n'a pas été des meilleurs à ces tests de chauffeur de bus. En outre, il traîne une légère blessure.*

## *Un premier psychologue pour un Brésil « looser »*

*Si bien que le psychologue recommande qu'ils restent remplaçants. Des tests discutables et controversés. Garrincha, l'« Ange aux jambes torses », aurait un QI trop bas. Lors d'un match amical, contre la Fiorentina de Julinho Botelho – le seigneur et artiste qui lui céda sa place en sélection – il avait dribblé toute la défense, puis avait fait demi-tour pour dribbler un autre adversaire et marquer dans le but vide. C'était un acte proche de la démence, diagnostiqua Cavalhares, peu connaisseur de l'art du football, de l'art de Garrincha. Ce fait pittoresque et teinté de discrimination favorisera Joel, qui disputa les premiers matches à l'extrême droite de l'attaque brésilienne et Dida jouera inter, en lieu et place de Pelé, à côté d'Altafini, aussi appelé Mazzola, quand il joua en Italie, pour sa ressemblance avec le grand Valentino Mazzola, mort dans la tragédie aérienne du Torino (1949) et père de Sandro Mazzola, la star des années 1960.*

## *Didi et Nilton Santos interviennent*

*Le Brésil, se trouvant au bord de l'élimination, s'il perdait le troisième match de poule, le capitaine Nilton Santos et Didi intercédèrent auprès de la direction technique pour incorporer Pelé et Garrincha. Décision prise, Garrincha, démentiel sur l'aile droite, explosa la défense soviétique : deux débordements et deux centres que Vava convertit. Et Pelé se montra aussi décisif en quart de finale, marquant un magnifique but de victoire 1-0 contre le pays de Galles. Le Brésil allait donc rencontrer la France en demi-finale et se dirigeait vers son premier titre mondial, près de trente ans après la création du trophée que, depuis lors, il domine outrageusement, étant la seule sélection avec cinq titres (1958, 1962, 1970, 1994, 2002) et ayant participé à toutes les phases finales. Le psychologue, lui, n'a plus jamais été convié à la sélection des stars brésiliennes.*

## *« Ainsi craignait-on Fontaine au Brésil, comme un fantôme, un spectre ou un bourreau »,* Antonio Falcão, journaliste et écrivain brésilien

« Je m'en souviens encore : le 19 juin 1958, quand les sélections brésilienne, française, suédoise et allemande se présentèrent en demi-finales du Mondial de Suède, la radio brésilienne faisait cette observation lancinante : "Des trois autres sélections, seule la France peut nous battre. Ils ont Just Fontaine, un avant-centre habile et buteur né, qui a déjà marqué huit buts en quatre matches ! Et cela bien sûr sans parler de Kopa et Piantoni, des astres aussi brillants que les nôtres." Pour nous, adolescents de Campo Grande – un quartier paisible de Recife –, le commentaire était une menace. Fontaine nous faisait peur, comme si Fontaine fût un spectre ou un fantôme. Et cette angoisse nous tenaillera jusqu'au mardi 24 juin, jour de la demi-finale.
Dans l'attente du jour J, jouissant des vacances scolaires de juin, on faisait des petits matches. Au début, seulement un de mes collègues se prenait pour Fontaine, fruit de son imaginaire juvénile, car on méconnaissait le beau football français de l'époque. Et de la France, on avait seulement des idées de Brigitte Bardot, muse de notre ardente libido, du général de Gaulle, du colonialisme et de la nouvelle vague du cinéma. L'angoisse empira : j'avais des cauchemars de terreur face aux démarrages foudroyants de Just. Et, les jours passant, apparurent d'autres "Fontaine" parmi mes camarades de foot, tous souffrant d'attaques d'angoisse. Même s'il est vrai que la majorité des jeunes se voyaient en Garrincha, Pelé, Didi ou Gilmar – moi, par exemple, prétentieux et vain, je voulais être Nilton Santos.

Le mardi, surprise, j'entends à la radio que Vava marque dès la 2e minute. J'ai alors pleuré de joie. Mais mon enthousiasme et bonheur s'écroula quelques minutes plus tard, car lui – justement lui, le spectre et bourreau majeur – Fontaine égalisa au score, sortant son fusil de chasse. C'était le premier but qu'encaissait Gilmar dans cette Coupe du monde. Je me souvins aussitôt des échecs de 1950 et 1954 et repensai à l'opinion de *France Football* : "Le Brésil possède de grandes étoiles, mais... ils sont excessivement caractériels et immatures... pour disputer un événement de tel calibre." Néanmoins, pour l'infortune française, à la 29e minute, en un choc violent avec Vava, le capitaine Jonquet, cerveau de la défense, se brisa le péroné et revint sur le terrain quasi immobile. On ne pouvait pas remplacer les joueurs blessés. Alors, les Bleus amoindris, Didi donna l'avantage au Brésil et, en seconde mi-temps, Pelé rajouta trois buts, autorisant seulement Piantoni à marquer le sien sur la fin. La blessure de Jonquet désorienta cette équipe créative et solidaire, au jeu artistique et allègre, et qui méritait un autre destin – ah ! si on pouvait réécrire l'histoire... Le reste est symbolique : le samedi, la France se classait troisième en écrasant l'Allemagne 6-3 – avec 4 buts de Fontaine, qui atteignait le chiffre inégalable de 13 buts (8 du droit, 4 du gauche et 1 de la tête) en une Coupe du monde. Et le dimanche 29 juin, nous fûmes champions du monde pour la première fois, en battant la Suède, aussi par 5-2. »

## La célébration du record : on m'a porté en triomphe 30 secondes

**À mon 13e but, je me suis précipité pour embrasser Wisnieski – on se précipitait sur le passeur d'abord, c'était la coutume à l'époque et cela semblait tellement logique –, et c'est tout. C'était un but, voilà tout.**

**Et puis à la fin du match, j'ai terminé sur les épaules d'André Lerond, Jean Vincent et Yvon Douis, qui étaient aussi heureux que moi. C'était l'esprit de la joie collective de l'équipe. Et ils m'ont porté en triomphe. Oh ! pas longtemps, 20 secondes**

maximum, jusqu'à ce qu'ils se fatiguent de me porter, les pauvres, après cette formidable victoire 6-3 contre l'Allemagne, une apothéose à notre grand Mondial.

## L'apothéose, contre le champion du monde sortant

Pour la petite finale – une formulation qui continue –, le match de classement, c'est l'apothéose. On rencontre les champions du monde en titre et le festival commence dès la 10e minute.
Ce jour-là, je signerai 4 buts, quatre. Dans la Coupe du monde. Seul le Russe Salenko a fait mieux avec cinq au Mondial de 1994. Mais le record de 13 buts en un Mondial semble bien accroché. Aujourd'hui, à l'aube de la 13e Coupe du monde de ce record, en incluant 1958, je crois que je l'emporterai dans ma tombe et au-delà.
Ce n'est qu'au moment du bref tour d'honneur que j'ai réalisé ma performance. Je l'ai vite oubliée car ce qui était important, c'était le collectif. Donc je préférais retenir notre troisième place plutôt que ma première.

## Une carabine offerte en cachette

La FIFA ne tolérait pas alors de prix et autres distinctions rutilantes ou bruyantes en dehors du protocole. Alors, un journal suédois m'a offert une carabine de collection, de marque Husqvarna, mais pratiquement en cachette. J'en rigole aujourd'hui car la FIFA offre maintenant bien des prix, le Soulier d'or du Mondial, la meilleure attaque (que nous avions été aussi, avec 23 buts, dont un seul penalty), la meilleure défense, etc.
On ne se rendait pas compte, surtout pas moi d'ailleurs, que je venais d'établir un record qui tient depuis près d'un demi-siècle. Et qui semble indéracinable, même si, depuis 1998, les équipes de la phase finale sont passées à 32 et que les attaquants ont

7 matches au lieu de 6 pour le battre. Avec des rencontres où il est plus facile de « cartonner » qu'à mon époque.

## Ce n'est qu'un but

Le football moderne s'illustre, si on peut dire cela, entre autres, par des manifestations gestuelles et bruyantes après un but marqué. Je conçois que l'on montre sa joie quand on est un buteur. C'est normal et, même, sain. Mais il y a aussi des limites qui sont celles d'un jeu, le football et celles du terrain. Célébrations en tout genre : plongeons et glissades à plat ventre, poteaux de corners fracassés, bercements de bébés à plusieurs et, comble de mauvais goût, les cirages de pompes du buteur par des coéquipiers serviles, ou encore des buteurs qui fuient leurs coéquipiers comme la peste.

Je jalouse toutefois ceux qui font des triples saltos arrière pour célébrer un but, au risque d'un lumbago ou déplacement de disques, vu ma souplesse légendaire, stigmatisée alors par Albert Batteux qui écrivait que, lors des étirements, j'étais le seul à ne pouvoir toucher les pieds avec les mains.

Enfin, la plus commune et récente mode du tee-shirt à message. Tant que certaines de ces manifestations se passent sur le terrain de jeu, c'est à la limite supportable. Mais, de plus en plus, le buteur manifeste sa joie dans la tribune des supporters, grimpant parfois aux grilles de protection, créant des situations de danger, ce qui d'ailleurs prend de plus en plus de temps de jeu. Paradoxalement, quand ces actes festifs peuvent friser ou dépasser la minute, le même règlement accorde six secondes au gardien de but pour dégager. Il serait peut-être opportun de contrôler ces débordements.

## Avec son coéquipier passeur et ses coéquipiers

Aujourd'hui, il se trouve que les meilleurs joueurs sont ceux qui fêtent le plus humblement leurs buts, Ronaldo, Raul, Pauleta, Zidane ou Beckham, entre autres. À mon époque, sans être aucunement « passéiste », nous fêtions le but (plus souvent qu'aujourd'hui) d'une joie réelle et spontanée, d'abord avec le partenaire qui avait transmis le ballon et en général avec toute l'équipe embrassée et ce dans les limites du terrain, ne nous précipitant jamais vers les supporters.

## Le tee-shirt à message

À la fin d'un match, il serait parfois amusant de faire un reportage photographique sur les tee-shirts portés par les joueurs qui n'ont pas marqué. Certains auraient l'air ridicule, n'est-ce pas ? Après tout, les buteurs sont des joueurs professionnels et ne font donc que leur travail. Toutefois, si je jouais encore aujourd'hui, je sacrifierais peut-être à la tradition moderne et je porterais sans doute un tee-shirt sous le maillot, avec le message : « Ce n'est qu'un but, merci. »

# 7

# C'est moi qui ai consolé celui qui m'avait cassé la jambe

« Chers auditeurs, ce soir à Norrköping, en ce 19 juin, seulement 12 000 spectateurs se sont déplacés dans le petit stade de l'Idrottsparken, pour ce match capital de la France, en quarts de finale de la Coupe du monde, contre la difficile sélection d'Irlande du Nord. C'est une rencontre historique, car la France peut atteindre pour la première fois les demi-finales de la plus grande compétition de football. Dangereux Nord-Irlandais, qui ont éliminé la grande Tchécoslovaquie de Masopust et Popluhar, lors d'un match d'appui, grâce à deux buts de l'ailier gauche Mac Parland. Juste avant la mi-temps, la France a pris l'avantage par un but de Wisnieski, d'un tir à angle fermé et reprenant un service de Fontaine qui avait dérouté plusieurs défenseurs sur la droite.
Nous jouons depuis dix minutes dans la deuxième mi-temps. Le ballon est dans les pieds du demi Penverne, sur la droite du terrain, qui va centrer. Centre aérien en direction de Gregg, le gardien

irlandais qui s'élance. Mais attention, Fontaine s'élance aussi et se détend… But !… But de Fontaine qui, de la tête au premier poteau, a gagné le duel aérien à l'excellent Harry Gregg. Fontaine a coupé la trajectoire du ballon et signe le deuxième but de la France de la tête. Son septième but suédois. 57e minute, il reste une bonne demi-heure et la France mène 2-0. Nous avons l'espoir d'aller en demi-finales !

France 2 - Irlande du Nord 0. »

### *Deux buts de Fontaine, et deux de Cisowski*

*Le 10 octobre 1958, c'est le premier match en terre française de la France après l'épopée suédoise. Fontaine et Cisowski, celui-ci guéri de sa fracture de la jambe, se retrouvent, tous les deux, en attaque, et ils font trembler chacun deux fois les filets grecs en un festival offensif, orchestré par Kopa, qui confirme la classe de cette cuvée France 1958. 7-1 contre la Grèce, c'est le résultat du pari offensif de la magnifique sélection bleue de Batteux, fêtée par un Parc des Princes plein à craquer. Vincent marqua aussi deux fois cet après-midi-là et Kopa compléta le score. L'équipe de France souffrait d'une pléthore d'avants-centres et d'attaquants en cette glorieuse époque. La paire Fontaine-Ciso aurait aussi pu briller au Mondial, sans la blessure du Racingman.*

*Le sort trancha autrement pour le bien de l'équipe de France et de Fontaine. Mais ce match est un moment crucial de l'après-Mondial : il amorce une terrible inflexion dans la carrière de Justo, condamné à ne compter les prochains mois et années qu'avec une gravissime frustration, celle de devoir stopper net sa carrière, bêtement, fatalement. En plus, au moment où les grands du football rentrent dans leur plus brillante phase, pour écrire leurs plus belles pages de leurs palmarès et histoire.*

## Ma plus forte frustration, la blessure, à 26 ans et 7 mois

Outre les éternels regrets de la demi-finale de Stockholm perdue contre le Brésil dans des conditions d'infériorité numérique,

le plus grand drame de ma carrière est cette sinistre blessure qui abrégera ma carrière au plus mauvais moment.
J'étais arrivé en France à moins de 20 ans, donc brut de décoffrage, dirais-je. En effet, j'opérais officiellement en compétition juste depuis l'âge de 15 ans. Et à Nice je continuai ma formation sur le tas dès mon arrivée. Nice, où je manque de nombreux matches, en particulier la première saison et surtout la troisième et dernière, avant mon transfert à Reims.
Et ce n'est donc qu'à Reims, en travaillant de nouvelles techniques personnelles et collectives, que j'entame ma progression réelle, que je commence à m'affiner. La technique d'avant-centre ou de buteur n'est pas seulement innée. Elle a besoin de travail. Il faut des heures de préparation et d'imagination, entre autres, pour tromper les gardiens dans les face à face.

## Au moment où les meilleurs joueurs deviennent des grands

Et c'est donc au pire des moments de ma carrière, après mes exploits de 1958 avec Reims et l'équipe de France que ma jambe et ma carrière se brisent d'un coup. J'avais 26 ans et 7 mois. Depuis le début de la saison, je n'arrêtais pas de travailler ma technique de frappe des deux pieds et je ne cessais d'améliorer, entre autres, le nombre de recours pour affronter les gardiens de but en un contre un, si bien que je me sentais dorénavant proche de la perfection dans ce crucial exercice du buteur. Mais le 20 mars 1959, tout s'arrête. Et qui sait, sans cette jambe brisée ?...
Si on m'avait proposé alors de choisir, je crois que j'aurais préféré continuer de longues années et ne pas avoir établi ce record du monde. En effet, c'est dans cette tranche d'âge, de 26/27 ans à 30/31 ans que tous les héros du football ont atteint leur apogée, forgé des palmarès uniques, ou produit leur meilleur football. En fait, produit leurs meilleures œuvres. À l'exemple de Di Stefano et Pelé, les pionniers puis, au fil des dernières années du XXe siècle, Maradona, Platini, Van Basten, Zidane, etc. Leurs

**noms sont gravés pour toujours dans la mémoire de leurs admirateurs.**

## *Meilleur d'Europe et de nouveau meilleur buteur français*

*Après ses deux premières saisons prolifiques à Reims, et ce en dépit du départ de Kopa à Madrid, Just Fontaine secoue les filets seulement 24 fois en 32 matches lors de la saison 1958-59. Seulement ? C'est néanmoins un score qui aujourd'hui serait plus qu'honorable. D'autant qu'il sera le meilleur réalisateur de la Coupe d'Europe cette saison-là, avec 10 buts. En réalisant des exploits. Les quatre buts de la victoire 4-1 à Newtonards, en Irlande au premier tour. Et deux buts capitaux contre le Standard de Liège en match retour d'un quart de finale perdu 2-0 en Belgique et gagné 3-0 en un Parc des Princes acquis à sa cause.*

## *Soulier d'or européen sans soulier*

*Just Fontaine a aussi été, la saison précédente, le meilleur réalisateur européen avec 34 buts, sans trophée, puisque le Soulier d'or de* France Football *n'existe pas encore.*
*Son premier lauréat, lors de la saison 1967-68, sera le Portugais Eusebio, qui, avec 42 buts, inaugure un prestigieux palmarès, où figurent le canonnier allemand Gerd Müller, par deux fois, encore Eusebio, le Yougoslave Josip Skoblar, Krankl, le Mexicain Hugo Sanchez et enfin le Néerlandais Marco Van Basten. Ensuite, le système d'attribution du trophée se sophistique, avec l'introduction d'un coefficient. Dès lors apparaîtront des noms non moins prolifiques : le Brésilien Ronaldo, le Néerlandais Roy Makaay et enfin Thierry Henry, ces dernières saisons.*
*Retour en arrière : lors de la campagne 1959-60, ça repart à fond. Le buteur mondial et européen sera, pour la deuxième fois, le meilleur buteur du championnat de France.*
*Cette fois, il a Kopa à ses côtés. Meilleur buteur français avec 28 buts*

*en 28 matches selon les statistiques. Enfin, plutôt en 27, car c'est dès la première minute de jeu que Justo, à Sochaux, souffre de cette fracture tibia-péroné qui détruira sa carrière, à l'aube de la plénitude, à un moment fatal.*
*En effet, il présente une moyenne légèrement supérieure à celle de Pelé. Tous les deux proches du but par match, sur l'ensemble de toute leur carrière. Oui, Justo domine Pelé lui-même, le Roi du football mondial et la future référence universelle de l'efficacité devant les bois, avec ses 1 283 buts en 1 361 parties et plus de vingt ans de carrière.*

## *Tacle assassin exécuté par un buteur*

*La blessure catastrophique de Justo résulte d'un tacle frontal au tiers inférieur de la jambe, le 20 mars 1960 à Sochaux. Étrangeté : ce n'est pas un défenseur qui brise la jambe gauche et la carrière de Fontaine, non, c'est un attaquant et un buteur : Sékou Touré.*
*Après le drame Fontaine (transporté à l'hôpital) et réduit à 10 contre 11 tout le match, Reims, auteur d'un match héroïque, l'emporte 2-1, et s'installe au commandement du championnat de France, qu'il remportera deux mois plus tard.*
*Les buts rémois sont signés Piantoni et Rodzik. Le but de Sochaux est l'œuvre de Sékou. La saison suivante, Fontaine, d'opération en récupération, transmet le relais de meilleur buteur du championnat à son ami et coéquipier Roger Piantoni qui engrange 28 buts en 1960-61. Lors de la saison 1961-62, le meilleur canonnier du championnat est, selon les annales et statistiques du football, Sékou Touré. C'est un buteur, peut-être pas de la race des Fontaine ou Cisowski, mais de leur famille. Il marque 25 buts et il joue au SO Montpellier. Il s'appelle Sékou Touré.*
*Ainsi l'Ivoirien Sékou Touré figurera-t-il dans l'histoire comme meilleur buteur du championnat de France 1961-62, sa seule référence sportive et honorable, que le juste Fontaine préfère à celle, horrible, de l'image de son agression fatale du 20 mars 1960. Une image qui fait peur et qu'heureusement aujourd'hui la professionnalisation de l'arbitrage a rayée des écrans de télé. Sékou ne fut pas expulsé*

*pour cette action, ni même averti. Mais deux autres joueurs sochaliens, Stopyra et Mazimann, qui appliquèrent un marquage sévère sur Kopa, furent, eux, avertis par l'arbitre, M. Schwinte, pour jeu dangereux. M. Pierre Schwinte était alors considéré comme un excellent arbitre international, mais il ne le ne serait plus aujourd'hui ; l'évolution de l'arbitrage ayant beaucoup progressé, par rapport à une époque où il fallait vraiment commettre une agression pour risquer un avertissement ou une expulsion. Voire rien du tout...*

## C'est moi qui l'ai consolé !

Le soir de ma blessure, Sékou m'a rendu visite à l'hôpital. J'ignore s'il savait que ma carrière venait de s'interrompre brutalement. Après coup, j'en ai eu l'impression. Il est resté silencieux, prostré pendant presque 24 heures à côté de mon lit.
Pas un mot, rien, pendant des heures et des heures. Muet comme une carpe et accablé comme un pénitent. Finalement, moi qui me posais des questions sur mon avenir, moi qui souffrais physiquement et moralement, je tentais de lui parler, de lui arracher un mot. Rien !
Alors j'ai fini par le rassurer et le consoler en lui expliquant que ça irait, qu'il ne l'avait pas fait exprès, etc. Plâtré à l'hôpital de Montbéliard, deux jours plus tard, j'étais à Paris, chez le médecin. Même s'il est évident que la médecine a progressé, je voudrais tordre le cou à une idée reçue. Souvent on me dit que, dans le football actuel, ma double fracture de la jambe droite aurait été mieux réduite, soignée, etc. Et que je ne me serais pas de nouveau tout cassé, neuf mois après – tout seul, cette fois – sur une rotation.
Non, la vérité est ailleurs. J'avais tellement envie de revenir sur le terrain aussi j'ai un peu forcé et repris un petit peu trop tôt. Sept mois après la blessure, seulement, en octobre. Mais malgré ce drame, la destinée, maîtresse de ma philosophie, me pousse à admettre que j'avais quand même vécu une époque formidable.

## Les frustrations s'accumulent

En 1959, on perd la finale de la Coupe d'Europe, à Stuttgart contre le grand Real Madrid, absolument intraitable en Europe. En fin de contrat, Raymond Kopa boucle ses valises, un troisième couronnement européen acquis, pour revenir à Reims. En cette deuxième finale de Coupe d'Europe pour Reims (en trois ans après celle du 13 juin 1955 à Paris, ma première), on perd 2-0. Il n'y a rien à dire. Le 3 juin, au Neckarstadion de Stuttgart, c'est Mateos et l'inévitable star Di Stefano qui concrétisent la supériorité madrilène.

Une grosse déception accable Albert Batteux, et tous les Rémois. Diminué par des douleurs aux adducteurs, en raison d'une saison chargée en matches et compétitions (championnat, Coupe et Coupe d'Europe), je n'ai pas pu jouer à mon meilleur niveau physique. Cela dit, la classe et la race du Real Madrid de Gento, Di Stefano, Rial et Kopa, entraîné par un certain Luis Carniglia, sont des arguments irrésistibles. Impossibles à contrecarrer.

## Ils jouent moins

Le grand Reims multiplie les tournées. On se l'arrache. Même sans Kopa, les sollicitations à l'extérieur affluent. Ultérieurement, on observera que les anciens « jouaient moins » que les modernes...

Bien sûr qu'on jouait beaucoup. Outre les matches officiels de championnat, Coupe de France et Coupe d'Europe, les grands clubs européens étaient intensément sollicités, pour des tournées, tournois et matches amicaux, tout comme aujourd'hui. Été comme hiver, pendant la saison, en milieu de semaine, on invitait le Stade de Reims, par exemple, pour inaugurer de nouvelles installations sportives en France et en Europe.

## En train, deux nuits de voyage

On voyageait dans des conditions autrement difficiles. En autocar ou en train, pour les matches en France. Avec par exemple, départ le vendredi après-midi vers Paris, train de nuit, et retour de nuit le dimanche soir, de Reims à Nice, Marseille ou Monaco, de Reims à Bordeaux, Nîmes ou Rennes, des six coins de l'Hexagone aux six autres.

Et pour les déplacements européens, on avait le droit au DC3 ou à la Caravelle, le luxe.

Pour ajouter encore des éléments au débat « anciens-modernes », il convient de rappeler que les effectifs étaient bien plus réduits (16 à 18 contre 25 aujourd'hui). C'était toujours le onze type qui jouait, dans toutes les compétitions. La notion de turnover était interdite. Il n'y avait pas de changement de joueurs autorisés, ni pour suppléer à un blessé, ni pour remplacer un épuisé, ni pour des raisons tactiques. Rien.

## Le transfert manqué à l'Espanyol de Barcelone, le départ à l'étranger

En l'occurrence, nous allions inaugurer l'éclairage du stade Mestalla de Valencia, la même configuration et l'éclairage qu'aujourd'hui, bien qu'ils se soient améliorés. On avait réussi match nul. Dès le lendemain, on filait à Barcelone pour jouer un autre match amical contre l'Espanyol de Barcelone. On avait perdu 2-1, et j'avais marqué le but rémois. L'Espanyol qui jouait bien s'était positionné alors en rival sérieux du Barça de Kubala, Kocsis et autres Suarez ou du grand Real Madrid, équipes qui ne venaient jamais à Sarriá, le stade de l'Espanyol, en terrain conquis.

Le Français Marcel Domingo, l'entraîneur, avait demandé au président du club catalan, Fernando Lara, un sérieux renfort pour préparer un projet ambitieux. Bientôt j'apprendrais que le président Germain avait reçu une proposition de l'Espanyol et après mûres réflexions, malgré des conditions nettement meilleures, j'avais décidé de rester à Reims où Kopa revenait et où on entrevoyait un grand avenir pour les années 1960. Celui que n'auraient finalement ni le Stade de Reims, ni l'Espanyol de Barcelone, ni moi. Ma blessure, culminée par ce transfert avorté, est donc une immense frustration, peut-être la plus grande de ma carrière. Les autres ont reçu des conclusions sur le terrain. Malgré tout. Mais là, je ne sais pas ce qui ce serait passé, c'est la frustration d'ignorer ce qu'aurait pu être mon avenir dans un grand club étranger. Cette désillusion n'en finit pas de me tarauder.

## Je n'ai pas d'agent

D'une part, il y avait très peu de joueurs qui avaient un agent. Pour ne pas dire aucun. Le mécanisme entre les clubs fonctionnait bien, mais il n'y avait pas de commissions à verser à des intermédiaires multiples, comme cela se pratique aujourd'hui. Vraisemblablement parce qu'il y avait moins d'argent proportionnellement dans le football qu'aujourd'hui. Les négociations de club à club étaient directes. Fréquement, le joueur n'était pas au courant des tractations engagées au sujet de son éventuel transfert. Je n'ai jamais éprouvé le besoin d'amour ou d'agent, estimant qu'il n'était pas bien compliqué de négocier des choses aussi simples qu'un salaire, un logement et, détail important, de ne pas être lié à vie (jusqu'à 35 ans alors) avec un club. Il fallait donc se réserver une clause de liberté de manœuvre, avec un contrat à temps. Une sorte de CDD[1]. Il s'agissait en fait de négociations directes, sans interférences, sans intermédiaires. On évitait des situations où des joueurs ont parfois eu deux ou trois agents, les rémunérant tous, pour rien.
Si je jouais aujourd'hui, je n'aurais pas d'agent. Comme avant...

1. CDD : Contrat à durée déterminée.

## Le premier championnat d'Europe des Nations 1960

En 1960, Fontaine est déjà blessé quand s'offre à la France le privilège d'organiser, à Paris, la phase finale du premier championnat d'Europe des Nations. La France, sur sa lancée de 1958, favorite s'inclinera en demi-finale, le 6 juillet, au Parc, contre l'excellente Yougoslavie 5-4, après avoir mené 4-2 à vingt-cinq minutes de la fin.

Un but de Knez et un doublé de Jerkovic – en trois minutes catastrophiques – anéantissaient les réels espoirs français concrétisés par les buts de Heutte (par deux fois), Wisnieski et Vincent. Une France qui, tout en étant excellente avec les titulaires de cette demi-finale – de surcroît jouait à la maison –, avait souffert des absences et expériences simultanées de Kopa, Piantoni et de Just Fontaine, alors en pleine récupération de sa fracture de la jambe. Aujourd'hui, c'est encore l'éternel regret de Justo, il pense toujours que ce premier trophée de champion d'Europe des Nations 1960, que les longs bras de Yashine brandiront, après la victoire de l'URSS contre la Yougoslavie, était destiné à la France. À la condition d'être en pleine possession de ses effectifs.

## Les nombreuses tentatives de retour

Le 13 novembre 1960, contre Saint-Étienne, Fontaine réapparaît dans le championnat de France et au Stade de Reims. L'espoir revient pour le grand Reims, le football français, pour l'équipe de France, et pour Fontaine. Les unes du Miroir du Football, de France Football et de L'Équipe montrent un Fontaine souriant ou heureux, 27 ans et de nouveau résolu à faire trembler gardiens et filets.

Un mois plus tard, Justo a déjà marqué quatre buts, dont un capital contre Angers, Reims s'imposant difficilement 1-0, et deux dans un festival offensif dans le classique Reims-Racing.

Devant 20 000 spectateurs conquis au stade Auguste Delaune, le match est serré comme souvent, entre ces deux grands clubs français. À la mi temps, 2-1. Mais Fontaine et Piantoni se déchaînent en fin de match, Piantoni marque son deuxième but et Fontaine en aligne deux, coup sur coup, comme naguère.

*Heureusement car Guillot avait égalisé et Monsieur Joseph, Ujlaki, clôturera le score à la dernière minute, pour le Racing, un match sanctionné par un joli 5-3 en faveur des Champenois. Formidable confirmation : Fontaine joue tous les matches, 90 minutes, à fond, il retrouve sa vitesse, son adresse et son sens du but. La jambe tient, Fontaine revient.*

## *L'espoir à la une du* Miroir

*Ce 16 mars 1960, la vingtième sélection de Fontaine s'était soldée par une démonstration 6-0, contre le Chili, qui, deux ans plus tard, serait troisième du Mondial 1962. Justo avait frappé victorieusement deux fois, d'une reprise de volée sur un centre de Vincent et d'un tir lointain imparable. C'était le 16 mars 1960. Quatre jours avant sa première blessure.*
*Son retour spectaculaire, en forme, en novembre, au Stade de Reims, lui réouvre les portes de la sélection immédiatement. Actif contre la difficile Bulgarie à Paris, il ne marque pas mais participe à la victoire 3-0 de la France, dont un tir sur le poteau, à l'origine du troisième but de Cossou. C'était le 11 décembre 1960. Le* Miroir du Football *de janvier 1961 affiche Justo en pleine page de couverture. Il fait froid en cet hiver de l'année 1960, les terrains sont durs ou gelés. Les contacts sont éprouvants. Le malheur rode encore. Au beau milieu de cet hiver rigoureux, le 1er janvier 1961, la jambe gauche de Fontaine cède de nouveau. Tibia et péroné, en un bris de glace comme deux brins d'herbe gelés d'une pelouse de football.*
*Ce jour-là, Reims reçoit Limoges et perd Fontaine définitivement. Cisowski, proche de sa fin de carrière, et Fontaine, la carrière définitivement abrégée, les grands buteurs à venir du championnat de France s'appelleront plus tard Delio Onnis, Carlos Bianchi, Josip Skoblar ou Jean-Pierre Papin.*

## Ma dernière tournée

La rage au cœur, j'ai donc décidé d'arrêter. Quand j'ai esquissé une ultime tentative de retour, dans une petite tournée. Me revoici sur les terrains une deuxième fois. Je rejoue quelques matches de la saison 1961-62, reprenant de nouveau en hiver, le 3 décembre et encore contre Saint-Étienne, mais cette fois au stade Geoffroy-Guichard. Mais je ne suis plus le même. Je stoppe au bout de sept matches. Conséquence des deux fractures : la cheville atteinte et me causait bien des tourments. Et des douleurs. Je ne pouvais plus la plier !
En attendant, je me morfondais entre soins, récupération, consolidation et réflexion. On verra l'été prochain. Le Stade de Reims part en tournée. Ce sera une occasion pour tester les progrès réalisés. En fait, intimement, je crois plutôt que c'est un dernier baroud. 20 000 kilomètres, huit pays, une bonne dizaine de matches en un mois. Départ via l'Autriche, puis le Chili, l'Argentine, l'Équateur, la Colombie, le Mexique, la Martinique et la Guadeloupe. Entre autres grandes équipes rencontrées, je me souviens de River Plate, le grand club de Buenos Aires où achevait sa carrière le superbe gardien Carrizo, qui sortait beaucoup de sa cage et était alors un précurseur en ce domaine, comme l'était Yashine en Europe. Je me rappelle aussi les clubs colombiens de Medellin et Millionarios de Bogota, où Di Stefano, un grand du football mondial, s'était illustré dix ans auparavant.

## Jason et ma dernière paire de chaussures

Lors de celui que je crois fermement être mon dernier match professionnel, contre une sélection de la Guadeloupe, un joueur métis, excellent et sympa, vient vers moi à la fin du match et me demande mes chaussures. Je ne sais pas s'il tenait à garder un souvenir de son idole. Je les lui donne lentement, lui laisse

même entendre que je venais, sans doute, de disputer le dernier match de ma carrière.
Je crois qu'il les aura gardées et qu'elles n'auront pas subi le même sort que celles des treize buts de 1958, celles de Stéphane Bruey, qui terminèrent piteusement dans une poubelle. En tout cas, en aucun cas, personne ne pensait à conserver des objets ou du matériel de foot pour en faire plus tard une affaire juteuse. Chacun ne songeait qu'à un souvenir personnel. Pour Jason, c'était sans doute un trophée en or. Un soulier d'or, peut-être, pour ce jeune métis croisé dans un vestiaire guadeloupéen.

## Je courais et jouais en boitant

Dans cette tournée d'adieu, j'ai participé à sept rencontres, une mi-temps à chaque fois. Mais finalement, il y avait une méchante complication : je boitais. Alors, que voulez-vous faire ?
En plus, je n'avais pas marqué un seul but. Rien. Je ne marquais plus. Alors. C'était fini. Il fallait passer à autre chose.
Des idées, j'en possédais plein la tête. Mais des idées de buts, de victoires, de trophées. Je devais penser à autre chose. Rapidement.

### *Fontaine et Reims parmi les meilleurs pour la presse argentine*

*Malgré les immenses difficultés rencontrées, cette foulée discrètement boitillante, à cause d'une cheville presque bloquée, Reims et Fontaine sont remarquablement notés dans une chronique de la rencontre de gala, River Plate-Reims.*
*River Plate l'emporte difficilement et injustement, selon la propre presse argentine. Fontaine est cité parmi les meilleurs, avec Kopa, Wendling, Kaelbel ou Hidalgo. Quant au jeu du Stade de Reims, il crée la différence. Les médias comparent favorablement « le jeu rémois qui nous a fait oublier les dernières visites d'autres clubs européens,*

*en tournée ici, tels l'Atletico de Madrid, le Real Saragosse, le CDNA Sofia ou encore Munster ».*
*Les qualités de Reims, selon les experts argentins, sont la subtilité d'un jeu fort spectaculaire, l'harmonie entre les lignes, la vitesse et les attaques en profondeur. Aucun commentaire n'est effectué sur la force ou la puissance, l'agressivité et autres caractères peu prisés des passionnés de football et de spectacle argentins.*
*C'est aussi à ce moment-là que Raymond Kopa fut approché par le River. Mais l'affaire ne prit pas corps, tout comme dans le cas de Roger Piantoni, peu avant. Le football français séduisait beaucoup outre-Atlantique et pouvait déjà se targuer d'être un produit d'exportation de luxe.*

## Rencontre avec Adi Dassler, le patron d'Adidas

Les chaussures et les ballons les plus répandus sur le marché français étaient de la marque Hungaria. Adi Dassler, patron d'Adidas, envoie son fils Horst pour attaquer ce marché. J'entre dans la première équipe en 1962, avec un ancien gardien du Stade Français, Georges Delbrun, promu directeur commercial.
Au bout de deux ans de communication, de travail et de représentation auprès des détaillants, de beaucoup de clubs ou organisations sportives, nous nous heurtons à des obstacles de pénétration, phénomène inquiétant pour un avant-centre et buteur recordman des Coupes du monde. Au cours d'une de nos réunions, en Allemagne, à côté de Nuremberg, dans l'immense propriété d'Adi Dassler – où il y avait un terrain de jeu dans le parc, pour faire des quatre contre quatre sérieux–, nous jouons un match que nous ne perdons pas, face à une grosse équipe des représentants d'Adidas Allemagne, renforcée par un joueur professionnel de Nuremberg. Tant et si bien que le fondateur de la société Adidas, en me voyant jouer, même boitillant, m'avoue qu'il comprenait pourquoi la France s'était refaite une santé

après la guerre. Il lâche cette phrase élogieuse avant qu'on passe aux choses sérieuses, le commerce.

## J'ai pensé le premier ballon Adidas, en noir et blanc

C'est à ce moment-là que nous imaginons une contre-attaque, pour tenter de combler notre écart des ventes que nous avions avec Hungaria, qui faisait de son ballon un argument de pression pour vendre plus de chaussures.
Alors, je convaincs Horst Dassler de créer un ballon avec 32 panneaux. J'ai l'idée de la fameuse couleur noir et blanc, un modèle que j'aperçus au salon des sports de Munich, et qui conviendrait totalement aux retransmissions télévisées. Ainsi naquit Telstar, le ballon des Coupes du monde de l'époque. Je n'ai malheureusement touché aucun droit d'auteur sur cette idée.

## Un peu de tout, mais d'abord les diplômes d'entraîneur

Commentateur à Europe 1, le week-end, je fus sûrement le seul à pronostiquer le doublé historique Coupe-championnat de l'AS Monaco, de mes amis joueurs, Henri Biancheri et Michel Hidalgo, la saison 1962-63. En outre, en 1965, après ma démission d'Adidas, je crée à Toulouse un premier magasin, Justo Sports. J'entraîne en même temps les sections minimes et juniors du Toulouse FC, présidé par Jean Doumeng et entraîné par Kader Firoud. Mais la reconversion la plus naturelle qui se présentait, c'était la responsabilité d'entraîneur.
Et je m'y appliquerai avec succès, tout comme à la défense des intérêts des footballeurs professionnels.

## Président fondateur de l'UNFP

Les joueurs, membres fondateurs de l'UNFP[1], en 1961, sont Eugène N'Jo Lea, de Saint-Étienne, Jean-Jacques Marcel, du Racing, André Lerond, de Lyon, Loubières, du Red Star, et votre serviteur, conseillés par le juriste Jacques Bertrand.
Je suis alors élu le premier président de l'UNFP, un syndicat en sorte, qui ira loin et qui anticipait non moins loin devant. On se souvient des déclarations fracassantes de l'époque. Notamment celles de Raymond Kopa, retentissantes. Il évoquait l'esclavage dans le football. Ces mots dérangèrent l'establishment. Mais, finalement, nous nous consacrerons à fond à cette tâche essentielle : la libération des joueurs professionnels de la tutelle des clubs, à vie.

## Lié à son club à vie, c'est fini

Le 16 novembre 1961, est la date de l'acte de création de l'UNFP, qui précédera de quelques années celui de la Fédération internationale des footballeurs professionnels (FIFPRO), dont Philippe Piat est aujourd'hui le président. Nous sommes donc des précurseurs. Dès 1972, sous la présidence de Michel Hidalgo, les footballeurs obtiennent le fameux contrat, ou à durée déterminée. Quand vingt ans plus tard l'arrêt Bosman oblige toutes les Fédérations européennes à adopter ces mesures, seules la France, grâce à l'UNFP, et l'Espagne, via le gouvernement, disposent déjà de cette réglementation.

1. Union nationale des footballeurs professionnels.

## Je conseille Sékou Touré

Durant mes années de présidence de l'UNFP, de 1962 à 1965, un de mes premiers clients est Sékou Touré, mon bourreau de Sochaux, à qui j'avais déjà pardonné depuis longtemps. Il me téléphona pour me demander conseil sur son éventuel transfert à Nice, où il signerait finalement, avec une excellent salaire et, surtout, un contrat à temps, ce dont il me remercia chaleureusement.

# 8

## Avec l'ongle d'un doigt
## d'un footballeur actuel,
## j'avais bâti
## le Paris Saint-Germain

« Nous sommes toujours à Norrköping, chers auditeurs, en ce 19 juin 1958. Et la France mène devant l'Irlande du Nord 2-0, en quart de finale de la Coupe du monde, grâce à deux buts de Wisnieski, d'abord, puis, à la 57e minute, de notre buteur et avant-centre Just Fontaine. Nous approchons de la dernière demi-heure de jeu en cette deuxième mi-temps, et la France continue aussi de dominer le jeu, en plus de son avance au score. L'espoir d'atteindre pour la première fois les demi-finales de la plus grande compétition de football se rapproche à grands pas. Le ballon est dans les pieds des Irlandais qui tentent de revenir dans le match. Mais Jean-Jacques Marcel vient de récupérer le ballon dans les pieds de Bingham, et, à 30 mètres des buts, il sert rapidement Fontaine, légèrement excentré sur la gauche. Fontaine contrôle, va tirer, non, il feinte le tir du droit. Le goal est battu, Gregg est au sol. Et Fontaine tire. But, but, encore Fontaine, finalement du gauche, après s'être débarrassé du gardien avec cette feinte de tir et un écart pour chercher son gauche. Un gauche aussi meurtrier que le droit. La France mène 3-0. C'est le deuxième but de Fontaine aujourd'hui et son huitième dans la Coupe du monde, le huitième en quatre matches. Et il reste du temps. 65ᵉ minute de jeu :

France 3 - Irlande du Nord 0. »

*(Résultat final France 4 - Irlande du Nord 0, le quatrième but français signé Piantoni, sur un service de Kopa, à la 69ᵉ minute. En demi-finale du Mondial, la France affrontera le Brésil)*

### *Plus jeune major de France*

*Retour en arrière : Guy Roux, 25 ans, auditeur libre, observe d'un air apparemment admiratif Just Fontaine dans une des salles de classe du centre d'instruction des entraîneurs, à l'Institut national des sports de Vincennes. À 20 ans, il renonça résolument à une carrière de footballeur professionnel à Limoges, pour ne pas s'engager jusqu'à 35 ans, comme c'était alors la règle. Il décida de devenir entraîneur, ne se sentant pas capable d'égaler l'ex-grand avant-centre qu'il avait sous les yeux. Il posa alors sa candidature à l'AJ Auxerre. Après études et service militaire, il assiste à ce premier stage d'entraîneur avant de devenir pour longtemps l'homme fort d'Auxerre. Justo allait en effet sortir major de cette promotion d'entraîneurs 1963, comme le plus jeune de France alors, à 29 ans. Pourtant, en dépit de ses qualités évidentes d'aptitude à entraîner, illustrées par ce diplôme exceptionnellement précoce, Justo devra attendre l'âge officiel de 35 ans. Excellent diplômé et apte à entraîner, mais recalé à l'âge ! C'est un des paradoxes du football.*

## La défense en ligne, un moyen pas une fin

Quand peu à peu, dans les années 1950, les défenses se renforcent, passant des trois défenseurs du classique WM aux quatre du 4-2-4 ou 4-3-3, des sélections comme la Hongrie ou le Brésil, puis, en Europe, des clubs comme Anderlecht, Nantes et Rennes,

adoptèrent le style de défense dite « en ligne », quatre défenseurs alignés, qui aussi défendaient « en zone »...
C'était la fin du marquage individuel forcené : chacun des quatre défenseurs prenait en charge l'attaquant arrivant dans sa zone, un système plus économique et intelligent. La défense en ligne s'appuyait sur le hors-jeu. Au sujet du hors-jeu, il y eut des exemples exagérés comme l'Ajax de Stefan Kovacs et Johan Cruyff des années 1970, où le hors-jeu était systématiquement pratiqué. Il suffisait d'un pas en avant des arrières au niveau de la ligne médiane, une sorte de « hors-jeu piège », pour empêcher l'adversaire de jouer.
Ce fut parfois considéré comme contraire à l'esprit du jeu, proche de l'anti-jeu.

## Contre vents et marées, considéré comme un fou

La défense en ligne et en zone, que j'avais appliquée en 1967, comme sélectionneur de l'équipe de France, contre vents et marées, consiste à défendre le plus haut possible, de façon à resserrer les trois lignes, le plus loin possible de son propre but et le plus près du but adverse. Quoi de plus simple et logique ?
Le gardien de but est le dernier défenseur et le premier attaquant, une sorte de « libero », jouant souvent hors de sa surface et au pied. À l'époque, en France, dans ces années 1967/1968, on m'avait (presque) considéré comme un fou, d'autant que deux défaites, dont l'une imméritée, contre la grande Russie de Yashine, après avoir mené 2-0, avaient sanctionné cette expérience et Fontaine comme sélectionneur.
Pas pour longtemps. En effet, le Brésil, champion du monde en 1970, confirma la validité de la défense en ligne.

## Aujourd'hui, tout le monde joue la défense en ligne, y compris en Italie !

Et aujourd'hui, observez bien, même en Italie, où le football est peu favorable aux systèmes offensifs, presque tout le monde joue la défense en ligne. Mais surtout pour défendre ou détruire... en utilisant le pas en avant du hors-jeu piège très fréquemment, mais cette défense en ligne est hélas aujourd'hui un piètre reflet de ce qu'elle pourrait réellement être ou de ce qu'elle a pu être avec la Hongrie de Puskas et Hidegkuti ou avec le Brésil de Pelé et Garrincha, deux équipes d'anthologie des années 1950. Elle est considérée comme une fin en soi, une manière de défendre et détruire et pas comme un moyen de préparer l'offensive, avec les lignes rapprochées qui facilitent soutiens et appuis.
Cette défense de quatre joueurs alignés, défendant en zone et s'appuyant sur le hors-jeu, souvent en position haute, prépare la phase offensive : les défenseurs sont toujours en appui des milieux ou des attaquants. Et vice versa. La défense en ligne est donc à la fois très solidaire, et, grâce à la défense de zone, économique, en réduisant les espaces et courses d'appui. Enfin, elle est dynamique, multipliant les relations d'association entre les différents joueurs des différentes lignes, s'appuyant et se démarquant constamment autour du porteur du ballon.

## S'il a fallu quarante ans pour convaincre Guy Roux...

Même Guy Roux, qui fut longtemps un apôtre du marquage individuel, a finalement fait jouer ses garçons en zone, avec appui sur le hors-jeu, défense en ligne et tout, comme moi, voici une quarantaine d'années. Il l'a adopté à la fin de sa carrière d'entraîneur, peut-être comme pour reconnaître : « T'avais raison, Justo ! » Donc, pour qu'il ait dû mettre quarante ans à se laisser convaincre, c'est aveuglant que je ne pouvais pas convaincre tout le monde du football en deux matches, soit 180 minutes.

## Imposé sélectionneur-entraîneur par le milliardaire rouge

J'étais président du syndicat des footballeurs. J'avais obtenu mon diplôme d'entraîneur en un temps record et à un âge record. En plus, je fus imposé comme sélectionneur-entraîneur de l'équipe de France par Jean Doumeng, dit le « milliardaire rouge », alors président du Toulouse FC, élu président du comité directeur des équipes de France par la Fédération française de football et le Groupement des clubs autorisés. Comme il avait apprécié mes idées sur le football offensif et créatif, il avait annoncé dans son programme électoral son intention de me nommer responsable technique de l'équipe de France.

Après la déception de la sélection de Henri Guérin au Mondial 1966 d'Angleterre, il fallait changer de cap. Mais en 1967, à quelques mois de Mai 68, tout ça faisait désordre. J'étais appuyé par un « rouge », je voulais rompre avec les schémas tactiques, je pratiquais la défense en ligne, j'étais adepte du 4-2-4, le plus jeune entraîneur français de la sélection, j'étais aussi le plus jeune major des promotions d'entraîneur, etc.

## Sélectionneur, si tu gagnes, tu es le meilleur, si tu perds, t'es un « idiot »

Évidemment, dans les conditions a priori défavorables où je commençais, il aurait fallu gagner les deux matches. D'autant plus que l'équipe de France en restait sur deux récents échecs sous la direction du tandem Jean Snella-José Arribas, succédant à Henri Guérin.

Et, finalement, ils préférèrent se consacrer exclusivement à leurs clubs, Saint-Étienne et Nantes, où ils étaient en train de fomenter les meilleurs football et palmarès de France. En outre, le deuxième match, le 3 juin, on l'a perdu contre l'URSS (2-4), ex-championne d'Europe et invaincue sur toute la saison. À la mi-temps, on menait 2-1, et si on avait gagné ce match, je serais peut-être encore à la tête de l'équipe de France...

## Encore un record !

Deux matches seulement comme sélectionneur. Un nouveau record. Le record du sélectionneur au mandat le plus court. C'est aussi un record qui tient ! Mon adjoint était Henri Biancheri, qui fut un excellent demi à Sochaux, Angers, au Racing et surtout à Monaco où il réalisa le doublé championnat-Coupe 1963. Nous formions une paire de jeunes de 33 ans chacun, qui, par leur âge et des idées différentes, alimentaient les opinions, surtout après les défaites... Le verdict du résultat pesait toujours. Aujourd'hui ressemble fidèlement à hier.

## Et deux défaites

Le 22 mars 1967, au Parc, pour un premier match amical, on perd (1-2) contre la Roumanie, entraînée par Stefan Kovacs, qui reprendra d'ailleurs l'équipe de France un peu plus tard sans plus de succès en cette époque noire du football français qui s'éternisera jusqu'à l'ère Hidalgo, Platini, Giresse ou Tigana.
Et pourtant, le championnat ne manque pas de bons joueurs à cette époque, les Nantais Budzynski, Suaudeau, Simon, le Rennais Cardiet, le Lensois Georges Lech, à la création offensive. Ce seront aussi les premières sélections du Rennais Lavaud, de Provelli de Valenciennes, de Dogliani du SCO d'Angers, qui marque le but français. Charly Loubet, l'excellent ailier gauche de l'OGC Nice, et le Nantais Blanchet, à droite, sont les deux ailiers de débordement nécessaires au système du jeu offensif et courageux que je préconisais.
Lors du deuxième match amical, le 3 juin au Parc, à la mi-temps on domine en jeu et au score l'URSS de Yashine. Gondet a repris

**de volée un renvoi de Yashine sur un tir de Simon, l'excellent n° 10 du FC Nantes, puis Simon marquera d'un superbe tir de 30 mètres. Mais, en deuxième mi-temps, les Russes renverseront la vapeur (4-2).**

## *L'art a besoin de temps*

*Comme le style de jeu anticonformiste pour l'époque, il faut des joueurs anticonformistes, certains ont les cheveux longs, d'autres courts. On est dans les années Beatles, juste avant la révolution Mai 68. Mais ce qui compte, c'est la qualité technique et les capacités à comprendre le système que Justo veut pratiquer et qu'au demeurant il utilisera dans toute sa carrière d'entraîneur.*

*Avec les jeunes de Toulouse, avec l'équipe de France, à Luchon, au PSG ou avec la sélection du Maroc, et ce pendant vingt ans, des années 1960 aux années 1980, sans fléchir ni céder aux pressions du jeu réaliste et du résultat, mais au contraire pour l'amour du jeu, du but, du spectacle, de la liberté et de l'offensive. Dogliani, Georges Lech, Suaudeau, Jacky Simon, Charly Loubet, Deloffre, des joueurs clés pour la France de Fontaine, sont pour la plupart des interprètes d'un art incompris, un art du football qui a besoin d'un certain temps pour exister alors que Fontaine a besoin de résultats, hélas ! pour le spectacle et les idées.*

## *Luchon, seul club du Midi en 32^e^ de finale*

*L'aventure France finie, Justo débute comme entraîneur de club à Luchon, au Bagnères-Luchon Sports, une équipe de CFA, qui terminera troisième du groupe Sud, derrière Montélimar et La Ciotat, clubs qui alignaient deux ou trois ex-pros dont Djibrill et Cossou à La Ciotat. Parmi les espoirs de Luchon, les trois frères Petit, dont Jean, qui en 1968 partira à l'AS Monaco pour une belle carrière, avec un titre de champion de France à la clé en 1978 et 12 sélections en équipe de France. Le modeste Luchon réussira aussi, pour la première (et seule) saison sous les ordres de Fontaine, la performance d'être le seul club*

*de la région Midi-Pyrénées encore en course au moment où l'élite pro rentre dans la compétition.*
*Mais en cette saison 1968-69, il tombe sur un os : le Stade Rennais, un spécialiste consommé du tournoi dans ces années-là, vainqueur du trophée, aussi appelé Challenge Charles Simon, en 1965 et 1971. Les Rennais, sous la conduite de l'entraîneur pionnier, Jean Prouff, sont de grande classe comme le Yougoslave Sylvester Takac, Louis Cardiet, Loulou Floch, Raymond Kéruzoré, Daniel Rodighiero et, dans les bois, le rempart et spécialiste des penalties, Marcel Aubour, tous internationaux. Le score est sans appel, 11-1. Le Stade Rennais sera éliminé au tour suivant, 3-2, après prolongation et au Parc des Princes, par le futur vainqueur du trophée, l'Olympique de Marseille.*

## *Le triangle d'or de l'Ouest*

*Jean Prouff est aussi un adepte de la défense en ligne et du 4-2-4, qu'il appliqua à Anderlecht, puis à Rennes à partir de 1964. C'est un des systèmes les plus offensifs de l'époque, pratiqué à contre-courant de la mode qui reculait de plus en plus d'avants vers le milieu, les ailiers en particulier. Et cela donna à la fois des résultats, et du beau jeu. Tour à tour, Lamia, Aubour, Cardiet, Loncle, Dubaële, Kéruzoré, Floch, Takac, Guy ou Rodighiero illuminèrent Rennes et la France par leurs éclats sur le terrain. Rennes terminera, en 1965, quatrième d'un championnat du football offensif, enlevé par le FC Nantes, promu de D2, la saison précédente et qui avec Arribas à sa tête avait surpris le public par son beau football, son 4-2-4 et ses résultats.*
*Un peu plus à l'ouest de Nantes, Angers complète le triangle d'or du beau jeu de l'Ouest des années 1960, adepte aussi de ce schéma de 4-2-4, inventé ou popularisé par le Brésil, champion du monde 1958. Valenciennes, à l'opposé de la Bretagne, excellente équipe de l'époque, choisit aussi ce nouveau système généreux en ailiers, en créativité et offensive, qui contraste avec le réalisme italien ou le WM, condamné pour sa « folie » de jouer avec cinq attaquants !*

## *Le FC Nantes de José Arribas, 60 ans de belle école*

*Le 21 avril 1943, en Bretagne, à deux lieues de l'océan Atlantique, naissait la meilleure école de football d'Europe, selon de nombreux observateurs. Quelques années auparavant, José Arribas, fils de républicains de Bilbao, embarquait sur un rafiot avec sa mère, se réfugiant dans l'enfer de la mer, sans cap. Bordeaux et La Rochelle rejettent les boat-people de la guerre civile espagnole.*
*En 1936, le port de Nantes ouvre ses portes à l'enfant réfugié Arribas, comme le Football Club de Nantes le fera des années plus tard à l'entraîneur José Arribas, dont les belles idées sur le football, proches de celles de Fontaine, étaient rejetées par beaucoup.*

## *Le « jeu à la nantaise »*

*En 1960, après quelques tribulations dans l'ouest du football, José Arribas revient à quai, dans son port d'accueil, Nantes, et il opère le miracle du jeu offensif, collectif et spectaculaire aussitôt. Avec la défense en ligne et en zone et le 4-2-4. Nantes domine le football hexagonal. Incroyable : outre plusieurs consécrations consécutives, Nantes exhibe le jeu le plus brillant de l'Hexagone, plus que celui de Saint-Étienne, l'éternel rival du Nantes des années Arribas (1960 à 1976).*
*Le « jeu à la nantaise », très étudié, à l'étude et au stade, se fondait sur le jeu collectif et le bon traitement du ballon, des bases non négociables à Nantes avec Arribas et son héritier philosophique, Coco Suaudeau, international à la (brève) époque de sélectionneur de Fontaine. Les années 2000, qui ont vu le départ du dernier héritier, Denoueix, marqueront sans doute une étape cruciale du « jeu à la nantaise ».*

## *Beau jeu et résultats*

*De glorieuses statistiques entretiennent la gloire du FC Nantes : quarante-trois ans consécutifs en première division, presque toujours en haut, 8 championnats, 3 Coupes, des meilleurs buteurs, Gondet, Simon, Halilhodzic, Ouedec, Loko, des internationaux de grand renom, Desailly, Deschamps, Makelele, Bossis, Michel, Simon, Suaudeau, Gondet, de nombreux titres dans les jeunes catégories, etc.*

## *Le Paris SG de Fontaine monte pour ne plus jamais redescendre*

*À l'instar de Nantes recordman de la plus longue présence consécutive dans l'élite du football français, c'est sous la houlette de Just Fontaine que se cristallise et concrétise le projet sportif de l'actuel Paris Saint-Germain ; ce projet qui amène le PSG dans l'élite en 1974 sans jamais en redescendre depuis lors. Trente-trois ans de présence ininterrompue, un exploit, pas encore un record, mais aussi une belle aventure humaine, avec des hauts et des bas, pendant ces trois années, avec Daniel Hechter, le haut couturier et président du PSG, systématiquement assis sur le banc à côté de son entraîneur.*
*Avant le match décisif pour la montée du PSG en D1, Justo motiva ses joueurs en leur montrant une photo du Parc vide et leur demanda de choisir entre un Parc avec des affluences de 10 000 spectateurs en D2 ou un Parc bourré de 45 000 spectateurs en D1.*
*Après la victoire, l'ascension et un suspense insupportable, Justo défaille, victime d'un léger malaise – ce qu'il appelle une attaque de joie –, dans les bras de ses joueurs. Parmi les suprêmes équipes de football-art, qui associent le spectacle et le résultat, dans un mariage harmonieux, figurent la Hongrie, le Santos, le Brésil 1970, le grand Reims, mais aussi le PSG naissant de Fontaine.*

## Avec l'ongle d'un doigt d'un joueur actuel...

Je m'y suis régalé au PSG, avec du beau jeu et toujours avec la défense en ligne. Un problème existe ! Si on compare les budgets proportionnels de mon époque et ceux de la période Canal +, avec l'ongle d'un doigt d'un joueur actuel, j'avais bâti une équipe entière.
Je possède le record de longévité d'entraîneur du PSG (1973-

74, 1974-75, 1975-76) avec Luis Fernandez, Georges Peyroche et Arthur Jorge : trois saisons consécutives. Après une seule saison en D2, la montée, une bonne saison d'apprentissage, une autre et la dernière, la troisième, avant terme du contrat, où en fin de saison nous approchions du but, de celui de faire du bon football, tout en ayant des résultats. À l'exemple de belles aventures, celle-ci ne dura pas, hélas ! Je ne regrette rien et j'ai eu le privilège de fréquenté de grands joueurs et de grandes personnes.

## De jouer à la belote avec les joueurs

En juin 1977, le FC Nantes redevient champion de France. Au lendemain de son succès, les analyses de la presse mettent en exergue le coaching des Canaris. On passe sur la partie technique et physique, sur l'engagement, le mariage des joueurs avec le maillot d'un club ou d'un système de jeu, etc., ce qui en ressort, c'est une particulière attention portée sur l'importance de l'excellente ambiance de camaraderie qui règne entre l'entraîneur et les joueurs. Et l'un des secrets est la belote ou les cartes.
Un an plus tôt, juin 1976, je suis éconduit du PSG. Raison avouée : je joue à la belote et je maintiens une étroite et bonne relation avec les joueurs. « Fontaine est un entraîneur trop proche des joueurs. » Et pour cause. D'une part, je crois à cette proximité. De l'autre, n'ai-je pas été moi-même un joueur ?
L'entraîneur triomphant du FC Nantes en jouant à la belote avec ses joueurs était Jean Vincent, ami, coéquipier de Reims et de l'épopée de Suède, où on avait sans doute consacré autant de temps à jouer aux cartes, à la pétanque et à pêcher qu'à s'entraîner.

## Avec Guy Roux dans les boîtes d'Auxerre

Bien qu'on ne doive pas généraliser la tendance de certains joueurs à être des fêtards, il fallait quand même imposer une discipline et les surveiller un tant soit peu, surtout à Paris, dans le cadre d'un PSG naissant. Personnellement, mon succès rapide entre 18 ans à Casanblanca et 23 ans à Reims aurait pu m'inciter à l'erreur. Mais j'avais une autre obsession : réussir dans ma passion, le ballon rond. Et dans ma vie, j'ai vu plusieurs joueurs s'égarer dans la leur. Une visite à mon ami Guy Roux, lors de mon époque parisienne, me fait toujours rire à ce propos. La voici.
Nous terminions un excellent dîner, ma foi, où il m'invita, j'insiste sur ce point, parce qu'on lui fait une fausse réputation à ce sujet, en fait, c'est sans doute une légende qu'il aime bien alimenter. Bref, après ce bon dîner, nous nous rendons dans une boîte d'Auxerre. On rentre. Guy dit au patron : « J'vous préviens, s'il y a un de mes joueurs qui est là depuis 30 secondes et que je ne le sais pas, j'vous fais fermer la boîte. » Il veut sans doute m'impressionner, moi, Parisien, entraîneur du PSG. On va dans une deuxième... On rentre et il recommence de même. Et quand nous en sortons, je suis pris d'un fou rire, énorme. Impossible de m'arrêter. J'étais plié en deux.
– « Mais qu'est-ce qui t'arrives, pourquoi tu t'éclates comme ça ? » s'étonne Guy.
– Écoute, je m'imaginais à Paris, faisant la même chose. Ici, y'a que deux boîtes, mais à Paris ! Et puis, je m'imagine tenant ton langage aux patrons : avant la quinzième boîte d'un des quartiers chauds de la nuit de Paris, je vais me retrouver avec une balle dans l'buffet ! »
Bref, surveiller des joueurs à Auxerre, c'est plus facile qu'à Paris. Mais malgré tout, Guy Roux avait du mal.

## *Les bons spectacles du Parc*

*Deuxième du championnat de D2, groupe A, le PSG disputera un match de barrage contre le deuxième du groupe B, Valenciennes. Les deux premiers ont accédé directement à la D1, Lille et le Red Star. Devant 20 000 spectateurs à Valenciennes, le PSG perd 2-1 le match aller. Au match retour, autant de public pour assister à un match riche en jeu, buts, spectacle et suspense. Les joueurs et artisans de la montée historique du PSG de Hechter, président, Fontaine et Vicot, entraîneurs, tous trois sur le banc, s'appellent Planchard, dans les buts, Quéré, Renaut, Leonetti et Cardiet en défense, Laposte et Deloffre au milieu du 4-2-4, Marella, Spiegler, Dogliani et M'Pelé en attaque. À Valenciennes, Escale, dans les bois, Kuskowiak, Verstraete, et Didier Six, entre autres, entraînés par Destrumelle. Neubert ouvre le score pour Valenciennes. Aïe !*

*Il faut que les élèves de Justo marquent 4 buts ! Il reste 80 minutes. 1-1 de François M'Pelé, à la 35e minute. Wilczek redonne l'avantage aux Nordistes dès la reprise 2-1 et Dogliani égalise à la 55e minute, 2-2. Puis Marella établit le 3-2 dans un Parc en délire qui pousse ses joueurs jusqu'à la fin. D'autant que le héros du jour, Jean-Pierre Dogliani, inscrit le but du 4-2 définitif dès la 75e minute de jeu.*

*Imaginez le dernier quart d'heure, une liesse totale, débridée. La consécration d'un certain football.*

## *Reims, puis Marseille version Jairzinho*

*Cette même année de la montée, le PSG avait déjà exprimé ses mérites et droits à lutter dans la cour des grands en arrivant en quarts de finale de la Coupe de France 1974, éliminé par Reims. Et pour son premier championnat dans l'élite, Fontaine, jeune entraîneur, reçoit rapidement l'occasion émotionnelle de revisiter le stade Auguste Delaune de ses exploits de jeune joueur. Deux déplacements consécutifs pour commencer, à Sochaux, match nul, et le deuxième à Reims. Une lourde défaite sanctionne ce retour en terre autrefois conquise. 6-1. Et six buts de Carlos Bianchi ! Le successeur, plus de dix ans après, de Just Fontaine.*

*Fontaine se souvient bien de ce retour en Champagne. Et pour cause, un buteur lui avait rappelé ses exploits de Delaune. Carlos Bianchi serait cinq fois meilleur buteur de France, un Argentin, dans le championnat de France, qui cherchait alors toujours son nouveau Fontaine, et qui continue de le chercher encore aujourd'hui.*
*Par la suite un autre Argentin, Delio Onnis, assènera ses buts en France, quatre fois consacré meilleur buteur. Il est loin le temps où Cisowski, Bliard, Fontaine, Piantoni se battaient pour le titre de meilleur buteur. Seul Jean-Pierre Papin mettra, au virage des années 1990, un peu de bleu dans les cœurs des buteurs. L'exploit du PSG contre le Marseille version Jairzinho et Paulo Cesar alimente encore les conversations sur le Vieux Port, d'autant que les Brésiliens qui l'avaient mal pris furent sanctionnés pour des incidents avec les arbitres. Malgré les demandes de clémence de Fontaine et du PSG.*
*Le débutant PSG avait osé réussie le match nul 2-2 au Vélodrome avant de l'emporter 2-0 à Paris quelques jours plus tard, le 13 mai 1975. Avant de succomber en demi-finale et en prolongations, contre Lens.*

## *Dalheb, Dogliani, Bade, etc.*

*Ilia Pantelic, François M'Pelé, Poli, Jacky Novi, Cardiet et Deloffre furent quelques-uns des excellents joueurs qui posèrent les fondations du futur PSG en ces trois années Fontaine. Dans les fondations, ces joueurs, avec l'ami Fontaine, avaient également ensemencé quelques graines du bon football que le public averti du Parc, soit regrette, parfois apprécie ou souvent désire, au vent des aventures d'un PSG moderne et instable. Sans oublier aussi Jean-Pierre Dogliani, au milieu et devant, qui se régalait auprès de Mustapha Dalheb. Mouss, à son tour, régalera le Parc encore pendant de nombreuses années.*
*Enfin, un oublié de beaucoup mais pas de Fontaine, Jacky Bade. Justo l'avait connu chez les amateurs d'Albi. En lui donnant confiance, il en fit une tour de contrôle et un patron de défense, de défense en ligne évidemment. En outre, il l'autorisa à poursuivre ses études de pédiatrie. Un moment, il fut même une exception. Un footballeur*

*professionnel en même temps pédiatre. Ce métier, il l'exerce toujours aujourd'hui en Guadeloupe.*

## Attention aux coups francs de Faber

Lors de notre demi-finale perdue dans les prolongations contre Lens en 1975, je me méfiais énormément de Faber, qui tirait tous les coups de pied arrêtés. Et de quelle manière ! Si bien que j'avais briefé mes joueurs sur sa façon de les mettre. D'ailleurs c'est tout ce que je leur avais dit pour ce match.

Le jeu et le système commençaient à être assumés, ça tournait, mais il fallait repérer et analyser des petits détails. Et on menait 2-1, à cinq minutes de la fin, coup franc et but de Faber qui le tire comme prévu. Prolongations et on perd 3-2. Bon, nous n'avons pas perdu pour cette seule raison. Il me manquait trois piliers de l'équipe, Bade, Dogliani et Dalheb.

Mais ce qui me faisait rager, c'est que pour notre première saison en D1, on aurait disputé la finale de la Coupe de France, contre le grand Saint-Étienne du moment, demi-finaliste et finaliste l'année suivante de la Coupe d'Europe, ce Saint-Étienne de Curkovic, Piazza, Larqué, Bathenay, Rocheteau, etc.

## Stratégie peu stratégique, pathétique !

Les buts sur coup de pied arrêtés, actions de stratégie ou autres coups francs ont acquis une importance considérable dans le football moderne. Et, même s'ils traduisent une régression de la qualité et des buts collectifs en particulier, ils ne sont pas traités comme il le conviendrait à un football moderne réaliste, qui en a besoin pour gagner.

Le football moderne a décidé qu'il était plus facile de travailler les actions dites de stratégie plutôt que les actions collectives ou de jeu. Mais il y a beaucoup à dire à ce sujet. C'est parfois même pathétique et rageant !

## Les joueurs se foutent du ballon !

Il y avait autrefois moins de fautes sanctionnées, ce qui ne signifie pas moins de fautes. Les arbitres sifflaient moins souvent, étant en général amateurs et moins bien préparés qu'aujourd'hui. En proportion majeure, les buts sortaient d'actions collectives rondement menées, ou d'exploits individuels. Dans le passé, quand il y avait un coup franc lointain ou sur les côtés, la grande différence, c'était le centre d'intérêt des joueurs. Devinez ? Le ballon, bien sûr.

Aujourd'hui, ils ne le regardent plus, occupés qu'ils sont à marquer leur homme (et c'est peu dire). Et malgré une fréquence moindre, les coups de pied arrêtés étaient dangereux, car les bons joueurs de tête abondaient et le combat aérien était loyal.

Aujourd'hui, plus il y a d'actions sur balle arrêtée, moins il y a de buts, de buts dignes de ce nom, car la mêlée est tellement intense que le football est devenu du rugby, sous le nez des gardiens effarés.

## Du rugby au football

Je demande pardon aux rugbymen. En parler comme ça, c'est insulter le rugby. Le pauvre gardien, lors de ces mêlées désordonnées de 18 ou 20 joueurs devant lui, est complètement à la merci de partenaires et adversaires, qui occultent sa vision et l'empêchent de sortir.

On voit ainsi aujourd'hui, sur ces coups de pied arrêtés, des buts directs encaissés sans que personne ne touche la balle, le gardien étant incapable de bouger et de deviner qui va contrôler éventuellement le ballon dans cette mêlée. Ces buts fortuits ne sont le fruit d'aucune stratégie.

## Un péché d'orgueil des Italiens

Alors comment défendre ces actions sur balle arrêtée, devenues si importantes ?

Je crois que la solution du hors-jeu est la plus efficace. Rappelez-vous : 93e minute de la finale du championnat d'Europe 2000 le 2 juillet à Rotterdam. 1-0 pour l'Italie face à la France. C'est fini, l'Italie est championne d'Europe. Tout le banc transalpin célèbre déjà le titre.

Coup franc pour la France dans son camp, aux 35 mètres. Barthez, prend un élan de 15 mètres, avec l'intention de déposer la balle à 60 mètres sur la tête de Trezeguet, ou quelqu'un, en quête du miracle. Bingo ! Trezeguet dévie de la tête sur Wiltord, qui marque. Prolongations, la France devient championne d'Europe ! Si la défense italienne, au lieu de croire en sa force de renvoi de la tête, avait joué le hors-jeu en s'avançant de concert et de quelques mètres, pendant la course d'élan de Barthez, toute l'attaque française aurait été en position de hors-jeu.

Bien sûr, il faut s'imprégner de cette stratégie défensive, avec une synchronisation parfaite. Mais, pour moi, c'est une meilleure stratégie que celle du hasard de la mêlée devant un gardien impuissant. Et on n'assiste presque jamais à cette stratégie du hors-jeu sur les dites actions de stratégie. Un comble !

## Sélectionneur du Maroc, l'aventure africaine

En 1980, je reviens au Maroc de mon enfance et des buts de mes débuts. Je suis alors reçu au palais de Marrakech, qu'enfant je n'avais jamais eu l'occasion de visiter, pourtant en passant souvent devant. Le roi Hassan II veut me confier la mission de qualifier la sélection marocaine pour le Mondial 1982, en Espagne. On échouera, mais seulement au dernier tour. Et contre le Cameroun, qui réussira une rentrée très remarquée dans la Coupe du monde, ce Cameroun de N'Kono, Kunde, Tokoto, Abega et Roger Milla, le meilleur Cameroun, selon bien des spécialistes, avec celui de 1990.

Cette sélection ne perdit aucun match en Espagne, et arracha ses trois matches nuls du premier tour ni plus ni moins que contre le futur champion du monde, l'Italie de Zoff, Graziani et Rossi, 1-1, contre le futur troisième, la Pologne de Lato et Boniek, 0-0, et enfin, encore 0-0, contre le Pérou de Cubillas et Oblitas.

S'il y avait eu cinq pays africains qualifiés, comme aujourd'hui, nous aurions gagné notre billet pour l'Espagne.

## Sénégal, Zambie et Égypte, un parcours sans faille

Mais ça s'est mal passé. J'avais évidemment demandé carte blanche pour appliquer, entre autres, la défense en ligne, le 4-2-4, mais surtout pour imposer des temps de présence minimum des sélectionnés éventuels qui opéraient à l'étranger. Dix jours était le délai de présence des joueurs avant les matches de préparation et de qualification. Tout se déroula bien d'abord. Nous avions éliminé tour à tour des équipes de gros niveau, en match aller-retour, sans jamais perdre, le Sénégal, la Zambie et l'Égypte.

Mais au moment de l'assaut final contre le Cameroun des N'Kono, Milla et consorts, une série de mauvaises décisions d'organisation en plus de mauvais présages me poussèrent à renoncer avant le match retour. La Fédération marocaine, au lieu de programmer un match de préparation contre une équipe indiquée, n'avait pas trouvé mieux que de choisir un match à l'extérieur et contre le Sénégal.

Ce Sénégal, que nous venions d'éliminer du Mondial, nous attendait à Dakar comme au coin du bois, et avec un arbitre local.

Bref, c'était un traquenard annoncé, ce match était totalement inutile. En tout cas, cette préparation au match décisif contre le Cameroun respirait l'anarchie.

## Un ministre qui me donne des conseils

Un nouveau ministre des Sports est nommé. Il commence par me donner des conseils pour constituer l'équipe pour ce match décisif. Bien sûr, je refuse tout. Il voulait en particulier rapatrier au dernier moment des joueurs évoluant en Europe. Alors que j'avais formellement précisé, dès le début des qualifications, les exigences de présence dix jours avant. Ces conditions, la FIFA les a même aujourd'hui mises en application pour les compétitions de ce niveau.

Défaite 2-0 sur un stade pas adapté, c'est un handicap supplémentaire qui s'ajoute à l'absence de notre excellent gardien titulaire Zaki, qui jouera le Mondial 1986 et qui fut plus tard le sélectionneur du Maroc finaliste de la CAN 2000, contre la Tunisie de Roger Lemerre.

Tant de mauvaise organisation et de déboires incroyables me forceront à envoyer un télégramme au roi Hassan II. Je lui ai expliqué que la carte blanche que j'avais demandée était devenue grise.

## Le jeu africain

En Europe et en France en particulier, où arrivent de nombreux footballeurs africains pour tenter leur chance ou faire fortune, il existe un gros danger de perdre en route beaucoup de grands talents naissants. Plusieurs raisons à cela : d'abord l'âge précoce. Parfois juniors ou cadets, voire hélas enfants ! Car de plus en plus souvent, des agents sans scrupules leur ont fait miroiter un Eldorado inexistant. Ces gamins ne sont ni formés, ni adultes, ni

préparés au grand saut. Ils se retrouvent en Europe souvent perdus, regrettant, à leur jeune âge, la famille africaine, les amis et les petits matches sur la plage, dans la rue, ou sur la place.
Ils sont des adolescents égarés avant l'âge.

## Jouer, c'est pas travailler

S'ils ne sont pas issus du jeu de la rue (c'est de plus en plus exceptionnel), ils sortent des centres de formation africains. Là, on y utilise déjà plus le mot « travailler » que « jouer ».
Dans ces centres à l'européenne (tous les grands clubs y sont actifs), on y apprend très jeune l'efficacité, l'inutilité de certains gestes naturels africains, mouvements ou dribbles, la nécessité de défendre ou de pressionner tout le temps, pour les attaquants aussi, etc. Les enfants, en majorité, sont ou veulent être des attaquants. Et comme aujourd'hui, il y en a de moins en moins dans les schémas du football moderne, beaucoup doivent se sacrifier et se reconvertir en milieux ou défenseurs.

## Un jeu naturel, plutôt qu'anarchique

Puis, quand tu apprends à un jeune Africain, adolescent à peine formé, à donner de l'efficacité à son jeu, à éliminer les fioritures, voire à répéter des gestes naturels, peu à peu, tu choisis un risque, si ce gamin est seul ou isolé dans une équipe européenne, sans oublier la menace du blues, son jeu africain authentique, plein de surprises et spontané, se bloque ou se dilue. Au point de perdre la plupart des qualités instinctives qu'il avait chez lui. En Afrique, beaucoup d'entraîneurs européens prônent la priorité à la tactique, ou aux systèmes conservateurs ou prudents. En conséquence, les défauts des Africains – qui seraient plutôt des qualités –, comme le naturel, la spontanéité, souvent mal qualifiée d'anarchie, selon le cliché, sont remplacés par le triptyque organisation, système et tactique, auquel les jeunes Africains devront se soumettre contre nature.

## Un avenir sombre pour les joueurs africains

Enfin, en Europe, pour les rares qui ont conquis une place au soleil d'une équipe professionnelle, en France, en Angleterre, en Italie ou en Allemagne, leur jeu à l'africaine, considéré encore trop « anarchique », sera interdit, surtout sous la pression des grandes compétitions et du résultat. L'avenir est plutôt sombre pour les jeunes Africains à l'origine assez doués. Je ne citerai que quelques noms pour illustrer les origines africaines du beau football : Ben Barek, Pelé, Garrincha, Eusebio, Milla, Weah, Zidane, Drogba, etc.

9

# L'exemple des clubs sud-américains : ils gagnent avec des joueurs de leur cru

« Chers auditeurs, en ce 24 juin, nous sommes au stade Rasunda, dans le nord-ouest de Stockholm. Les gradins sont bien remplis pour cette demi-finale de la Coupe du monde 1958. Environ 30 000 spectateurs sont venus assister à cette rencontre France-Brésil, véritable finale avant la lettre, tant les deux sélections dominent leur sujet et produisent un jeu attractif. Mais les choses ont mal commencé pour la France. Dès la 2e minute, Vava a donné l'avantage au Brésil. On n'a encore pas vu Pelé, mais Garrincha, sur l'aile droite, qui est un tourment permanent pour Lerond, qui ne sait pas comment le marquer. La balle est au milieu de terrain. Kopa, balle au pied, approche du rond central, glisse à Fontaine, à gauche, qui remet sur Kopa, en diagonale. Zito et Didi sont débordés. Oh ! Ça va vite. Remise immédiate de Kopa à Fontaine. Fontaine devant Gilmar s'écarte pour éviter sa sortie, tire du gauche. But. Buuuuut. Superbe action de passes redoublées entre Kopa et Fontaine. C'est le premier but que concèdent Gilmar et le Brésil en cinq matches ! Incroyable, c'est aussi le 9e but de Just Fontaine. 9e minute de jeu. La France égalise contre le grand favori. Qui sait ? Rien n'est dit, l'espoir revient. Jouerons-nous la grande finale sur ce même stade Rasunda, ce dimanche 29 juin. Soyons optimistes, la France fait jeu égal, et vient d'égaliser au tableau d'affichage. 9e minute de jeu :

**France 1 - Brésil 1.** »

*(Après une demi-heure équilibrée, survenait la grave blessure de Robert Jonquet - Fracture du péroné, dans un choc avec Vava. À dix contre onze, la France ne résistait plus à ce grand Brésil de l'histoire qui naissait alors en Suède. Didi donnait l'avantage aux Brésiliens à la 40e minute. Puis Pelé inscrivait trois buts, aux 50e, 65e et 75e minutes. Piantoni finissait par réduire le score final à 2-5 pour le Brésil.)*

## *1970, les prédictions d'Albert Batteux sur le football de l'an 2000*

*« Fort des progrès considérables que le football connaît dans les pays nouveaux, de la puissance d'attraction des grandes compétitions, des sources sans cesse renouvelées de joie pure qu'il donne à ses pratiquants, le football de l'an 2000 sera-t-il plus florissant que jamais ayant conquis le monde entier ?*

*« Ou bien, vide de sa substance morale par des considérations de plus en plus matérielles, dénaturé par des contingences où l'esprit sportif serait secondaire sinon dérisoire, mal servi par des admirateurs de combats forcenés plutôt que de matches de football, sera-t-il mort de ses excès ?*

*« Je crois trop en ses vertus profondes pour envisager la deuxième hypothèse. Quelles alléchantes perspectives que ce football enrichi des Africains, des Asiatiques, voire des Américains avec leurs qualités encore insoupçonnées. »*

## *La fin du partage des recettes, la fin d'une grande histoire*

*Champion de France en 1961-62, deuxième en 1962-63, derrière l'AS Monaco qui réussit le doublé Coupe-championnat, c'est pendant ce temps-là que se trame, se débat et finalement se vote à la Ligue l'arrêt de mort du grand Reims. À savoir la fin du partage des recettes, un système de rétribution juste et solidaire des clubs professionnels de première division.*

*Dès la fin des années 1960, de nombreux présidents de club montent au créneau pour supprimer cette règle. Mais Henri Germain, le prési-*

*dent rémois, résiste de son mieux. Son argumentation est équitable et solidaire : la lutte individuelle de chaque club pour se financer déboucherait sur une curée confuse. Henri Germain prédit qu'il ne serait pas assez soutenu par l'industrie champenoise, principalement le champagne. Il frappe souvent sans succès aux portes des caves des principaux négociants de Reims, d'Épernay et d'ailleurs.*

## Le Stade de Reims remplit tous les stades de France

*À Rennes, Bordeaux, Angers, Nîmes, Paris, Saint-Étienne, Nice ou Lens, un peu partout en France, la visite du Stade de Reims est le match de gala, qui remplit, voire comble, les stades. Le public, très dense, est fasciné par les stars de Reims et leur football spectaculaire. Pousser son équipe à l'improbable victoire sur le meilleur déclenchait un surcroît de passion. Reims n'arriva jamais nulle part en terrain conquis mais en ressortit souvent, en ayant conquis le public et la victoire.*

*La présence de Reims, dans les années 1950-60, double la moyenne annuelle des spectateurs de chaque club visité. Les recettes sont, à l'époque, réparties à 60 % pour le club qui reçoit et 40 % pour le visiteur. Si bien que Reims était, avec le Racing, le club qui réalisait les meilleures recettes à l'extérieur. Par contre à Reims, le stade Auguste Delaune ne faisait pas souvent le plein, mais les respectables entrées laissaient 60 % en Champagne. La bataille des autres présidents de clubs professionnels, peut-être tout simplement jaloux, pour supprimer ce système du partage des recettes aboutit à sa suppression en 1962. Et une politique d'austérité s'imposera dès lors à Reims.*

*C'était l'aube de ce football-business que craignait Albert Batteux. Ce football où la matière première ne serait plus le football, son jeu, son spectacle et les recettes conséquentes qu'il laissait, sinon le financement de la pub ou de la télé. On passerait, en général, de plus de la moitié du budget en abonnés et billetterie à moins d'un tiers, voire 25 % aujourd'hui. Les autres 70 à 75 % des budgets des grands clubs du XXI^e^ siècle sont maintenant couverts par la toute-puissante télévision et le marketing. Les subventions municipales, importantes à Reims et dans bien d'autres clubs français, deviendraient aussi peu à peu symboliques.*

### *Les départs d'Albert Batteux et des meilleurs*

*Au niveau sportif, la fin de carrière de Fontaine, les départs de Robert Jonquet à Strasbourg, en 1961-62, de Lucien Muller au Real Madrid en 1962-63, de longues blessures de Piantoni ou Kopa, ce dernier dans la dernière ligne droite de sa carrière, sont des handicaps insurmontables.*
*Enfin le non-renouvellement surprise du contrat d'entraîneur d'Albert Batteux, pour des raisons d'allègement des charges, selon la direction du club marnais, fut le dernier mauvais coup porté au Stade de Reims, qui dorénavant peinerait à boucler le budget et le championnat au point de descendre en D2, dès la saison 1963-64.*
*Cette combinaison de plusieurs circonstances ne sera jamais surmontée par Reims, malgré la remontée en D1 en 1966, qui, à peine consommée, saluait le départ d'Henri Germain, son président pendant treize ans et bâtisseur du grand Reims. Après une nouvelle descente en D2, Reims remonte encore en 1970, sur une décision, néanmoins discutée, quand la D1 repassait à 20 clubs et que Reims, quatrième de D2, fut promu pour les services rendus à l'histoire du beau football français. Et Henri Germain revient pour diriger sept ans un Reims deuxième cru, où les Argentins Onnis, puis Bianchi furent les grands buteurs, leur compatriote Laraignée un excellent défenseur central, et où passèrent d'excellents footballeurs tels le petit Krawczyk, les frères Bernard et Georges Lech, le fameux Yougoslave Galic, Jodar et Marcel Aubour dans les cages.*

### Delio Onnis et Carlos Bianchi, nouveaux Fontaine ?

Deux Argentins se disputaient ma succession. Tous deux sont des immenses buteurs. Delio Onnis, qui se révèle à Reims, explose à Monaco et eut surtout le mérite de conquérir un de ses quatre

titres de meilleur buteur, après trois avec Monaco, dans un club aussi modeste que Tours !
Et Carlos Bianchi, venu du Velez Sarsfield, où, dans le championnat argentin, il venait de marquer 42 buts en 1971, était plutôt puissant et athlétique, mais aussi bon joueur avec la balle dans les pieds. Il savait marquer « à la Gerd Müller », en étant toujours bien placé, à l'affût dans la surface, mais il créait aussi ses propres occasions grâce à une technique complète et une entente étroite avec ses coéquipiers du milieu ou de l'attaque pour créer le danger. Il fut la sensation en France des années 1970, avec cinq titres de meilleur buteur, record qu'il détient avec Jean-Pierre Papin, dont trois fois avec au moins 30 buts, et une fois, avec le PSG, en 77/78, avec 37 buts en 38 matches ! Des chiffres à l'ancienne qui entretiennent la nostalgie. Bianchi ne manquait que peu de matches. C'était une puissance de la nature, difficile à déséquilibrer, malgré sa haute taille, et très complet, bottant des deux pieds et excellent de la tête. J'ai hélas souffert dans mes chairs et vu de mes yeux, sur le banc, les dégâts qu'il pouvait provoquer dans les défenses.
Lors de ma première saison d'entraîneur du PSG, en D2, 1973-74, l'année de notre accession en D1, en quarts de finale de la Coupe de France, où Reims nous élimina 5-0, 3 buts avaient été de Carlos Bianchi. Et surtout la saison suivante lors de mon premier déplacement à Reims, un pèlerinage agréable se transforma en un chemin de croix interminable. 6-1 pour Reims avec 6 buts de Carlos Bianchi. Au demeurant un record en championnat de France, avec cinq autres joueurs : Tylipski, de Nancy, en 1946, le Racingman Charpentier en 1963, le Lensois Oudjani, la même année, le superbe Malien et Stéphanois Salif Keita en 1971 et enfin le Messin Kurbos, en 1984.
Pourtant, la malédiction des accidents des avants-centres de Reims frappe de nouveau. Bianchi est abattu au cours d'un match amical au profit de l'association des journalistes de France, dans un match entre une équipe combinée Reims-Racing, qui veut faire revivre les beaux moments du passé, et le FC Barcelone

de Cruyff, le 9 octobre 1974. « El goleador » qui reviendra au mois de mars sera de nouveau le meilleur buteur de Reims et du championnat, les saisons 1975-76 et 76-77 avec respectivement 34 et 28 buts avant de signer pour le PSG.

## Bianchi, un grand entraîneur en Amérique du Sud

Carlos Bianchi a ensuite entrepris une très belle carrière d'entraîneur, mais pas en Europe où il dirigea Reims entre 1985 et 1988, après y avoir terminé sa carrière de joueur à 35 ans, et dernièrement, cette saison 2005-06 à l'Atletico de Madrid. Dans un championnat à forte obligation de résultats, il n'eut pas le loisir d'imposer ses idées et ne résista pas six mois. Mais, contrairement à l'adage, il fut un prophète en son pays, l'Argentine, où il signa ses plus grands et nombreux succès avec Boca Juniors, dont quatre Copa Libertadores, l'équivalent de la Coupe d'Europe en Amérique du Sud, et trois Coupes Intercontinentales.

## Le football sud-américain meilleur du monde ?

Je reprends certains propos récents de Carlos Bianchi, entraîneur de Boca Juniors, selon lesquels « le football des clubs européens, sans les joueurs sud-américains en général et argentins en particulier, serait bien peu de chose ». Et il s'interrogeait sur cette sud-américanisation des clubs européens.
Carlos Bianchi est le seul entraîneur au monde vainqueur de trois trophées de la compétition majeure des clubs. Les Coupes Intercontinentales 2003 et 2000, à la tête du Boca, contre l'AC Milan et le Real Madrid respectivement. Ce trophée, il l'avait auparavant soulevé, en 1994, avec le modeste Velez Sarsfield contre le grand Milan version Gullit et Van Basten ! Deux fois contre Milan, une fois contre le Real Madrid.
Les Sud-Américains ont remporté autant de consécrations dans

ce théorique championnat du monde des clubs que les Européens, avec des joueurs du cru, alors que les Européens le font avec un fort pourcentage de Sud-Américains dans leurs rangs. D'où la pertinence de la question.

## *Le football européen s'enrichit de la qualité sud-américaine*

*Autre détail : dans la plus importante compétition de sélections, la Coupe du monde, l'Amérique du Sud survole le reste de l'univers avec cinq consécrations brésiliennes (1958, 1962, 1970, 1994, 2002), deux argentines (1978, 1986), deux uruguayennes (1930, 1950), contre trois italiennes (1934, 1938, 1982) et allemandes (1954, 1974, 1990), une française (1998) et une anglaise (1996). À lui seul, le Brésil égale l'Italie, la France et l'Angleterre (ensemble).*

*Enfin, phénomène incontestable, les nationalités sud-américaines dominent en quantité de joueurs, et bien souvent en qualité, dans les plus grands championnats européens et dans les classements du siècle (cf. Pelé, Di Stefano, Garrincha, Maradona). La qualité plutôt technique du jeu sud-américain paraît s'imposer actuellement sur un football européen qui se trompe peut-être dans ses choix ou styles. L'Allemagne est plutôt physique, l'Italie, plutôt tactique, le championnat français cherche son style, tendant à stagner, surtout après le départ de ses grandes individualités à l'étranger.*

*Quant au championnat espagnol, pour beaucoup le plus attractif, voire le meilleur, il est sans doute le plus complet et le plus varié, tantôt physique, tantôt tactique, mais très souvent à dominance technique, et riche de quelques-unes des meilleures individualités, dont Ronaldo, Aimar, Roberto Carlos, Ronaldinho, Robinho, Riquelme, voire Messi, etc. Tous des Sud-Américains.*

## *Pendant ce temps-là, Nantes, Saint-Étienne et Marseille*

*Amer souvenir en forme de retour en arrière : Reims, le grand Reims, est sur le point de disparaître. Un sursaut de solidarité au nom de*

*l'histoire lui accorde un sursis, à la fin des années 1970, mais il n'y aura pas de miracle champenois. L'ex-plus grand du football français des années 1950 dégringolera doucement mais sûrement jusqu'en division d'honneur avant de remonter en D2, où il évolue aujourd'hui.*
*Les Champenois s'éloignèrent de l'art du Football Champagne au rythme où le souvenir de cette époque dorée disparaissait, d'autant que les grands producteurs ou les grandes marques ne se lancèrent jamais vraiment dans le football ni dans les bras du Stade de Reims, même ivres de belles victoires bien arrosées du nectar doré de la Marne. L'éclipse de Reims illumine la voie pour le FC Nantes, l'Olympique de Marseille et Saint-Étienne en ces années 1960 et 1970. Les « Canaris » de José Arribas, Jacky Simon, Gondet ou Suaudeau, l'OM de Mario Zatelli, Magnusson et Skoblar et les « Verts » de Batteux et Salif Keita.*

## *Keita, premier Ballon d'Or africain : une étrange histoire*

*Salif Keita atterrit à Paris-Orly, avec l'impatience et la belle innocence de celui qui découvre le monde occidental, avec un jour d'avance, provenant de son Mali natal pour signer à Saint-Étienne en 1967. Ne rencontrant évidemment personne, il monte alors dans le premier taxi et indique la seule direction qu'il connaisse : « Stade Geoffroy-Guichard. »*
*Le chauffeur de taxi s'exécute et parcourt les 600 kilomètres qui séparent la capitale française de celle de la Loire, où le club paiera sans rechigner la course millionnaire. Somme que Keita rendit amplement à Saint-Étienne, par des chevauchées et dribbles élégants accompagnés de musique et samba, qui animèrent les tribunes de Geoffroy-Guichard. Ses 30 à 40 buts annuels firent de son club un triple champion de France de 1968 à 1970, lui donnèrent le doublé Coupe-championnat en 1970. Le tout sous les ordres d'un Albert Batteux qui posait alors les fondations du futur Saint-Étienne qui enchanta la France du milieu de la décennie 1970. Puis, avec Johnny Rep, il fit vibrer le stade Luis Casanova de Valence, sous les yeux d'un Di Ste-*

*fano amoureux de ses arts africains, qui insista pour le débaucher de Marseille, où il était en train de s'étioler. Salif Keita voyagera encore au Sporting de Lisbonne et enfin aux USA, où il terminera sa carrière et ses études de gestion.*
*C'est lui qui inaugure la merveilleuse liste de Ballons d'Or africains où lui succèdent d'autres artistes, tels Roger Milla, Thomas N'Kono, Belloumi, George Weah, Madjer ou Abedi Pelé. De retour à Bamako, son charisme et ses études lui permirent d'aider le Mali à obtenir l'organisation de la Coupe d'Afrique des Nations 2002, tout en créant le bel hôtel Mande au bord du Niger, avant d'être un moment ministre des Sports et enfin dirigeant du football malien et africain.*

## *L'école de foot de Salif Keita*

*Conscient du potentiel des enfants africains, Salif les guide aujourd'hui afin qu'ils ne se trompent, ni en géographie ni sur le plan sportif. Il a créé le Centre Salif Keita à Bamako, où les enfants profitent de terrains et d'installations magnifiques, imitant ainsi les centres de formation à la française qu'il connut à Saint-Étienne. En peu de temps, le CSK et ses enfants passèrent de la troisième à la première division malienne. Passionné, il leur enseigne des diableries et en apprend de nouvelles d'enfants africains créatifs et joueurs.*

## *Un penalty est si important aujourd'hui qu'il doit être tiré par le président*

*Cette petite phrase sans doute issue d'Amérique du Sud de la bouche de l'entraîneur brésilien et philosophe, Nenem Prancha, aux débuts de l'ère du football-business, du football de résultats, qui atteint le Brésil dans les années 1970-80, et depuis moult fois répétée et réattribuée, symbolise l'évolution du football, du jeu vers le travail ou du plaisir vers le devoir, comme l'analyse Eduardo Galeano.*
*Pourtant, en France, il existe un personnage qui a sans doute été un des rares qui ait su passer du football classique au football moderne, en gérant ce jeu devenu un sport, de la meilleure façon possible, tant*

*pour le jeu, les joueurs et les spectateurs, que pour l'entreprise qu'est devenue une société de football.*
*Justo analyse son sens de la gestion d'un club de football aujourd'hui :*

## Manager général

La gestion et direction d'un grand club, voire tout simplement d'un club, est un art difficile. Peu l'ont aussi bien réussies que Guy Roux. Pour moi, Guy Roux, plutôt qu'un bon entraîneur, a sûrement été un grand dirigeant. Il a toujours eu l'intelligence du long terme, et l'envie de toujours rester à Auxerre pour bâtir quelque chose d'admirable en dépit de propositions mirifiques. Sans doute eût-il seulement renoncé à cette belle aventure auxerroise pour le poste de sélectionneur. Mais en restant tant d'années à Auxerre, avec Jean-Claude Hamel ou Gérard Bourgoin, les présidents, il a été un personnage essentiel dans cet exemple unique de gestion et d'ascension française et européenne d'un club modeste d'une petite ville. À Auxerre, nul ne s'attendait, dans les années 1970, à voir son club de division d'honneur disputer, dans les années 1990, la Coupe d'Europe. Pardon, la Ligue des champions !
L'AJ Auxerre a monté un patrimoine extraordinaire, un stade, des hectares de terrains, un centre de formation des plus performants. Et tout ça avec de gros résultats dont quatre Coupes de France (1994, 1996, 2003, 2005), un record pour Guy Roux. Et avec de belles équipes et de brillants footballeurs formés comme Éric Cantona, Marc Ferreri, Basile Boli, Joël Bats, etc. Enfin, c'est un exemple unique, selon moi, un des clubs les mieux gérés de France, sinon le mieux. Et ça en pleine époque de ce football-business qui engloutit parfois des fortunes pour moins de résultats.

## Guy Roux : de la division d'honneur à la Ligue des champions en vingt ans !

Et dans les transferts et mouvements de joueurs, Guy Roux ne s'est pas trompé. Aller chercher Enzo Schifo et Laurent Blanc en eaux basses, les remettre en selle et réaliser le doublé Coupe-championnat, c'est un coup d'audace unique. Cette gestion économique et sportive, gérée de main de maître est remarquable. Un exemple pour bien des clubs plus huppés. Auxerre a toujours eu des comptes sains, sans jamais faire de folies. Au fond, je crois que Guy Roux, qui ne rêve pas, a énormément aidé Auxerre tout au long de son existence.

## Un chevillard médiatique

Bien que ce ne soit pas son origine – il est né à Colmar, il y a maintenant plus de 65 ans, et il a réussi ses études, outre celles de football –, il s'est fait tout seul. Il est profondément ancré dans la culture de son pays bourguignon où il vécut une jeunesse pas facile. Son fameux « J'attends d'avoir 42 points pour ne pas descendre » brandi au début de chaque championnat a toujours été sa philosophie. Peu à peu, ça devient une légende ou ça fait rire. Mais c'est sérieux.

Même dans les clips publicitaires, je le trouve génial, avec son style du pays, voire du paysan.

Mais attention, rien de péjoratif. Au contraire, c'est un paysan sacrément intelligent. Tant qu'on est dans les confidences intimes, il me fait parfois penser à un chevillard, ce type qui négocie dur pour acheter ou vendre la viande ou les bestiaux aux abattoirs. Et comme commentateur, chapeau !

Il analyse les matches avec des phrases bougrement intéressantes que d'autres commentateurs ne peuvent pas prononcer.

Comble de l'inédit, en tant que consultant, entre deux observations techniques sur une action, il trouve le moyen d'annoncer qu'il reste des places au stade Abbé-Deschamps pour le prochain match d'Auxerre. C'est quand même fabuleux ! Ça, c'est avoir la pub dans les veines. Sans parler des livres qu'il a écrit ou va écrire. Plus que moi, sûrement. Et quant à sa méthode de surveillance des joueurs, souvenez-vous d'une pub où on le voit dans un lit entre un joueur et sa femme. Bref, je nourris un énorme respect pour ce grand bonhomme qui a fait beaucoup pour le football.

En plus, il me fait rire de bon cœur ! Alors, moi, Guy Roux, j'en redemande, pour le bonheur et la joie du football.

## Aulas gère à long terme

De son côté, Jean-Michel Aulas, le président de l'Olympique Lyonnais, est apparemment un jeune loup de la gestion du football moderne. Lui aussi illustre la façon de diriger un club dans ce difficile monde du football d'aujourd'hui : à long terme. D'abord ça fait longtemps qu'il est là, une quinzaine d'années au moins, avec un plan de marche lent mais sûr. Les entraîneurs de cette équipe de Lyon qui commence à avoir de gros résultats n'ont pas le couperet sur la nuque tous les six mois, voire à chaque mauvais résultat. Ils peuvent travailler dans la durée, fabriquer une équipe, trouver un style et obtenir enfin des résultats. Lyon figure maintenant presque parmi les clubs qui comptent en Europe. Et c'est sûrement en partie dû à une bonne gestion du club et à une certaine sérénité.

Attention, dorénavant, Lyon et Aulas ne doivent plus brûler les étapes. Au niveau européen, où ils sont maintenant, ce sera de plus en plus délicat. Il leur faudra peut-être encore un peu de patience pour monter au plus haut, la France étant devenue petite pour ce club qui domine largement le football hexagonal depuis un lustre. Mais rien n'est impossible à qui sait attendre. En gérant à long terme.

## Les Real Globe-trotters

Avec l'arrivée, dans l'ordre des Figo, Zidane, Ronaldo, Beckham, Owen et enfin Robinho, le Real Madrid évoque les « Harlem Globe-trotters » qui imposèrent leur hégémonie sur le basket mondial à leur époque. Mais l'équipe des basketteurs géniaux ne jouait quasiment que des matches amicaux.
Comme le Real Madrid, les Harlem Globe-trotters tournaient (et tournent) autour du monde, accueillis partout avec enthousiasme. La différence pour le Real Madrid est qu'il dispute des compétitions officielles et difficiles avec des exigences de résultats. Dans les années 1950, le Real Madrid a forgé sa réputation universelle en gagnant 5 Coupes d'Europe des clubs grâce à son président Santiago Bernabeu et à son collaborateur Raimundo Saporta qui ont su recruter des joueurs comme Alfredo Di Stefano, Rial, Santamaria, Gento, Muñoz, Puskas, Kopa, etc.

## L'équilibre sportif sur le terrain d'abord

Les retransmissions télévisées commençaient à peine et en noir et blanc, les droits d'images des joueurs n'existaient pas. Aucun joueur ne tournait de spots publicitaires. Aujourd'hui, l'amortissement des transferts et des salaires galactiques des stars du Real commence par la vente de milliers de maillots à leur image. Puis d'images de spots partagées entre joueurs et club, de publicités diverses, télévision et marketing, les fameuses recettes dites atypiques, etc.

## Reims ou Real Madrid, années 1950

Raymond Kopa vous le dira : son Real Madrid de la fin des années 1950 était sportivement équilibré dans toutes ses lignes, défense, milieu et attaque, en cela supérieur au Real des récentes années 2004-05. Il en allait de même pour le grand Reims, réputé pour son football d'attaque et ses formidables avants, mais qui était aussi sacrément bon au milieu et en défense.
Le Real a perdu en 2003 des joueurs clés comme Makelele ou Hierro, qui apportaient un équilibre en défense ou au milieu, et n'a pas depuis comblé ce vide, si ce n'est récemment avec Sergio Ramos, continuant sa politique d'engagement de stars de l'offensive.
Coïncidence ou non, le premier bourreau du Real Madrid fut l'AS Monaco, un club modeste au niveau européen, qui imposa à Florentino Perez le premier revers important de son mandat et de sa politique. Bien qu'il ne faille pas condamner trop vite la politique du président du Real Madrid – 7 titres lors de ses trois premières années, dont deux Coupes d'Europe et une Intercontinentale –, l'absence de résultats depuis 2003 peut devenir un problème. Bien des amoureux du football et du Real doivent penser que trop c'est trop. Marketing, publicité, droits d'image, etc. Mais que le président du Real se rassure. Ces mêmes spectateurs critiques seront les premiers à suivre les retransmissions télévisées du Real Globe-trotters, et à y prendre du plaisir. À condition que la victoire soit au rendez-vous et que les titres continuent de remplir les vitrines. Ou, à défaut, que le spectacle soit exceptionnel de beauté. Sur le terrain. Pas dans les spots publicitaires.

## Le beau jeu augmente les ventes « atypiques »

Comme lors de la demi-finale de la « Copa del Rey » 2006, Saragosse-Real Madrid, où on a assisté à une double confrontation magnifique, en buts, émotion et suspense : 6-1 pour Saragosse à l'aller et 4-0 pour Madrid au retour. Cela aide à la promotion du football, du jeu et entraîne le reste. Le vrai essor économique d'un grand club dépend d'un juste équilibre entre le financier et le sportif. Et si on me pousse dans mes retranchements, l'équilibre sur la pelouse est le principal : c'est grâce à lui que viennent les résultats et les titres, et par conséquent la commercialisation des produits dits « atypiques », dont les nombreuses locations de loges qui ceinturent sur trois niveaux le superbe stade Santiago Bernabeu, où les heureux locataires pourraient déguster un régal de spectacle de football, comme dans les années 1950. Sans négliger les délices de la gastronomie madrilène. La démission soudaine du président Perez, le lundi 27 février 2006, n'est que l'aboutissement de ce processus.

## Le Barça, plus équilibré

Le FC Barcelone, emblème de la Catalogne, applique ce principe d'équilibre entre le sportif et le financier. La direction sportive parie sur un jeu assez alléchant, avec densité et équilibre des lignes. Le style de jeu est à la Cruyff, entraîneur ou joueur, où tout le terrain est occupé, y compris les ailes, au contraire trop souvent abandonnées par le Real Madrid, au profit de défenseurs qui montent.

La direction du club accorde sa confiance à son entraîneur, Frank Rijkaard, en place depuis maintenant quelques années. Le gage de sérénité et de travail de fond ne se retrouve pas à Madrid, où, depuis le spectaculaire départ de l'entraîneur maison, Del Bosque, sont passés plusieurs entraîneurs. Un mouvement perpétuel.

## *L'opprobre du peuple*

*1971, Reims : Fruchart démission. Peintures sur des murs des installations de Reims au lendemain d'une défaite 9-1 à Geoffroy-Guichard. Contre le Saint-Étienne de Batteux et Keita, au début de la saison 1971-72. 5 septembre 1993. Stade Monumental de Buenos Aires. Argentine-Colombie. Éliminatoires du Mondial 1994. L'Argentine est grande favorite avec Goycochea, Ruggeri, Simeone, Redondo et Batistuta. La Colombie arrive en victime expiatoire, mais Cordoba joue au cerbère et le bal colombien est sans appel, 0-1, 0-2, 0-3, 0-4. Il reste quinze minutes et les 75 000 Argentins, qui ne savent ni se taire ni siffler, ovationnent debout le magnifique ballet des attaquants colombiens d'ébène, Valencia, Asprilla et Rincon, sous la baguette du « pibe » Valderrama, 0-5.*

*Personne ne protesta pour l'absence de Maradona, devant tel spectacle, devant tel chef-d'œuvre d'art collectif, cadeau de la Colombie au football. Septembre 1994 : assassinat d'Andres Escobar, un artiste joueur colombien, qui avait marqué contre son camp un but qui éliminait son pays au cours du Mondial des États-Unis. Années 2000 : nombreuses morts dans les stades, suite à de violents affrontements entre supporters de différents clubs ou nations. La violence continue de croître. Le racisme est de plus en plus envahissant dans les tribunes, avec ses insultes à l'universalité du sport.*

## *Le football victime de ses succès et échecs*

*Au chapitre des succès, l'universalité de la pratique d'un jeu devenu un sport et une extension spectaculaire en quelques décades est une réalité. Au point que les pays affiliés à la Fédération internationale de Football Association sont actuellement plus nombreux que ceux reconnus par l'ONU ! Plus de 200. Plus milliard de personnes pratiquent le football dans le monde.*

## *Il n'y a qu'un vainqueur*

*La Grèce remporte l'Euro 2004, l'Allemagne, l'Italie, l'Angleterre, etc., à la trappe. Le Sénégal élimine une France qui ne marque pas un seul but dans le Mondial 2002, et l'Angleterre, l'Espagne et l'Italie, à la trappe. Porto et Liverpool gagnent les Coupes d'Europe des clubs 2004 et 2005.*

*Et les grands, les favoris, ceux qui ont investi le plus dans la quête d'un succès nécessaire, voire obligatoire, Chelsea, Milan, Madrid, Barcelone etc., passent à la trappe. Dans toute compétition, il n'y a qu'un vainqueur. Ils sont, seulement en Coupe d'Europe, une dizaine à miser sur cette consécration rentable. Et dans chaque compétition, il faut bien que les grands et les très grands incluent dans leur programmation budgétaire l'éventualité de la défaite !*

## *Les modèles Chelsea-Abramovich ou Manchester-Glazer*

*Les deux nouveaux modèles les plus récents du football-business ont une date de caducité. Celle de l'échec. Et plutôt à court terme. Chelsea traîne un déficit astronomique et ne compte que sur les largesses d'un Abramovich, susceptible de se fatiguer de dilapider une fortune insondable. Les Glazer, nouveaux propriétaires américains de Manchester United, devront mettre la main à la poche pour régénérer un club qui, après quelques échecs consécutifs en Angleterre et en Champions League, est devenu un gouffre.*

## *Le résultat n'est pas un but, c'est une conséquence*

*Les dieux du jeu de football rendent bien souvent un verdict qui condamne le football de résultats avant tout à la défaite, voire à la misère. Ceux qui misent sur l'argent comme moteur prioritaire du succès, avant de miser sur le jeu et le spectacle, comme moyens de créer et fabriquer le football, tombent en grandes difficultés financières !*

*C'est le cas de l'Italie qui compte sur l'argent et l'efficacité défensive comme moyens de « fabriquer » du football. Nombre de grands clubs italiens, espagnols, anglais ou français, présentent des dettes astro-*

*nomiques qu'ils traîneront quelques années de plus, sauf miracles d'une manne médiatique bien improbable.*

*L'adage paysan le recommande : ne pas mettre la charrue avant les bœufs. En football, la matière première, c'est le jeu qui se développe sur le terrain et se propose aux spectateurs, aux sponsors divers et aux télévisions. Beaux joueurs, bon jeu, actions de but et spectacle, c'est la meilleure recette. Et une recette pour obtenir le but final, le résultat, le sacro-saint résultat.*

# 10

# Un néophyte de 17 ans me donna envie de raccrocher les crampons, c'était Pelé

« Nous revoici à Göteborg, chers auditeurs, en ce samedi 28 juin. Le stade Ullevi est presque comble : environ 35 000 personnes veulent assister à la petite finale de la Coupe du monde 1958. La France, qui a enchanté le public suédois, par son jeu, ses buts et les buts de Fontaine, a attiré grand nombre de spectateurs pour assister à cette belle affiche. Une belle affiche qui, espérons-le, sera aussi un beau match, ce qui est une nuance d'importance. Mais l'adversaire n'est autre que le champion du monde sortant, la République fédérale d'Allemagne, éliminée par la Suède, qui veut quitter la Scandinavie en montant sur le podium, pour au moins faire honneur à son titre de 1954. La France aussi, malheureuse en demi-finale, contre l'immense Brésil de Didi, Pelé et Garrincha, veut prouver devant un grand adversaire que ses magnifiques résultats ne sont pas un hasard. Tous les joueurs français continuent de croire que, sans la blessure de Robert Jonquet, qui laissa la France à dix contre onze pendant plus d'une heure, rien n'était dit, ni fait. Nous approchons de la fin du premier quart d'heure et le jeu est équilibré. Le jeu se déroule sur l'aile droite française où Kopa et Fontaine se sont associés, Kopa va déborder Szymaniak et Schnellinger vient à sa rencontre. Il peut centrer en retrait, il centre. Fontaine rentre dans la surface, reprise… et c'est le buuut !… But du droit de Just Fontaine, une reprise de volée instantanée du plat du pied droit. Encore Fontaine, sur centre de Kopa. Une belle action classique et létale du football, débordement de Kopa, centre en retrait, reprise de Fontaine et but. La France mène après 15 minutes de jeu :

France 1 - Allemagne 0. »

## Ma sélection mondiale

Cette sélection intemporelle n'est que mon onze. Ce n'est qu'une opinion personnelle, le choix est difficile et toujours arbitraire. Mais comme le football, c'est finalement un jeu. Le schéma tactique est secondaire. Le 4-2-4 ou 4-3-3 de cette équipe est évolutif, en raison du talent et des qualités de joueurs qui s'adaptent facilement à un système presque insignifiant pour de telles stars.
*Yashine*
*Nilton Santos, Moore, Beckenbauer, Maldini*
*Bozsik, Platini*
*Garrincha, Pelé, Di Stefano, Cruyff*

## L'araignée noire, Lev Yashine (URSS) – 1929-1990 – 78 sélections

Dans les bois, Lev Yashine, le premier gardien de l'histoire du football qui couvrait toute la surface et en sortait, un portier qui fut un précurseur dans l'art de l'anticipation. Et bien que très grand, il était difficile à battre à ras terre. Sa grande envergure ne l'empêcha pas de briller d'agilité et souplesse, ses gestes s'ornaient naturellement de la finesse de sa longue silhouette toute noire.
Yashine offrait ainsi un spectacle unique et sobre aux puristes d'un rôle que personne n'honora de tant de brio et de simplicité à la fois. Il ne repoussait pas les terribles tirs de ses contemporains Pelé, Puskas ou Eusebio, il les bloquait. Il aimait déclencher

la contre-attaque à la main, et il dominait évidemment le jeu aérien, et ce dans toute la surface.

## Défense de quatre, en ligne, Nilton Santos et Maldini, latéraux

Nilton Santos (Brésil), né le 16 mai 1925, 75 sélections.
Paolo Maldini (Italie), né le 26 juin 1968, carrière en cours.
Devant lui à droite, même s'il jouait aussi à gauche, Nilton Santos, aussi appelé « l'encyclopédie », pour sa science à son poste, mais il aurait tout aussi bien pu être un bon attaquant. Il fut un précurseur des ces montées offensives des arrières latéraux, aujourd'hui si répandues, pour suppléer les attaques des ailiers disparus. Impossible à dribbler et doué d'une technique exquise, il subtilisait la balle proprement et avec style, puis montait à l'offensive. Il participa à quatre coupes du monde (1950, 1954, 1958, 1962) et en remporta deux (1958 et 1962).
Il est le précurseur de mon arrière gauche, Paolo Maldini, aussi d'une grande élégance et efficacité. Une carrière des plus brillantes et avec presque tous les trophées possibles, sauf la Coupe du monde. C'est tout ce qui a manqué à ce joueur d'exception, qui aussi exceptionnellement a vécu toute sa carrière à Milan, étonnant ainsi le football moderne des mouvements et migrations. Un football moderne où, à 40 ans, il a encore sa place dans un des plus grands clubs du monde !

## Charnière centrale, la classe : Moore et Beckenbauer

Bobby Moore (Angleterre), 1941-1993, 108 sélections.
Franz Beckenbauer (Allemagne), né le 11 septembre 1945, 103 sélections.
Mes arrières centraux sont Bobby Moore et Franz Beckenbauer. Les deux d'un grand calme, aussi bons en défense qu'en relance, bons de la tête, outre avoir été des joueurs fair-play, détail rare

à ce poste. Bobby Moore, un bel athlète, à la grande intelligence de jeu, fut un pilier de la meilleure Angleterre des Mondiaux 1966, qu'il remporta, et 1970 où il échoua en quart de finale contre l'Allemagne de Beckenbauer. Il fut 90 fois le capitaine de la sélection anglaise, établissant alors un record mondial.
Le club de (presque) toute sa carrière fut le West Ham, où il remporta la FA Cup et la Coupe des Vainqueurs de Coupe. En 1993, au jeune âge de 52 ans, il décéda d'un cancer. 108 fois international anglais, il fut certainement un des meilleurs arrières centraux de tous les temps.

## Le Kaiser

Le meilleur défenseur central de tous les temps fut sans doute l'Allemand Beckenbauer, le « Kaiser », avec 103 sélections, et qui commença sa carrière en milieu puis donna ses lettres de noblesse au poste de libero, sachant monter avec la balle et marquer nombre de buts, grâce à la liberté offensive du poste de libero, trop souvent considéré comme un emploi strictement défensif.
Doué d'une grande aisance technique qui lui donnait une élégance rare à ce poste, il fut l'artisan d'une grande époque de l'équipe de la République fédérale d'Allemagne.
D'abord en 1966, ou dans une position de demi, il sera vaincu dans cette finale mondiale polémique contre l'Angleterre où un but fantôme de Hurst fut validé. Puis en demi-finale du Mondial 1970, au Mexique, où, le bras en écharpe, il perdra après une prolongation riche de 5 buts, 4-3 contre l'Italie, qui, quelques jours plus tard, encaissera un 4-1 cinglant contre le Brésil en finale au stade Aztèque. Deux des sommets de légende de l'histoire du football.
En 1974, dans son pays, il fut le leader de cette Allemagne qui s'empara enfin du titre contre les Pays-Bas de Cruyff. Sélectionneur, Franz Beckenbauer deviendra une deuxième fois champion

du monde lors du piètre Mondial d'Italie, en 1990, où les Germains battirent en finale l'Argentine de Maradona.
Avec le Bayern de Munich, club de toute sa carrière, outre sa fin qu'il accomplit au Cosmos, où il retrouva Pelé, il remporta moult titres dont trois Coupes d'Europe. Le « Kaiser » fut aussi un grand capitaine et un grand patron de ses différentes équipes.

## Un milieu créatif et équilibré avec Polaroïd Platini et Bozsik

Michel Platini (France), né le 21 juin 1955, 72 sélections.
Jozsef Bozsik (Hongrie), 1925-1978 – 100 sélections.
Michel Platini était un Polaroïd qui scrutait la situation, réagissait aussitôt, faisait la mise au point automatiquement et déclenchait, sortant un instantané parfait : une action géniale. Doté d'un excellent tir des deux pieds, même de loin, il fut un remarquable meneur de jeu de ses équipes, Nancy, Saint-Étienne, Juventus ou la sélection française. Pour mémoire, il remporta le seul titre majeur dans les vitrines de l'AS Nancy-Lorraine, le club de ses débuts, la Coupe de France 1978, avant de devenir champion de France avec Saint-Étienne et de glaner quatre scudetti avec la Juventus où il se révélera un buteur impitoyable avec trois titres de meilleur réalisateur ! Une sorte de gageure ! Avec la Juve, il remportera aussi la Coupe d'Europe et la Coupe Intercontinentale.
Et en grand leader, qu'il fut aussi, il emmena l'équipe de France à la conquête de son premier titre officiel, le championnat d'Europe des Nations 1984. Tournoi dont il s'érigea le meilleur buteur, et avec 9 buts en 5 matches ! Performance chiffrée extraordinaire tout de même pour un théorique n° 10.
Avec Zico, à la même époque et au même poste de théorique créateur, ils se révélèrent de grands réalisateurs. Il demeure d'ailleurs, malgré les attaquants Trezeguet et Henry, le meilleur buteur de la sélection avec 41 buts en 72 matches. Il n'a sans doute pas retrouvé son pareil, même dans le foot actuel, en matière d'efficacité sur coup franc, dont il se fit une spécialité.

Michel Platini, aussi trois fois consécutivement Ballon d'Or, fait partie du cercle restreint des très grands de l'histoire de France du football.

## Di Stefano faisait rager Nestor Rossi à propos de Bozsik

Jozsef Bozsik, lui, fut l'âme et le stratège des Magyars Magiques. L'équipe de Hongrie des années 1950 a été la plus grande équipe de football que j'ai pu voir et affronter. Et elle devait beaucoup à son meneur de jeu, Jozsef Bozsik. Il incarnait la perfection technique, il était doté d'une clairvoyance et intelligence de jeu au-dessus des normes. Il marquait aussi des buts, bien souvent de 30 mètres, grâce à une grande précision et technique classique de frappe. Il est une pièce maîtresse de mon onze mondial.
Le grand Jozsef Bozsik était le prétexte de fâcheries entre Di Stefano et Nestor Rossi, considéré de l'autre côté de l'Atlantique comme un des plus grands milieux de terrain ou stratèges, bien qu'à mon goût il fût bien plus lent que Bozsik. Alfredo raconte avec humour cette anecdote, quand il glissait à Nestor Rossi, son coéquipier à River Plate, puis au Millionarios de Bogota, qu'en Europe, il y avait un joueur aussi bon que lui, ce dernier se fâchait : « Ce n'est pas possible qu'un footballeur européen soit aussi technique et intelligent, aussi bon, non, non, je ne peux pas te croire. »
Heureusement que Di Stefano ne lui confiait pas qu'il était meilleur que lui, ce qui, au demeurant, était la vérité.

## Garrincha, unique au monde

Manuel Francisco Dos Santos, dit Garrincha (Brésil), 1933-1983, 41 sélections.
S'il n'y avait pas eu Garrincha, il aurait fallu l'inventer. Né en 1936, surnommé du nom d'un petit oiseau qu'il chassait et pourchas-

sait autour de sa modeste maison de Pau Grande, admiré du Brésil et du monde entier, il est mort dans la maladie et la misère à 49 ans.
Il n'était apparemment pas apte à jouer au football, à cause de ses jambes torses dans le même sens, selon les médecins qui lui interdirent la pratique du football, sauf s'ils l'opéraient. Évidemment, Garrincha resta comme ça. Rien ne pouvait arrêter cet incroyable ailier droit. Diabolique, il donna le torticolis à tous les arrières gauches du monde. Champion du monde en 1958 et 1962, une blessure en cette année de son deuxième titre empêchera que « l'ange aux jambes torses », comme on l'appelait au Brésil, ne revienne à son meilleur niveau.
Il disputera encore la Coupe du monde 1966, sans succès. Sa fin de carrière approchait. Mais il fut un joueur indispensable à la grandeur du football. Il n'y a pas, dans le football actuel, aucun joueur équivalent, d'autant plus que les authentiques ailiers ont disparu. Ces ailiers qui, comme Garrincha, non contents de déborder, marquaient un but tous les trois matches.

## Le grand Johan

Johan Cruyff (Pays-Bas), né le 25 avril 1947, 48 sélections.
Je retiens Johan Cruyff à l'aile gauche, le poste de ses débuts. Vitesse, technique, but, il réunissait toutes les qualités, plus celles d'un leader. Lui aussi fut en effet un grand patron de ses équipes. Il galvanisait autour de son jeu et de son caractère le reste de ses coéquipiers.
Très complet, étant aussi passé par le poste d'avant-centre, il devint finalement un grand meneur de jeu, qui amena alors l'Ajax d'Amsterdam à enlever trois Coupes d'Europe, fait exceptionnel, pour ce club formateur et de jeunes, qui ne joua dans la cour des grands que « sous Cruyff ».
Transféré au FC Barcelone, il rajouta un titre de champion d'Espagne à son palmarès, avant de finir sa carrière aux États-Unis.

Finaliste malheureux de la finale de la Coupe du monde 1974 contre l'Allemagne, qu'il loupa complètement, son manque de titres en sélection l'empêche d'être au niveau des deux ou trois plus grands. Mais son style inimitable, à base de doubles accélérations et de délices techniques, outre une foulée élégante en firent un crack qui embellissait le spectacle du jeu de football.

## Et les deux plus grands, Pelé et Di Stefano

Edson Arantes Do Nascimento, dit Pelé (Brésil), né le 23 octobre 1940, 92 sélections.

Alfredo Di Stefano (Argentine, Colombie, Espagne), né le 4 juillet 1926, 40 sélections.

Et un duo d'avants le plus prolifique et complet qu'on puisse rêver de réunir : Di Stefano et Pelé. Le « Roi » du football avec le « Pelé blanc ». 2 200 buts au moins à eux deux, beauté, efficacité, intelligence de jeu ! Les deux joueurs que le football choisirait, ou les deux noms qui définissent le mieux le football.

## Des remplaçants de luxe

Cette équipe de rêve a évidemment besoin de remplaçants de très haut niveau. Voici une sélection de victimes de l'obligation du premier choix. Ils méritent tous leur place dans un onze mondial : Gordon Banks (Angleterre), Carlos Alberto Torres (Brésil), Maradona (Argentine), Gento (Espagne), Van Basten (Pays-Bas), Didi (Brésil), Eusebio (Portugal), Bobby Charlton (Angleterre), Kopa, Zidane, Thierry Henry, Thuram... et j'en oublie.

## Les plus grands furent des patrons

Parmi les plus grands, voici les deux encore plus grands : Di Stefano et Pelé, contre lesquels j'ai joué et que j'ai pu souvent voir évoluer. Leur point commun : ils furent les grands patrons des équipes qu'ils animèrent. Santos ou Brésil pour Pelé. River Plate, Millionarios ou Real Madrid pour Alfredo Di Stefano.

## Di Stefano, presque le meilleur

Son palmarès en club est impressionnant, mais il a eu la malchance de ne pas disputer un seul Mondial. Pas qualifié pour celui de 1954, étant excommunié pour une révolte des professionnels en Argentine, qui voulaient qu'on reconnaisse leur art, et il s'expatria au début des années 1950 avec nombre des meilleurs Argentins au Millionarios de Bogota, où leur valeur fut reconnue.
À peine naturalisé espagnol, il ne put disputer qu'un seul match de qualification pour le Mondial 1958. Mais c'était trop tard. Lors du dernier match, en Suisse, il marqua deux des quatre buts de la victoire espagnole 4-1. Au match aller, l'Espagne avait concédé un nul 2-2, à Madrid. Et c'est l'Écosse qui passerait devant l'Espagne.
Enfin, en 1962, au Chili, où il était sûrement encore au mieux de sa forme, et avait largement participé à la qualification d'une belle équipe espagnole, il se blessa lors de la préparation. Présent auprès de Suarez, Puskas, alors espagnol, et Gento, l'Espagne n'aurait sans doute pas été éliminée au premier tour, dans le groupe de la mort d'où sortirent le futur vainqueur, le Brésil, et le finaliste, la Tchécoslovaquie. La seule différence qui empêche de le hisser au niveau de Pelé, c'est ça, un palmarès en Coupe du monde.
Et n'avoir participé à aucune Coupe du monde est aussi le plus grand regret de la vie d'Alfredo, ce qu'il me confia lors du Mondial de 1978, lors d'un match de vieilles gloires.

Dans son jardin de Madrid, trône la statue d'un ballon, avec une inscription : « Gracias Vieja » (Merci ma Vieille). Le ballon, en Espagne ou Amérique du Sud, est féminin, c'est une balle *(pelota)*. Aujourd'hui âgé de 80 ans, il a souffert de graves problèmes cardiaques l'hiver 2005-2006, je suis sûr qu'il récupérera complètement. Nous nous rencontrons dans des réunions régulières entre vieilles gloires. Pour moi, Alfredo est le plus grand joueur de tous les temps.
Avec la permission de Pelé !...

## *Alfredo Di Stefano, le football*

*« J'étais droitier, mais mon père ne me laissa pas jouer avant d'avoir un bon shoot du gauche. » Une phrase qui résume ce que doit être un joueur, concrètement un attaquant : habile des deux pieds pour tirer sans perdre le temps de chercher le meilleur, ce temps perdu, cause de nombreuses occasions vendangées. Ainsi, Di Stefano ne manqua pas beaucoup de buts, parce qu'il avait aussi une tête, une tête pour marquer et une tête pour penser, en ce football classique où l'on s'accordait encore le temps. Le football, pour Alfredo Di Stefano, n'a pas de secret. Di Stefano, c'est le football. Le football, c'est Di Stefano. Le football et Di Stefano ne font qu'un.*
*Son seul secret reste le nombre incalculable de buts officiels : entre 800 et 1 000 selon plusieurs sources et critères. Il jouait avant-centre ou inter, tant au River Plate, qu'au Millionarios de Bogota, au Real Madrid et à l'Espanyol de Barcelone. Il marquait du gauche, du droit, de la tête, du talon, de façon acrobatique, en lob, retournés et autres volées, et sur coup franc. Ajoutons une technique raffinée, une belle vision de jeu et un cœur de cent courses par match, nous sommes devant une star et le meilleur pour beaucoup, et surtout devant le football, comme on doit le jouer, complet, à la Di Stefano.*

## *Technique, vitesse, intelligence de jeu et amour du maillot*

*Di Stefano culmina dans les années 1950, la tradition des pionniers sud-américains des années 1930 et 1940, artistes et polyvalents, comme l'Uruguayen Andrade, le Brésilien Zizinho ou l'Argentin Pedernera, et jusque dans les années 1960 à 1980, avec l'irruption de quelques rares nouveaux artistes comme Pelé ou Maradona, Di Stefano fut l'indiscutable étoile de l'histoire du football.*
*Les grandes qualités du footballeur d'hier et d'aujourd'hui sont pour Don Alfredo, d'abord et avant tout, la technique, cette technique complète indispensable aux grands, puis la vitesse, pas seulement de course, mais la vitesse d'exécution et de pensée. Puis l'intelligence de jeu et enfin l'amour du maillot, avec l'effort physique personnel pour le collectif.*

## *Capitaine de la plus belle sélection mondiale*

*Di Stefano conquit tous les titres des compétitions auxquelles il participa sur deux continents, en vingt ans de carrière : deux championnats argentins et trois colombiens, avec le River et Millionarios, respectivement et la Copa América 1947 avec la sélection argentine. En 1953, il foule le gazon du stade Chamartín, et écrit le premier chapitre de son histoire royale, la plus belle du Real Madrid : 5 Coupes d'Europe, 8 championnats, une Coupe du Roi et une Coupe Intercontinentale... en 10 ans ! Détenteur de deux Ballons d'Or. En 1963, pour le centenaire du football anglais, Yashine, Eusébio, Pelé, Kopa, Masopust, Puskas, Gento, Popluhar, Seeler, Law ou Djalma Santos, nommèrent Di Stefano capitaine de la meilleure sélection mondiale jamais réunie.*

## *Le monde découvre Pelé*

*C'était le leitmotiv de la presse internationale à l'issue de la Coupe du monde 1958, mais, témoignages, chiffres et images à l'appui, on pourrait simplement remplacer le nom de Pelé par celui de Fontaine. Car, à ce moment-là, Pelé n'est qu'un gamin de 17 ans, un néophyte.*

*Et il faudrait attendre quelques années pour saluer l'avènement d'un roi, du roi du football, comme l'avait appelé la presse parisienne à son passage à Paris, de retour de Suède.*

*Et si le monde avait découvert Fontaine ?*

## *Le monde découvre Fontaine*

*Lors de ce Mondial suédois, le futur roi du football rentre à la troisième rencontre, contre l'URSS. Les stars du match sont Garrincha et Vava, ce dernier auteur des deux buts de la victoire 2-0, mais, en ce 15 juin 1958, naissait le quintette offensif du plus grand Brésil de tous les temps, immuable un lustre, sauf blessures, qui se récita dès lors par cœur : Garrincha, Vava, Pelé, Didi, Zagalo.*

*Bien que le Brésil évoluât plutôt en 4-2-4, Didi, le stratège du milieu, fut toujours inclus sur les clichés et dans les chroniques de l'histoire de l'offensive et du spectacle du jeu de football. Mais le gamin de 17 ans marqua 6 buts dans les 3 matches suivants, l'un décisif contre le pays de Galles (victoire du Brésil 1-0), 3 lors de la demi-finale contre la France et 2 en finale face à la Suède, obtenant ainsi une part prépondérante dans le premier triomphe des Brésiliens en Coupe du monde, et terminant deuxième du classement des meilleurs buteurs de ce très beau Mondial de Suède, derrière Just Fontaine.*

*Fontaine, lui, établirait ce record du monde d'un autre monde : il avait marqué à chacun de ses 6 matches, il avait été inclus dans l'équipe idéale de la Coupe du monde 1958 et il serait, pendant ses six années de carrière, l'égal de Pelé en efficacité devant le but.*

## *Fontaine-Bliard : une erreur à corriger*

*On aurait pu dire ou écrire à l'époque que Fontaine eut la chance de jouer le Mondial, et donc d'établir ce record mythique, grâce à la blessure de Cisowski – le style de jeu choisi en WM avec un seul avant-centre – mais pas à cause de la blessure de René Bliard.*

*Paul Nicolas et Albert Batteux avaient choisi Fontaine comme titulaire du poste d'avant-centre qu'il méritait amplement : il avait en*

*effet établi un record impressionnant dans le championnat de France, toujours debout (34 buts en 26 matches de championnat).*
*Mais une anecdote éclaire l'histoire : lors du retour de Fontaine à Orly, Bliard, plâtré, vient accueillir les héros de Suède avec la presse. Fontaine lâche à propos de Bliard, son coéquipier à Reims, ami et voisin de résidence, cette phrase : « Ah ! Si René Bliard ne s'était pas blessé, peut-être que je n'aurais ni joué ni établi ce record. »*
*C'était une gentille phrase de consolation, envers un ami et un joueur malheureux de sa blessure, contraint de rester à la maison. D'ailleurs, Bliard serait encore son coéquiper à Reims la saison suivante. Ces mots, reproduits dans toute la presse comme un scoop, devinrent une vérité. Mais j'y reviens, une erreur historique et atavique.*
*Près de cinq décennies plus loin, cette histoire perdure. Mais le record des Coupes du monde de 13 buts de Fontaine perdure également.*
*Cette anecdote tracasse toujours Fontaine aujourd'hui : « C'est embêtant. Ça donne l'impression que j'ai eu un bol terrible, alors que mes performances d'alors n'avaient rien à voir avec la chance. »*

## *Fontaine bat Pelé*

*Just Fontaine détient le record du monde de la moyenne de buts marqués par match : 0,9389, juste devant Pelé avec 0,9385. L'autre victoire de Fontaine sur Pelé se trouve dans sa moyenne de buts en sélection : Fontaine, 30 en 21 sélections françaises et Pelé, 77 en 92 sélections brésiliennes. Outre le seul record que l'histoire universelle accorde officiellement à Just Fontaine, ce record de 13 buts en un Mondial, imbattable si le football suit son inexorable chemin résultadiste.*
*Pelé, quant à lui, exhibe le fantastique record de 1 282 buts en 1 366 matches, des chiffres qui incluent des matches amicaux, outre ceux de l'armée (contre les 200 en 213 parties de Fontaine, ceux-là, seulement en matches officiels). Pelé est la référence universelle de l'offensive et de la créativité, et restera le n° 1 mondial. Mais Fontaine, pro au même âge – 17 ans au lieu de 20 – et terminant sa carrière au même âge – 37 ans au lieu de 26 –, aurait menacé l'hégémonie universelle du roi. Qui sait ?*

*Se blessant en effet au début de sa pleine maturité. Sans entrer en polémique, il s'agit de rétablir un peu de vérité par des chiffres et dates indiscutables. Aujourd'hui, dans tous les pays du monde, on crie au miracle quand un buteur arrive à la moyenne de 0,5 but par match ou en marque trois dans un même match. Les deux dernières meilleures moyennes appartiennent à Zico et à Romario... 0,75 à 0,80 environ.*
*La moyenne et les chiffres de Romario sont toujours provisoires, étant effectivement encore en activité à plus de 40 ans, et son club actuel, le Vasco da Gama, lui préparant des matches amicaux pour passer la barre mythique des 1 000 buts. Ces moyennes qui diminuent sont victimes de la baisse du niveau technique, créatif et offensif du football mondial. Pelé et Fontaine furent contemporains du football d'attaque.*

## 1 000^e^ but de Pelé

*C'est au Maracanã que Pelé signe son mythique 1 000^e^ but, le 19 novembre 1969. Mais ce n'est qu'un hasard. Depuis près d'un mois, tous les stades du Brésil attendent l'événement, pour profiter de la fête. Deux semaines avant, sur un stade de l'intérieur, à Goias, le public huait ses propres défenseurs qui arrêtaient, souvent irrégulièrement, Pelé dans une de ses courses, un des ses dribbles ou une-deux. Le dimanche suivant, au stade Fonte Nova de Salvador de Bahia, archicomble, 100 000 Bahianais sont supporters de Pelé et de Santos, voulant la défaite de leur club, le Bahia, en fin de match pour festoyer chez eux le But 1 000 de Pelé.*
*Ils conspuent même leur gardien qui réussit une parade superbe sur un tir que Pelé lui-même voyait au fond des filets, en toute fin de match. Cela ne se passa pas ainsi et le Maracanã fut le théâtre mythique d'une autre œuvre mythique, avec Andrada, le gardien du Vasco, les joueurs et 125 000 spectateurs invités de luxe, à la fête du football, au But 1 000 de Pelé... sur penalty. Pelé ne tirait pas les penalties habituellement et avait les jambes qui tremblaient.*

## *Le mythique n° 10 de Pelé, un hasard*

*Le rêve de tout gamin qui découvre le football est de porter le maillot n° 10 de son équipe. Un numéro chargé d'histoire, de mystique. La plupart du temps, c'est à la star de l'équipe qu'incombe cette mission. Mais ce ne fut pas toujours ainsi. Avant Pelé, le numéro des maillots de football était un simple moyen d'identifier les joueurs. Seulement tout cela changea en 1958. Curieusement, le choix de Pelé pour le maillot n° 10 de la Seleção fut le fruit du hasard. Avant la Coupe de Suède, les dirigeants brésiliens envoyèrent la liste des joueurs de la sélection convoqués pour la compétition. Seulement ils oublièrent de donner les numéros correspondants.*

*Pour résoudre le problème, un dirigeant uruguayen, de passage au siège de la FIFA, finit par choisir les numéros des Brésiliens. Détail : il ne connaissait pas les joueurs. C'est ainsi que le Brésil enchanta la Suède avec la numérotation la plus extravagante de l'histoire de la Coupe du monde. Le gardien Gilmar avait le 3, l'ailier droit Garrincha le 11 et le destin choisit Pelé comme n° 10.*

*Un 10 qu'il honora en marquant plus de buts que n'importe quel 9...*

## Didi, le Pérou, le Maracanã et la « folha seca »

*Le premier but inscrit au fameux stade Maracanã est l'œuvre de Didi, qui, en mai 2001, âgé de 72 ans, quittait le beau spectacle du football brésilien. C'était le 16 juin 1950, le jour de l'inauguration du stade, alors le plus grand du monde, à l'occasion d'un match entre les sélections de Rio de Janeiro et de São Paulo, quelques jours avant le début du Mondial du Brésil.*

*Maracanã est aussi le nom d'un oiseau et d'une petite rivière voisine. Mais Maracanã est le théâtre d'énormes exploits de Didi, outre ceux de Pelé. Ce premier but fut une « folha seca » (feuille sèche, ou morte), œuvre exclusive de Didi, marque déposée, que personne depuis n'a su répéter. Didi, sur coup franc direct, donnait un effet au milieu exact du cuir et le ballon s'envolait, volait, très haut et allait se perdre en flottant dans les nuages au-dessus des yeux tranquillisés du portier.*

*À l'ultime instant, la balle tombait dans la cage, comme la feuille morte au bout de son vol. Les gardiens observaient le haut vol des feuilles mortes de Didi mais, finalement, se faisaient bien souvent cueillir et les recueillaient au fond des filets.*

## *Didi élimine le Pérou en 1958 et le qualifie en 1970*

*Lors des éliminatoires du Mondial 1958, le Brésil s'était difficilement défait du Pérou, 1-0, but de Didi, au Maracanã et d'une folha seca, une de plus. Ce but ouvrait la voie triomphale du Brésil vers son premier titre universel. Mais en même temps condamnait le Pérou à la profonde tristesse de tout un peuple et des joueurs qui pleuraient sur la pelouse. Didi pleura avec eux, avec ses frères sud-américains et leur promesse de leur rendre le bonheur que le Brésil venait de leur enlever. Et Didi reviendrait pour tenter de qualifier le Pérou.*

*Sa brillante carrière de joueur achevée, il postula au poste de sélectionneur péruvien, l'obtint et qualifia le Pérou pour le Mondial 1970. Quel Pérou : celui de Chumpitaz, Gallardo, Sotil, et de l'incomparable Teófilo Cubillas alors âgé de 20 ans. Ce Pérou qui atteindra les quarts de finale du Mondial 1970, éliminé par le Brésil de Pelé, Jairzinho, Rivellino et Tostão. 4-2, lors d'un match exceptionnel de beauté et de buts, Pelé et Tostão, rivalisant d'adresse diabolique en dribbles et une-deux incessants au milieu des défenses, avec Cubillas, qui de son côté s'associait tour à tour avec Gallardo ou Sotil. À 20 minutes de la fin, Cubillas ramenait même son équipe à 3-2, mais un peu plus tard, Jairzinho établirait le 4-2 définitif pour le Brésil. Cubillas était apparu ce jour-là comme un digne acteur du beau football, du football-art des Brésiliens, du football de Pelé.*

## *Cubillas et Pelé*

*Cubillas, sacré meilleur footballeur sud-américain en 1972, entreprit alors de grands voyages, via Bâle en Suisse, Porto, où il sera adulé quelques années. Puis il sera l'artifice du seul titre de la Copa America du Pérou, en 1975, et de deux titres de son Alianza de Lima natal.*

*Teófilo Cubillas joua jusqu'à 40 ans, achevant sa carrière au club de Fort Lauderdale, aux États-Unis, où il animait encore récemment ses académies de football de Miami et New York. Teófilo Cubillas fut sans doute le joueur le plus ressemblant à Pelé, complet, génial et artiste. Né brésilien, il aurait pu combler un peu du vide laissé par le départ du « Rei », dans l'attente de l'avènement de Zico, dans les années 1980.*

### *L'inventeur de la « paradinha » de Pelé : Didi*

*Cette action fut popularisée par Pelé, tant il en assena à moult gardiens de but ; elle consistait à marquer un petit arrêt (*paradinha *en brésilien, la langue portugaise du football) pendant la course d'élan du tir de réparation des 11 mètres. Cette technique de tirer les penalties, aujourd'hui fort répandue, fut inventée par le « Prince Éthiopien », comme il était appelé au Brésil, pour son style élégant et altier. C'est Pelé lui-même qui le précise en rappelant qu'il l'apprit de Didi, un maître en coups de pied arrêtés.*

## Spectateur de la finale : Pelé, le plus grand

Tout a peut-être été dit et écrit sur Pelé. Mais il en reste encore à confier. Je vais vous parler de lui d'un autre point de vue. Des gradins, le 29 juin 1958, le jour de la finale. Je l'avais croisé le 24 juin, en demi-finale, sur le terrain. Je l'avais repéré, mais nous étions occupés à jouer et en plus à 10 Français contre 11 Brésiliens.

J'étais, à cette heure-là, déjà meilleur buteur des Coupes du monde, mais ce que faisait le tout gamin Pelé, 17 ans, me donna envie de raccrocher les crampons, moi, âgé de 24 ans ! Avec tout l'avenir devant moi ! Pelé pouvait marquer un but ou l'offrir apparemment au moment et à qui il choisissait. Il lui suffisait de décider, tant son aisance et son culot étaient extraordinaires.

Pendant plus de vingt ans, il délecta tous les publics de l'univers. Il fut le plus complet des grands : technique subtile, physique

excellent malgré sa petite taille, un véritable athlète, buteur des deux pieds, de près ou de loin, fantastique de la tête, artiste consommé du une-deux avec ou sans coéquipier. On racontait qu'il s'amusait parfois à faire le vrai une-deux de notre enfance (lancer la balle contre un mur et la récupérer) contre la jambe d'un adversaire si ne passait pas par là de coéquipier. La perfection technique fut synonyme de Pelé. En plus, c'était un excellent organisateur de jeu, avec une vision périphérique aidée d'un œil sur la nuque.
Pelé enleva trois Coupes du monde (1958/1962/1970) pour quatre participations, dont celle de 1966, d'amer souvenir, où il fut massacré de coups, sans trop de réactions arbitrales, par les Bulgares puis les Portugais. Ce Brésil 1966, qui avec Gilmar, Djalma Santos, Pelé, Garrincha, Tostão et Jairzinho, prophétisait le Brésil de 1970. Après moult titres nationaux et internationaux, dont deux Coupes Intercontinentales, en près de vingt ans au Santos FC, Pelé se retira au Cosmos de New York, après trois années et un titre de champion de plus. Aujourd'hui, à l'écart des stades mais pas de l'actualité du football, il compte encore parmi les cinq personnes les plus mondialement célèbres. Il fut même capable d'arrêter ou retarder des conflits, au Liban, au Biafra et au Congo, le temps d'un match de football, au nom de la vertu pacifiante du football, un jeu universel et fédérateur.

## Le meilleur onze de France

Tant qu'on en est à confectionner des équipes idéales de tous les temps, celle de l'histoire du football français ressemblerait étrangement à celle du siècle passé de *L'Équipe* et *France Football*, qui, en une formation 4-3-3, avaient sélectionné les onze Français suivants :
*Julien Darui*
*Lilian Thuram, Laurent Blanc, Marius Trésor, Maxime Bossis*
*Raymond Kopa, Jean Tigana, Zinedine Zidane*

*Jean-Pierre Papin, Just Fontaine, Michel Platini*
Au fond, cette équipe de France historique a fort belle allure. Et j'y figure !...

## Josip Skoblar, le nouveau Fontaine

Skoblar-Fontaine, ce fut une comparaison d'antan. Comme Josip ne possédait pas de passeport français, la comparaison resta théorique.
Mais j'avoue que c'est le dernier grand buteur qui m'ait impressionné en France, à Marseille, au tournant des années 1970. Quand je le voyais face au but, je pensais : Vite, frappe de l'intérieur du gauche ! Maintenant de l'extérieur du droit ! De la tête, maintenant ! Dribble le gardien ! Une pichenette ! Et avant que je finisse de le penser, il l'avait déjà fait.
But, exactement de la seule façon possible, en un millième de seconde. Le délai maximal des grands prédateurs des surfaces de but.

## Intérieur du droit, extérieur du gauche, feinte de tir et dribble du gardien

Je me souviens d'un match où Skoblar avait marqué trois buts de trois manières différentes arrivant chaque fois dans la même position, légèrement sur la gauche face au gardien. Ça, c'est la classe.
La première fois, il le bat d'un tir de l'intérieur du droit.
Ensuite, il se présente de nouveau devant lui et la met de l'extérieur du pied gauche. Enfin la dernière, en feintant le tir et en dribblant le gardien.
Du grand art d'un buteur qui était impitoyable, une sorte de matador. Mais, dans les trente dernières années, c'est le seul grand buteur que j'ai vu opérer ainsi en France. Et il était enfin et aussi un super technicien, balle au pied, un joueur aussi. Dom-

**mage qu'il n'ait pas eu beaucoup de chance au niveau mondial, au Chili, lors du Mondial 1962. Il était sans doute encore trop jeune.**

## L'aigle des Dalmates

*Josip Skoblar présentait une éblouissante carte de visite : 44 buts en 36 matches, soulier d'or 1971, 100 buts en ses 100 premiers matches avec Marseille, où il marquera 151 fois en cinq ans, restant ainsi le deuxième buteur historique derrière le mythique Gunnar Andersson et devant Jean-Pierre Papin. Il fut le meilleur buteur français trois fois consécutives (1971, 1972, 1973) et l'artisan des quatre titres en quatre ans d'un Olympique de Marseille qui renaissait de cendres. Et il remportera les Coupes de France 1969 et 1972 et les championnats 1971 et 1972, dont ce doublé 1972 inédit alors à Marseille.*
*Demi-finaliste du Mondial 1962 au Chili, éliminé par le finaliste, la Tchécoslovaquie de Masopust, il était l'une des étoiles d'une Yougoslavie bourrée de talents comme Soskic, Durkovic, Jusufi, Sekularac et Galic. On l'appelait « l'aigle des Dalmates », pour son regard et ses tirs de prédateur des aires et surfaces de réparation, comme les aigles des montagnes dalmates, d'où il était originaire. Josip Skoblar devint un grand à l'Olympique de Marseille, qui, grâce à lui et plus tard, à son association avec l'extraordinaire ailier droit Magnusson, abandonna la deuxième division pour dominer le football français au début des années 1970, en pleine hégémonie de Saint-Étienne et de Nantes.*

## Mario Zatelli recrute Skoblar, le buteur qui lui plaisait

*C'est Mario Zatelli, le découvreur de Fontaine, qui insista auprès du président Leclerc pour l'engager à Marseille, et plus d'un millier de supporters l'accueillirent à l'aéroport de Marignane. Il était l'image du footballeur complet, sa technique suscitait l'envie de tous les avants et enrageait tous les gardiens de la France des années 1970. Trente ans après son départ, il revint en 2001 aux services sportifs de*

*Marseille, où ses yeux de rapace essayent de détecter de nouveaux prédateurs des surfaces, dans les aires de jeu des terrains de football où l'on joue encore à l'attaque.*

## Gerd Müller, un renard des surfaces

À la réflexion, je crois que le seul à qui on peut me comparer, surtout du côté morphologique, c'est à Gerd Müller, le champion du monde allemand de 1974. Nous avons les mêmes références physiques, 1,74 m et 72 kg, buste long, et jambes courtes par rapport au buste, donc une bonne assise. Pour nous faire chuter, ce n'était pas facile. Mais, dans le jeu, c'est différent. Lui il marquait très rarement d'en dehors de la surface, l'immense majorité de ses buts étant réussis de près, souvent de très près, de la petite surface. Il était le véritable renard des surfaces.

## Le record de Müller peut tomber au Mondial 2006

Un joli total de 14 buts en deux Coupes du monde – 10 en 1970 et 4 en 1974 –, c'est le record de Gerd Müller, vulnérable. Ronaldo est le seul à portée de fusil, avec 12 buts actuellement. Mais s'il le battait, il aura eu besoin de trois Coupes du monde (1998, 4 buts et 2002, 8).
Müller fut en outre d'une incroyable efficacité à la fois dans le club de toute sa vie, le Bayern Munich, et surtout en sélection allemande, où il possède le record d'efficacité, avec 68 buts en 63 matches, donc plus d'un par match. Cette performance, inscrite dans la durée, est phénoménale.
Rien ne garantit que si j'avais pu continuer, j'aurais pu réussir aussi bien. Et aujourd'hui, des performances pareilles en équipe nationale sont inimaginables, sans doute encore en raison de la pression événementielle que les joueurs se créent et que l'on crée autour d'eux.

# 11

# La vraie histoire de la « Mano de Dios » de Maradona qui donne la Coupe du monde à l'Argentine

« Ici à Göteborg, en ce samedi 28 juin, nous sommes toujours en première mi-temps. C'est la petite finale, pour la troisième place de la Coupe du monde, les bleus dominent les champions du monde sortants en titre. Encore une attaque française, Wisnieski rentre dans la surface, attention. Oh ! Il est séché par Erhardt. Penalty, décrète M. Brozzi, l'arbitre argentin. C'est apparemment Kopa qui va se charger du coup de pied de réparation. Mais personne ne pense à Fontaine ! Mais c'est Fontaine qui doit tirer. Notre buteur est à un but du record. De quel record, me direz-vous ? Personne n'y pense. Pas même Fontaine ! Qui pourrait ainsi inscrire son 11e but et égaler le record de Kocsis en 1954. Non, Kopa tire et marque. 2-1 pour la France à la 29e minute. De nouveau avec vous, pour un corner. Corner pour la France, tiré par Kopa, notre spécialiste. Le gardien Kwiatkowski renvoie. Lerond reprend et relance dans le paquet devant le but, quelle confusion, attention !

Fontaine tente une talonnade, la manque. La balle à ses pieds. Fontaine se retourne, se replace sur son droit, tire et but, but, buuuuut de Fontaine, encore Fontaine, toujours Fontaine, c'est son deuxième but dans ce match. Et son 11e en cette Coupe du monde 1958. La France creuse le break. 35e minute, en première mi-temps :

**France 3 - Allemagne 1.»**

## *Fontaine, passeur décisif*

*Fontaine vient de marquer son 11e but, et personne ne mentionne qu'il a égalé le record du Hongrois Sandos Kocsis, établi en 1954. Mais Fontaine n'en a pas fini. La France terminera d'ailleurs avec la première attaque et 23 buts, grâce aux 13 du record de Fontaine, mais aussi grâce à ses passes décisives.*

*En effet, Fontaine a participé au premier chef à cinq autres buts, un puissant tir renvoyé et repris par Piantoni et quatre passes ou centres en retrait. Selon Fontaine, le buteur doit être collectif et servir un partenaire mieux placé, de façon à ce que celui-ci « renvoie l'ascenseur à la première occasion inverse ».*

*Fontaine a admirablement démontré le bien-fondé de cet esprit collectif devant le but, en totalisant 13 buts, servis par les mêmes partenaires que lui-même servait, Kopa, Piantoni, Wisnieski et Vincent, le plus souvent.*

## *La passe décisive de Henrique*

*La plus belle passe décisive de la carrière de Fontaine est sans doute ce premier but de la France en quarts de finale, contre l'Irlande du Nord, signé Wisnieski, en force aux 6 mètres, après un slalom de Fontaine sur la droite, qui assit un défenseur et en élimina deux autres avant de centrer sur Wisnieski. Une autre passe de Fontaine fut culminée par un but exceptionnel de Kopa du genou.*

*Lors du premier match, contre le Paraguay, Fontaine feinta le départ extérieur, à la Garrincha, et rentrant à l'intérieur pour ajuster sa passe entre les deux défenseurs centraux paraguayens sur le genou de Kopa. Une nouvelle feinte, cette fois de pénétration intérieure, de Fontaine, suivie d'un centre en retrait au cordeau repris victorieusement par Kopa, pour le premier but contre l'Écosse et Kopa avait rendu la pareille à Fontaine, un peu plus tard en une action exactement identique, démontrant ainsi à la fois l'efficacité de cette arme du football qu'est le centre en retrait et l'efficacité du jeu collectif. Au fait, qui se souvient de la passe historique de Henrique à Maradona lors du quart de finale Argentine-Angleterre du Mondial mexicain de 1986 ?*

### *La Mano de Dios*

*On a plutôt retenu la « Mano de Dios ». Mais on garde aussi l'image du magnifique slalom de Maradona qui marque un des buts légendaires de l'histoire du football, dribblant cinq ou six Anglais, plus le gardien. Mais ce but génial est précédé d'une passe célèbre de 4 mètres, près du rond central, dans le camp argentin. Cette passe non décisive est devenue célèbre en Argentine pour le bon mot qu'elle suscita dans la bouche de son auteur, Henrique, qui lança à Maradona, après le match : « Diego, con el pase que te hago, si no la metes, te mato. » (Diego, si avec la passe que je te fais, tu ne marques pas, je te tue.)*
*Et de temps à autre, Henrique surgit dans les médias avec son sujet de prédilection, sa passe décisive à Maradona et sa phrase dans les vestiaires. Et Maradona ne manque jamais de lui répondre : « Boludo, si me quedaban 60 metros para correr y toda Inglaterra en el camino ! » (Enfoiré, il me restait 60 mètres à courir et toute l'Angleterre sur le chemin !) Just Fontaine avait suivi ce match au Mexique, comme tous les Mondiaux depuis 1966, spectateur ou passionné, mais, le plus souvent, consultant.*

## 1978, consultant, bien avant Guy Roux

**Le 2 juin 1978, la France rencontre l'Italie, à Mar del Plata. C'est le premier match des Français en Argentine. Rappelez-vous,**

Lacombe marque dès la première minute, contre l'Italie. Ce but est toujours aujourd'hui un des buts les plus précoces des matches de Coupe du monde. On est à peine installés, Pierre Cangioni devant avec Jean Raynal, aux commandes et moi, le débutant, sur le siège arrière. Débutant, mais pas profane.
Au bout de trente secondes, la France mène, ça promet et ça joue bien, Guillou et Platini sont à la baguette en milieu de terrain. Mais vingt-cinq minutes plus tard, l'Italie égalise, suite à une action confuse de billard. Le buteur est encore un inconnu. Quatre ans plus tard, il sera le bourreau du Brésil, puis de l'Allemagne en finale, et le meilleur buteur du Mondial 1982 en Espagne, avec six buts.
En 1978, avec ce but, Paolo Rossi est en train de naître à la célébrité. « Qui est-ce ? Qui a marqué ? » m'interroge Jean Raynal d'un regard anxieux, hors micro. « Paolo Rossi », dis-je, mais aussitôt l'écran de contrôle inscrit un autre nom. Je ne me souviens plus qui. Mais pas Paolo Rossi. Raynal et Cangioni me regardent atterrés, un peu furieux, pensant sans doute « Ça commence bien avec notre consultant ! ». Hors micro, ils m'interrogent de nouveau : « Qu'est-ce que tu dis, Justo ? » Paolo Rossi, j'te dis. Et immédiatement, l'écran rectifie et affiche Paolo Rossi, au grand soulagement de Pierre et Jean.
Lors du match suivant, j'ai eu droit au siège d'honneur, devant.

## En panne dans la pampa

Nous rendons visite à l'équipe de France dans sa retraite de l'Hindu Club, loin de Buenos Aires. On loue une voiture dont j'ai oublié la marque, mais dont on pouvait douter de la qualité, malgré son apparente rutilance. Immédiatement, je remarque que l'aiguille de la jauge flotte de façon bizarre. Mon compagnon de voyage, Pierre Cangioni, me rassure, me promet qu'il a fait le plein, etc. Tout va bien jusqu'à ce que la voiture stoppe. Paumés en pleine pampa. Le désert quoi. Aucune circulation.

Finalement un taxi arrive au loin et dans ces conditions d'isolement, presque inquiétantes, je l'arrête comme un desperado. Il ne peut donc pas nous éviter, freine et s'arrête un peu angoissé. Qui s'aventure sur cette longue ligne droite de la pampa argentine sans essence ? Personne. Si, nous, Cangioni et moi, comme deux débutants.
Je lui explique qui nous sommes, la télé française, que nous couvrons la Coupe du monde, que je suis le recordman buteur des Coupes du monde, consultant, etc. Le bonhomme conclut avec nous évidemment à la panne d'essence. À sec. Notre chauffeur de taxi sort un tuyau et se met à pomper dans la pampa. Finalement ses aspirations aboutissent, comme d'habitude avec une grande gorgée d'essence gratuite dans le gosier de celui qui aspire. Il était couvert de terre, il s'était agenouillé, avait tout fait, s'était quasiment asphyxié.
Avant de repartir, je lui propose de le dédommager, mais il refuse farouchement : « Vous savez, vous avez été un grand footballeur, vous êtes là pour le foot, ici en Argentine on adore le football. Si je peux faire quelque chose pour aider le football, je le fais. C'est tout. » Alors, lassé d'insister et devant cette réponse qui semblait rédhibitoire en raison de l'importance de l'argument, je lui dis que je l'inviterai à un match de l'Argentine à Buenos Aires. Sur quoi, on se sépare et on oublie.

## Seul dans une loge de douze places

Le 25 juin 1978, jour de la finale, Argentine-Pays-Bas (3-1) au quartier général des télévisions et de l'organisation du Mondial, on m'annonce un visiteur. C'est notre brave type, qui vient chercher sa promesse, une entrée pour un match de l'Argentine. La finale ! Un problème se pose : la finale est retransmise par Antenne 2 et je n'ai qu'un seul billet pour le match comme spectateur. Mais ce qui est promis est promis et je donne donc mon billet à mon dépanneur de la pampa.

Me retrouvant sans entrée, j'approche les organisateurs. Je leur explique toute l'histoire. Finalement ils m'arrangent le coup. Je pars donc à la recherche de ma place tout seul, dans l'immensité du stade Monumental et dans une agitation ambiante. Je franchis les différents contrôles avec mon billet spécial, mon passe, qui se révélera plus tard être un passe-droit, un privilège dont je me serais bien passé.

Je commence à trouver bizarre que partout où on me contrôle ou m'oriente, on me gratifie de marques de respect. Je rejoins finalement ma place. Une loge de douze fauteuils. Douze places pour moi tout seul ?

Une hôtesse range ma gabardine dans un vestiaire, et m'ouvre le réfrigérateur : « Que desea beber ? Que desea comer ? », c'est facile à comprendre. Le champagne coule à flots. On me sert des petits fours. Écran de contrôle, etc.

Je suis tout seul, plus seul que jamais depuis la panne de la pampa et ma promesse idiote. La mi-temps arrive, je me penche discrètement au bord de ma loge, un peu intimidé.

Et qui vois-je dans les escaliers inférieurs ? Angel Marcos. Un peu soulagé de rencontrer une connaissance, je prie mon hôtesse de m'excuser, je descends vers lui dévalant les escaliers. Je me moque un peu de lui, enfin heureux de blaguer avec quelqu'un après 45 minutes de solitude bizarre dans ma loge de ministre.

## Angel Marcos dans les escaliers !

« Dis donc, Angel, t'as pas été international argentin, toi ?

– Ben oui.

– Et c'est là qu'ils installent les ex-internationaux, dans les escaliers. T'es vraiment con. Tu sais pas t'démerder. Allez, viens avec moi.

– Où on va ?

– Ne dis rien, suis-moi. »

Nous regagnons ma loge, seulement occupée par l'hôtesse, qui l'accueille avec moult Señor, lui propose de se restaurer, avant de l'installer confortablement. Il se tourne alors vers moi et rigole : Ça m'étonne plou dou tou qui tu aies marqué trézé boutes dans la Coupe du monde ! »

## C'était la loge d'un général !

Angel Marcos était et est un grand ami, outre un grand joueur, il est actuellement un consultant pertinent à *L'Équipe TV*. C'est quand même formidable, n'est-ce pas ?
Lui qui est argentin et ancien international est blotti dans l'escalier. Moi, je suis dans une immense loge tout seul. Le fin mot de l'histoire c'est que j'étais dans la loge d'un des quatre généraux qui dirigeaient l'Argentine des militaires de l'époque et qui avait eu la grippe. Il n'était pas venu au stade. Sa suite non plus.
Cette histoire de mon dépanneur explique la grande passion des Argentins pour le football. Dans la rue, à Buenos Aires, on me saluait souvent en me félicitant pour mon but. Je ne comprenais pas. En fait, la veille on avait disputé un petit match avec Alfredo Di Stefano, Puskas, Kopa et autres, contre une autre sélection de vieilles gloires. Malgré mon poids et ma jambe, j'avais marqué d'une superbe reprise de volée. C'était une partie pour rigoler, mais pour les Argentins, c'était sérieux. Le match avait été retransmis à la télé en direct. Ce qui est déjà extraordinaire, mais ce qui l'est encore plus, c'est qu'il avait eu une forte audience.

## Vous payez en dollars ou en pesos ?

Un jour, un journaliste brésilien sollicite une interview. En blaguant, je lui réponds : « Vous payez en dollars ou en pesos ? » À ma grande surprise, il me propose 500 dollars. Plus tard, je décide de faire payer les interviews, si possible. Et avec l'argent, j'invitais tous les collègues de la télé. On allait se faire de bon-

nes bouffes, souvent chez l'ancien mari de Joséphine Baker, Jo Bouillon. J'intervenais pour que les interviews de Piantoni soient payantes. Le trio d'attaque de 1958 était de nouveau au complet à Buenos Aires en 1978. Pour d'autres motifs, comme consultants. Le troisième c'était Raymond Kopa bien sûr.
Raymond refusait systématiquement les interviews. « Non, moi, tu comprends, j'ai un contrat d'exclusivité avec France Inter, j'peux pas, c'est pas chouette », répétait-il. Un jour on est là tous les trois, quasiment assaillis par les journalistes, qui nous harcèlent tous ensemble. Raymond, toujours ferme, affirme : « Non, non, j'ai un contrat d'exclusivité. » Je souffle à l'oreille de Raymond : « Y vont t'donner 500 dollars, connard. » Et Raymond se dresse : « Où y sont ? Où y sont ? » Bon, j'exagère à peine. Et ça m'fait rire. C'était comme un jeu après tout, c'était marrant.

## La générosité du roi Pelé

Toujours en Argentine, Pierre Cangioni me demande de lui organiser une interview avec Pelé. On n'a pas d'argent. Je lui promets de lui arranger ça. Donc je rencontre Pelé à son hôtel. Au dernier étage siégeait le roi Pelé et, à l'avant-dernier, Di Stefano. Les deux plus grands footballeurs du monde travaillaient pour deux chaînes de télé vénézuéliennes.
Pelé, en pleine discussion, m'indique d'attendre un instant. Je lui explique le cas, lui dis qu'on n'avait pas d'argent.
Il répond que ce n'était pas un problème. Bon, on fait notre interview et après Pelé nous inclut dans une autre interview pour sa télé, Pierre et moi. Je devais lui poser des questions en anglais. On finit. Ensuite, il nous oriente vers un type, qui nous donna 500 dollars chacun. Incroyable ! On vient pour une interview de Pelé, théoriquement chère. On ne lui donne rien. Et on repart bien payés pour une interview imprévue, qui n'est d'ailleurs jamais passée. C'est la générosité d'un roi, pour un autre bon repas chez Jo Bouillon.

## 1982, Espagne, les cigarettes X…

Au Mondial 1982 en Espagne, il y avait une marque de cigarettes, que je ne peux pas citer, dont le responsable était un ami. Avec Roger Piantoni, on lance qu'on fait partie du jury de ce producteur de cigarettes pour choisir les meilleurs joueurs de la Coupe du monde, les plus techniques, élégants, etc. Et qu'il y avait 50 000 francs pour les membres du jury. Et Raymond était toujours un peu hésitant et méfiant sur ces coups, surtout si j'en faisais partie… Le matin, nous prenons notre petit déjeuner ensemble. Il arrive avec ses cigarettes (d'une marque différente), si ma mémoire est bonne. Je l'attaque : « Dis donc, Raymond, ça la fout mal, t'as même pas la reconnaissance du ventre. Le type de la marque du jury va te donner 50 000 balles et tu ne fumes pas ses cigarettes. »
Finalement, un matin, il arrive avec un paquet de cette marque et le brandit comme un trophée : « J'ai mon passeport pour le jury. » Mais alors, on commençait à être ennuyés. Notre blague prenait un sale tour et j'ai dû me rabattre sur mon copain : « On est dans une sale situation. Dis que le concours a été annulé parce que c'est incongru qu'une marque de cigarettes récompense des sportifs. »
L'histoire étant allée trop loin, on n'avait jamais osé avouer à Raymond la supercherie…

## 1986, la passion mexicaine

Un autre pays est sans doute aussi passionné de football que l'Argentine, le Mexique. On se retrouve dans un immense restaurant en plein air où il y avait au moins 3 000 personnes, clients ou invités, par les différents sponsors du Mondial. Ce jour-là, j'ai évalué cette passion mexicaine pour le football, mais aussi le sens de la mesure que l'on doit avoir quand on est célèbre.

Jean-Claude Darmon, qui s'occupait de la promotion, sponsoring et publicité de l'équipe de France, souffla mon nom et ma présence au patron du restaurant. Sur l'instant, ce dernier annonça au micro : « Le recordman des buts en Coupe du monde, Just Fontaine, est parmi nous ! » Les 3 000 personnes se sont levées d'un bond et m'ont applaudi durant cinq minutes, qui me parurent éternelles.
J'ai admonesté Darmon en lui demandant de ne plus jamais me refaire ça. L'inventeur de la publicité dans les stades n'a pas eu que des amis, il avait aussi bien des ennemis. Je fis partie des premiers. Son succès, dû à des concepts nouveaux, a sans doute, comme souvent, provoqué ces divisions à son endroit ou son envers.

## 1990, 15 000 bornes par la route avec Colonna

On est toujours des sportifs et, malgré nos âges, en bonne santé. En 1990, nous avons galopé, Dominique et moi, plus que jamais. Je travaillais avec *France-Rail*, le magazine de la SNCF (la fibre du train venue de mes milliers de kilomètres en chemin de fer dans mes années militaires à Nice et à Reims), j'assistais à un tas de réceptions et autres représentations. Du boulot !
Mais, aussi et surtout, c'est révélateur de la passion du vrai supporter de foot : nous avons assisté à plus de vingt matces du Mondial, par exemple six huitièmes de finale en quatre jours !
Et deux ou trois fois, on a enchaîné deux rencontres dans la même journée.

## Vous savez qui c'est ?

Toujours lors du Mondial italien, je devais rencontrer Pelé avant un match. Il était comme d'habitude assailli de journalistes. Surtout des Italiens, bien sûr. Je fais signe à Pelé là-haut dans la

cabine. Il m'invite à monter immédiatement. J'ai failli être lynché par tous ceux qui attendaient depuis longtemps leur tour pour accéder au roi Pelé.
Et Pelé de leur dire : « Vous savez qui c'est ! » Avant de leur expliquer, etc. Ce qui calma les choses, et les Italiens.

## Mondial 1994 Chicago

Au Mondial 1994, à Chicago, nous sommes quelques invités, Di Stefano, Puskas, l'Uruguayen Andrade, qui avait joué et remporté le premier Mondial de 1930, etc. On nous remet une médaille. Nous nous rendons dans la loge d'honneur. Nous sommes installés juste à côté de Bill Clinton.
Et Pierre Huth, alors directeur du protocole de la FIFA, nous passe un appareil photo, à Puskas et à moi, pour qu'on l'immortalise sous plusieurs angles en train d'accueillir le président américain. Fatalité : mon appareil ne fonctionne pas. Oh là là ! il était fou le Pierre, il m'a engueulé.
Heureusement, celui de Puskas a marché. Le poster de l'instant historique a une place privilégiée dans l'entrée de sa maison. Pierre est un double fan, de football et aussi des célébrités, avec qui il adore se faire tirer le portrait.

## Placido Domingo

Toujours ce même jour, on me présente le grand ténor espagnol, Placido Domingo, amoureux de beau football. Finalement, je lui propose une cassette de mes buts. Je lui donne rendez-vous dans le hall de l'hôtel. Et entre-temps j'appelle Pierre Huth, sachant que pour une photo avec des gens connus, il rappliquerait rapidement. Je lui conseille donc de se presser, car le rendez-vous est bref.
Pierre surgit dans le hall, comme une fusée. Nous étions, Pla-

**cido et moi, devant l'ascenseur. Moi face à l'ascenseur et Placido Domingo face à moi, dos à l'ascenseur. Pierre, ne voyant ou reconnaissant personne, hurle, appareil en main : « Où il est, où il est ? »**
**Bon, j'ai dû confier à Placido Domingo que Pierre était un peu fou. Et je lui ai fait sa photo pour sa collection. Depuis ce temps-là, Placido et Pierre sont devenus de grands copains.**

## *Au numéro 13*

*Chaque matin, Arlette dresse la liste des courses, à laquelle participe Justo, dans les limites de son régime. M. Fontaine, après avoir déposé son épouse au magasin Lacoste, s'en va faire les achats, pain, viande, fromages et légumes au marché Victor Hugo de Toulouse. À la maison Fontaine, on y mange bien et sain et toujours frais du matin. Rien dans le congélateur et un peu de vin pour les invités. Arlette trinque un peu, alors que Justo est à l'eau, comme toujours il l'a été, et pas parce qu'il s'appelle Fontaine, dit-il. Non, l'alcool, il n'a jamais aimé, lui un passionné de Football Champagne.*
*Au marché Victor Hugo, des salutations, des enfants qui demandent des autographes et une attitude toujours affable ou plaisante de Fontaine. Il signe une de ses photos prévues à cet effet, ajoute un mot gentil, raconte une anecdote ou, en prime, une ou deux blagues, une élégante, une autre un peu plus leste, ça dépend de l'inspiration, comme celle du buteur, imprévisible mais franc, parfois trop, croit-il. Courses et autographes finis, Just rapporte les victuailles, au, pure coïncidence, numéro 13 de sa rue, à Louisette qui prépare le déjeuner, assistée vers midi, d'Arlette. Justo est retourné la chercher au Lacoste du centre de Toulouse, un des deux qu'ils possèdent, où elle a assuré quelques ventes, géré quelques affaires, et choisi de nouveaux modèles.*
*La marque au crocodile et Just Fontaine sont nés la même année, comme le professionnalisme, en 1933. Le déjeuner a lieu dans une belle maison simple et agréable d'un quartier tranquille, en partie achetée avec les deniers du licenciement du Paris SG, en 1975. Après-*

*midi aux occupations différentes et diverses, Arlette, de retour à la boutique Lacoste, Justo à la belote ou au tarot avec des amis, mais aussi répondant aux nombreuses sollicitations diverses, dont les médiatiques. Interviews, tantôt de* Der Spiegel, L'Équipe, Don Balón *ou Com Radio de Barcelone, BBC, Sky, ESPN, ou de* La Dépêche de Toulouse, *etc. Cette longue liste s'accentue et s'universalise toujours au moment d'un Mondial. Il effectue aussi de nombreux voyages, souvent avec son épouse, pour recevoir des prix et médailles, pour défendre la candidature du Maroc au Mondial 2010, rendre hommage à un ancien footballeur, inaugurer un stade, donner un coup d'envoi, etc. Il suivre en famille avec les enfants, la gestion des deux magasins Lacoste de Toulouse centre et Portet, une affaire familiale.*

## *De fan de rugby à femme de Fontaine*

*Arlette Barret, d'origine bretonne, adorait le rugby et fuyait le football. Pourtant, sur un stade de football, au Stadium, lors de l'échauffement des joueurs, en ce 18 janvier 1960, le FC Toulouse recevait le grand Stade de Reims et ses stars. Il fait froid et Justo ne devine sur un fond de neige que les beaux yeux verts d'une jeune et jolie femme qui accompagne deux amies, presque à contrecœur, elle qui adore le rugby.*

*Les deux amies d'Arlette sont venues saluer deux ex de Toulouse, transférés à Reims l'été précédent, Jean Wendling et Lucien Muller. Embrassades, bises et Justo s'en mêle. Normal, au pays du rugby : « Et moi, j'ai pas l'droit à la bise ? » Plus tard, les joueurs vont fêter les retrouvailles chez les amies toulousaines, fans de rugby. Arlette sert les apéritifs et essuie moult refus du meilleur buteur de Reims, de France et du monde, la plus grande vedette de France d'alors avec Kopa : « Martini ? – Non. – Pernod ? – Non. – Ricard ? – Non. – Whisky ? – Non, merci. » À la sixième proposition, Arlette : « Ah ! celui-là, qu'il est compliqué ! Qu'est-ce que vous prenez ? – Je ne bois pas d'alcool. »*

*Le vendredi 18 janvier 2006, ils ont fêté, Justo et Arlette, leur 46e anniversaire de leur rencontre, devant une bonne table.*

## *Des millions à l'arrière de la bagnole*

*Arlette s'offusqua, pour la première fois, comparant ses rugbymen aux footballeurs, d'autant que les blagues les plus hilarantes de certains jeunes ne sont pas du goût de tous.*
*Mais en voici une classique, hilarante dans le genre de la corporation des stars du foot, supposera-t-on : Fontaine et Kopa sont raccompagnés à l'hôtel par deux des amies précédentes, l'une au volant et Arlette, devant. Et Justo de lancer à la conductrice et de s'esclaffer : « Dis donc, conduis bien, faudrait pas qu'on ait un accident, t'imagines pas l'pognon qu'y'a à l'arrière d'ta bagnole ! »*

## *Et le soir, football ou famille*

*« Mais c'est pas juste, il faut siffler ! », « Y'a pas penalty, c'est injuste ! », « Tu vois, Collina, personne ne bronche ! », « Superbe ! beau but, une belle frappe pure du cou-de-pied ! », « Là il se trompe, fallait pas tirer, il doit la passer ! », etc. À la télé, grand écran, un match de Liga, de Premier, de Ligue 1 ou du « torneo apertura » argentin (le tournoi d'ouverture, qui clôture l'année.*
*Bruno, un jeune voisin, qui, gamin, brûlait de connaître Fontaine, vint finalement regarder le football avec son idole, peu à peu éclairé et évangélisé par ses commentaires éclairés. Puis, de fil en aiguille, il travailla dans son magasin Lacoste, et fit partie de la grande famille Fontaine.*
*Mais si le foot est extrêmement important pour Justo, la famille l'est autant. Il dit souvent que la synthèse idéale du bonheur est de regarder un (bon) match à la télé et de voir en même temps son petit-fils Kellian, dans les bras d'Arlette dans le jardin. Ou avec un ballon dans les pieds, déjà, à peine âgé de 4 ans. Kellian est le fils de Florence, la sœur de Frédéric, les deux enfants des Fontaine. Frédéric fut un bon footballeur, un sportif et un athlète qu'il est toujours, et père de trois enfants, Pauline, Jean-Baptiste et Paul. Excepté Pauline, les trois petits-enfants de Justo sont déjà des footballeurs qui promettent, mais, en cas d'échec, Justo a une autre carte dans la manche : un*

*neveu, Cédric Fontaine, a épousé une demoiselle Di Stefano ! Imaginons ce que ça peut donner !*

### La Callas ! avec le même pourcentage que Tino Rossi

J'ai enregistré deux disques via un ami d'enfance derrière qui j'avais terminé deuxième dans un radio crochet, Gil Bernard, et on m'a même proposé de suivre la tournée du Tour de France.
La proposition était mirifique, moult fois supérieure à ce que je gagnais en jouant au foot, bien qu'étant un des mieux payés ! Ce fut l'époque où, quand je loupais une passe, un dribble, un tir ou un but, les spectateurs de quelques stades chantaient, style Tour de France : « Vas-y, La Callas » ou « La Callas, va chanter ! » etc.
Mon contrat avait été aligné, côté pourcentage sur celui de Tino Rossi. J'avais 6 %, je crois. Mais hélas ! pas les même ventes. Je suis passé au théâtre Fontaine, à Paris, et les gens disaient que j'étais pistonné. Mais finalement la chanson, ce n'était pas mon truc, en tout cas comme professionnel, et le football reprit rapidement le dessus.

## *La Treizième table de Justo, celle des amis*

*À la Table de Justo, il y chante et on y chante. Ça a commencé comme une blague, une réunion de trente-neuf amis (3 fois treize !) à qui Fontaine a demandé ce qu'ils préféraient, des histoires de foot ou des histoires lestes.*
*Ils ont choisi la deuxième solution. Au début, c'était la Table de Justo, créée en 1992, sur une autre idée de son ami Jacky Conchou, président fondateur du club de Labège-Escalquens, qui, avec Justo, après douze Tables, décida de frapper un grand coup pour la Treizième.*
*13 années de Tables de Justo. Ce fut en mars 2003, le 17, comme le numéro du maillot qu'il portait en Suède. Les trente-neuf s'étaient reproduits et arrivèrent 800. Huit cents amis pour la dernière. Moult grands personnages et joueurs. Bonne table pour des gourmets, bonne*

*humeur, bonnes blagues, chanson, du grand football, d'autres sportifs, les amis rugbymen, la femme de Fontaine et des fans de Fontaine.*
*Des tablées éclectiques sportivement, humainement et politiquement avec, à droite, le maire de Toulouse d'alors, Philippe Douste-Blazy et le PDG de* La Dépêche du Midi, *Jean-Michel Baylet, radical de gauche. Le catalyseur c'est Fontaine, l'organisateur c'est Jacky Conchou, mais la vedette, c'est l'amitié conviviale.*
*Et le football, du grand football.*

## *Les Anciens de Suède*

*Ce 17 mars 2003, c'était aussi le 45^e^ anniversaire des 13 buts de Fontaine en 1958. Il sont projetés sur grand écran. Fontaine ne les avait pas tous vus. Ni les images de sa blessure du 20 mars 1960. Des beaux buts concoctés par Adolphe Drhey, présent aussi avec son frère Michel et nombre d'autres journalistes dont Thierry Roland, amateur et conteur de blagues.*
*Ces superbes images des 13 buts de Fontaine furent aussi le thème d'une cassette, dont les recettes furent versées à Emmaüs. Et ce fut aussi la fête des Anciens de Suède. Peu manquaient à l'appel, entre autres, le légendaire Roger Marche, décédé en 1997, le recordman français des sélections (63) jusqu'à l'avènement du football moderne ; et Raymond Kopa, les jambes maltraitées par son amour du football qu'il continuait à jouer deux fois par semaine, septuagénaire.*

## *Ceux qui jouèrent en 1958*

*Tous les Bleus de 1958 accomplirent un excellent Mondial. L'équipe était collectivement exceptionnelle. Dans les buts, le Bordelais, mais qui passa le plus clair de sa carrière à Strasbourg, François Remetter, 26 fois international, qui joua les deux premiers matches et le Stéphanois Claude Abbes, 9 fois international, champion et vainqueur de la Coupe avec les Verts.*
*Les arrières, Raymond Kaelbel, 35 fois international, alors à Monaco, où il fut champion de France. Il remporta aussi deux Coupes de France*

*avec Monaco et Strasbourg, intraitable et puissant. André Lerond, 31 fois international, le Lyonnais, qui bien qu'ayant souffert contre Garrincha, fut considéré comme le défenseur lui ayant le mieux résisté. Et au centre de la défense à trois, le superbe Rémois Bob Jonquet, qui ne laissa rien passer jusqu'à sa malheureuse blessure contre le Brésil. Roger Marche disputa un match. Le sanglier des Ardennes s'entraînait seul dans les montagnes et bois ardennais, après dix ans Rémois, avec deux titres de champion de France, la Coupe de France et la Coupe Latine.*

*Maurice Lafont, appelé en remplacement de Bliard et Nîmois, entra dans le match de la troisième place, où il assura au milieu de terrain ou en défense. Au milieu, les deux demis titulaires, Armand Penverne, autre Rémois, 39 fois international, au palmarès et style impressionnants, et Jean-Jacques Marcel, le Provençal, 44 fois international, omniprésent en Suède, sur le terrain et avec son humeur contagieuse, sur et hors le terrain.*

*Et en attaque, ceux du quintette non encore présentés ailleurs, les deux ailiers. À l'aile droite de la belle 13^e^ Table de Justo, Maryan Wisnieski, le Lensois, excellent dribbleur et tireur des deux pieds, 33 fois international ; il fut l'un des premiers Français à s'expatrier à la Sampdoria de Gênes en 1963. Et à l'aile gauche de la 13^e^ Table de Justo, Jean Vincent, alors encore Lillois, ancien champion de France et vainqueur de deux Coupes. À Reims, où il augmenta son palmarès de trois titres de champion et une Coupe, habile et rapide, il dribblait des deux pieds, presque couché sur la balle, polyvalent comme ailier ou joueur de soutien. Enfin Yvon Douis, alors Lillois, beau et bon attaquant ou inter. Il participa au match de la petite finale contre l'Allemagne. Il porta 20 fois le maillot de l'équipe de France. Deux fois champion de France avec Lille puis Monaco et vainqueur de deux Coupes de France avec les mêmes deux couleurs.*

## *Demi-finaliste de la Coupe du monde, troisième (1958)*

*Dans la cage des remplaçants qui n'eurent pas la chance d'entrer en jeu, Dominique Colonna, le Rémois, bien qu'il fût le plus spectacu-*

*laire des trois gardiens, pour une équipe de France aux accents Football Champagne. Les défenseurs Casimir Hnatow, alors Angevin, et le Lyonnais Robert Mouynet. Raymond Bellot, demi du Stade Français et Monaco, et Bernard Chiarelli, alors Valenciennois puis Lensois, et enfin les attaquants Stéphane Bruey, alors excellent avant-centre d'Angers, 4 fois international et Célestin Oliver, le Sedanais, aussi doué inter que devant le but.*

*Leur palmarès officiel de la Fédération française de football, comporte une ligne spéciale : « Demi-finaliste de la Coupe du monde, troisième (1958) ». Exactement la même ligne de palmarès que les titulaires. Seul le malheureux Rémois René Bliard n'en bénéficie pas. Il s'était blessé pendant la préparation et était reparti en France. Il fut un excellent attaquant, plutôt inter, une fois meilleur buteur du championnat, en 1955, juste avant l'arrivée de Fontaine à Reims. Sept fois international, il remporta avec Reims deux titres de champion, une Coupe de France et disputa deux finales de la Coupe d'Europe en 1956 et 1959.*

## *La plus belle de la Treizième Table de Justo*

*Michel Platini, qu'on ne présente plus, Eusebio et Bobby Charlton, qui se remémorèrent une fois encore leurs deux affrontements historiques, soit en club, Benfica et Manchester, soit en sélection, Portugal et Angleterre. Des duels qui tournèrent toujours à l'avantage anglais, la grande frustration d'Eusebio, meilleur buteur du Mondial 1966, avec 9 buts. Mais éliminé par le futur champion du monde, Charlton en demi-finale.*

*Le buteur portugais du Mozambique, champion d'Europe en 1962, se souvint une fois de plus de ce but manqué en finale de la Coupe d'Europe à la dernière minute, en 1968, contre Manchester et Charlton. Mais aussi contre le regretté George Best qui, en prolongations, fit un festival. Josip Skoblar, assis à côté d'Eusebio, put aussi échanger quelques trucs d'avant-centre, de grands buteurs qu'ils étaient.*

## *Les messages vidéo des grands absents, Zidane en tête*

*Laurent Blanc ne put s'asseoir à la table, retenu par Manchester pour la Ligue des champions. De même et pour les mêmes raisons, Zidane et Di Stefano, l'un comme joueur et l'autre comme dirigeant de la délégation madrilène en Coupe d'Europe. Gento, Beckenbauer, Gerd Müller ou Cruyff, autres invités de marque, retenus, tous tenaient à être présents, par le truchement de messages vidéo tous plus émouvants les uns que les autres.*

*Un des plus beaux, celui de Zidane, fut adressé à M. Fontaine. Ces messages, les grands écrans installés tactiquement parfaitement dans l'immense restaurant La Feuilleraie d'Aucamville, près de Toulouse, les diffusèrent en l'honneur de Just Fontaine et du football classique, créatif et offensif. Du football de 13 buts en 6 matches en Suède de l'avant-centre et de 23 buts en autant de matches de l'équipe de France 1958.*

## *Et bien d'autres parmi huit cents*

*Daniel Hechter, Jean-Claude Darmon, patron de Sport Five, Pierre Huth, Alain Leiblang, Jacky Bloch, qui présenta Fontaine à Daniel Hechter avant la réelle naissance du Paris SG, Olivier Sadran, président du TFC, Lucien Muller, Mario Zatelli, Barkero, actuel joueur de la Real Sociedad de San Sebastián, et admirateur de Fontaine, Henri Biancheri, Enrico Macias, René Bouscatel, président du Stade Toulousain, Jean-Claude Bouttier, Lucien Vanel, Pierre Samaran, l'ex-défenseur international de Toulouse Richard Boucher, entre autres parmi l'immense majorité des personnes liées, à un moment ou un autre, à la vie de Just Fontaine, ou d'Arlette, se mêlèrent parmi bien des rugbymen, des sportifs et autres personnes connues ou anonymes. Ils étaient huit-cents. Ce fut sans doute comme écrira Patrick Boudreault dans* La Dépêche, *« l'un des plus beaux parterres de sportifs jamais réunis dans la Ville rose ». Ou le plus beau ?*

## Michel Hidalgo et son projet pour des buts

Lui aussi dîna à la table des grands footballeurs. En tant qu'ancien grand footballeur, un de mes coéquipiers à Reims et qui réussit comme capitaine du grand Monaco des années 1960, deux fois champion et vainqueur de deuX Coupes de France. Mais aussi comme une sommité du football français, au même titre qu'Albert Batteux.

Artisan de cette splendide promotion de footballeurs que furent Platini, Giresse, Tigana et autre Genghini, il fut le maître d'œuvre d'une grande époque du football français, de cette sélection championne d'Europe 1984 pour oublier d'avoir été demi-finaliste malheureuse de la Coupe du monde 1982. À Hidalgo, penseur du football, amoureux du jeu créatif et offensif, inconditionnel de l'attaque et du but, la Ligue du football professionnel lui avait demandé une étude sur le mal du football français qui, dans son championnat, ne dépasse pas la moyenne de deux buts par match, la pire moyenne des championnats significatifs d'Europe et du monde !

Moi aussi, j'y ai réfléchi et j'avoue que je n'ai pas de meilleures idées que lui sur le sujet. Je crois que ses propositions – qui, une fois encore, s'inspirent du rugby – ont du bon, malgré leur apparente complexité. On a déjà vécu ce système de bonus auparavant, sans grands résultats. Mais il n'y avait pas de système de malus ou de bonus en cas de recherche du moindre écart possible au score.

Je crois que le principe de base s'appuie sur la recherche permanente du plus grand nombre de buts. Tant pour gagner que pour éviter le match nul, ou réduire le score. Donc, si c'était appliqué, cela doit être positif. Et l'idée des tirs au but en cas d'égalité est une autre incitation à marquer pendant le match, à prendre l'avantage. Bonne vie à son idée. Elle ne doit pas rester lettre morte. Car la gravité du problème de stérilité du championnat français interpelle les dirigeants de notre football. Au rugby, apparemment ça marche : l'essai est primé ainsi que son nombre et ses différences.

## Zidane et les cinq Français de l'histoire

Michel Platini, Zinedine Zidane, Raymond Kopa, Laurent Blanc, Fontaine, c'est le classement dans l'ordre des plus grands footballeurs français de l'histoire, établi par *France Football*, en fin de siècle dernier. Je suis fier et heureux d'y apparaître en cette 5e position de privilège derrière le magnifique Laurent Blanc et Kopa.

Zinedine est un joueur hors du commun. Bien que dans ce classement, il apparaisse deuxième derrière Michel Platini, il mérite aussi la première place. Je les aurais mis ex æquo, mais *France Football* ou *L'Équipe* ont dû trancher. Son seul petit défaut qui me chagrine un peu, moi un buteur, c'est qu'il n'ait pas plus souvent tenté sa chance. Récemment au Real Madrid, il ne tirait même pas les coups francs, une de ses grandes spécialités à la Juventus. Il était en effet un immense tireur de coup franc : je l'ai vu marquer deux fois dans une rencontre au même gardien et dans le même coin. Le gardien savait pourtant qu'il allait lui mettre le ballon là et il est encore allé chercher la deuxième dans ses filets.

Zidane aurait aussi pu être un bon buteur, habile des deux pieds. Il l'a prouvé en obtenant de grands buts. Puisqu'il ne tire pas assez souvent, ce petit défaut lui a peut-être valu sa deuxième place derrière Platoche, plus réalisateur. C'est en outre un type humble qui ne tire jamais la couverture à lui.

## Platini, Zidane, Kopa, Fontaine, Deschamps

Cette fois, voici, toujours par la même revue, le classement des meilleurs joueurs des 100 ans d'équipe de France, publié en 2004.

J'y gagne une place, certainement grâce à l'exploit des 13 buts en 1958. Kopa se maintient ferme dans tous les classements comme la médaille de bronze du football français, lui aussi grâce à sa performance de 1958. Bref, en vivant aussi bien dans la mémoire collective, malgré les années, cette équipe de France cru 1958 était sacrément talentueuse.
Aucun des Anciens de Suède ne me contredira. Beaucoup d'entre eux, comme certains analystes ou historiens, la qualifient d'au moins comparable, voire meilleure, que ses grandes héritières, les cuvées années 1980 et 1996-2000.

## Remerciements à un fan : Albert de Monaco

Au cours d'une soirée caritative, Albert de Monaco avait acheté, dès la première enchère, un maillot Fontaine de 1958. Avec mon épouse, Arlette, nous avons toujours été bien reçus et en grande simplicité, dans la Principauté, dont une fois dans la loge royale au stade Louis-II, en la présence de son père Rainier.
En 2005, à l'occasion de nos quarante ans de collaboration avec Lacoste, un séminaire se déroulait à Monaco. Soudain, Albert de Monaco nous a fait la surprise de venir nous féliciter.
En cette occasion, j'appris qu'il était né en 1958. Comme d'autres achètent un grand millésime de leur année de naissance, il avait acheté un maillot de football année 1958. Grand sportif et grand supporter, il joue toujours au football dans l'équipe de mon ami Henri Biancheri.

# 12

Sans avoir jamais gagné
le Ballon d'Or, j'ai été classé
14e joueur mondial
du XXe siècle par les brésiliens

« Toujours au stade Ullevi de Göteborg, chers auditeurs, en ce samedi 28 juin 1958, pour la petite finale contre les champions du monde 1954. Et l'Allemagne perd maintenant 4-2, face à une excellente équipe de France. Eh oui, après les deux buts de Fontaine et celui de Kopa, sur penalty, Yvon Douis a ajouté son but, signant ainsi sa présence sur le terrain en Suède en ce dernier match. En ce très beau dernier match des Français. Nous approchons de l'ultime quart d'heure de jeu et la balle est dans le camp français, dans les pieds de Maryan Wisnieski, qui la passe à Fontaine. Qui dribble un joueur allemand et s'en va à grande vitesse. Belle offensive, Fontaine ralentit, accompagné de part et d'autre de Kopa et Douis. La supériorité numérique est établie. Mais la défense allemande recule, personne n'attaque Fontaine. Il a le choix entre la passe à un de ses deux équipiers, à droite ou à gauche, ou y aller seul. C'est ce qu'il va faire. Il accélère brusquement et se trouve en position de tir, aux abords des 18 mètres. Il résiste à la tentative de retour de deux défenseurs et tire. But, buuuut. But de Fontaine qui a shooté du droit. À ras terre. Encore un tir croisé meurtrier de notre canonnier. Comment ne pas l'appeler ainsi. C'est son troisième but cet après-midi, dans ce match pour la troisième place de la plus grande compétition universelle de football. Et c'est le 12e but de Canonnier Fontaine dans cette Coupe du monde. 77e minute de jeu :

France 5 - Allemagne 2. »

### *Le musée Just Fontaine : Z'aurrieez pu fèerrre kaaarrièèere !*

*En 1986, cinquante après ses premiers buts sous les eucalyptus de la place de l'église de Marrakech, au soleil du Maroc, Justo et des amis cinquantenaires, dont Dominique Colonna, Jean-Claude Darmon et Enrico Macias, sous le soleil du Mexique, sont en quête d'un huitième, pour disputer un quatre contre quatre sur le sable blanc d'Acapulco. Ils invitent un voisin d'arène, un authentique Québécois, si l'on en croit son accent. Ce Québécois lâche, à la fin de la partie à un des cinquantenaires, qui pesait 95 kg, et qui boitait... « Mais dzites-moi, vous savez qu'vous z'aurrieez pu fèerrre kaaarrièèere ! ».*
*Il parlait à Just Fontaine, recordman buteur des Coupes du monde.*

## Un des plus beaux compliments qu'on m'ait jamais faits

Presque trente ans après la fin précoce de ma carrière, ce compliment me vint droit au cœur, avec ce brin de regret. Un message de reconnaissance d'un inconnu. Le pauvre, quand je lui ai expliqué qui j'étais, il ne savait plus où se mettre, me priant de l'excuser de ne pas m'avoir reconnu.
Alors je l'ai consolé, en lui disant que c'etait le plus beau compliment que j'avais reçu. Et des félicitations et des prix, médailles et reconnaissances en tout genre, j'en ai eu. Même si cet hommage fut tardif... À l'époque des 13 buts de ce record, cela s'était réduit à être porté quelques secondes par mes équipiers Lerond, Vincent et Douis et à une carabine offerte par un journal suédois !

## La reconnaissance de *Placar*, une référence !

Une des reconnaissances tardives, qui m'a le plus touché, c'est celle de la revue brésilienne *Placar*, la plus ancienne et prestigieuse du pays roi du football. Il faut croire que les Brésiliens se souvenaient encore de cette angoisse qui les assaillit, lors de mon but égalisateur à 1-1 en demi-finale du 24 juin 1958 à Stockholm, avant la grave blessure de Jonquet. Cette revue dressa la liste des 100 meilleurs footballeurs de la planète du siècle. La voici :

### Placar : Os 100 craques do seculo XX

1. Edson Arantes do Nascimento – PELÉ (Brésil)
2. Diego Armando MARADONA (Argentine)
3. Johan CRUYFF (Pays-Bas)
4. Manoel Francisco dos Santos – GARRINCHA (Brésil)
5. Franz BECKENBAUER (Allemagne)
6. Alfredo DI STEFANO (Argentine)
7. Ferenc PUSKAS (Hongrie)
8. **Michel PLATINI (France)**
9. EUSEBIO Ferreira da Silva (Portugal)
10. ROMARIO de Souza Farias (Brésil)
11. Lev YASHINE (Russie)
12. Roberto RIVELLINO (Brésil)
13. Valdir Pereira – DIDI (Brésil)
14. **Just FONTAINE (France)**
15. Daniel Alberto PASSARELLA (Argentine)
16. Arthur Antunes Coimbra – ZICO (Brésil)
17. Franchescino BARESI (Italie)
18. Robert « BOBBY » CHARLTON (Angleterre)
19. Elias Ricardo FIGUEROA Brander (Chili)
20. Lothar MATTHÄUS (Allemagne)
21. Gordon BANKS (Angleterre)

22. Nilton SANTOS (Brésil)
23. Josef Dieter MAIER (Allemagne)
24. Sandor KOCSIS (Hongrie)
25. Angel Amadeo LABRUNA (Argentine)
26. Marco VAN BASTEN (Pays-Bas)
27. George BEST (Irlande du Nord)
28. Leonidas DA SILVA (Brésil)
29. Hristo STOICHKOV (Bulgarie)
30. Francisco GENTO (Espagne)
31. Ruud GULLIT (Pays-Bas)
32. Fritz WALTER (Allemagne)
33. Luigi RIVA (Italie)
34. Gerd MÜLLER (Allemagne)
35. Arthur FRIEDENREICH (Brésil)
36. Paulo Roberto FALCÃO (Brésil)
37. Robert MOORE (Angleterre)
38. GERSON de Oliveira Nunes (Brésil)
39. Paul BREITNER (Allemagne)
40. DOMINGOS Antônio da Guia (Brésil)
41. Dino ZOFF (Italie)
42. Karl-Heinz RUMMENIGGE (Allemagne)
43. Laszlo KUBALA (Hongrie)
44. Uwe SEELER (Allemagne)
45. Valentino MAZZOLA (Italie)
46. CARLOS ALBERTO Torres (Brésil)
47. Obdulio Jacinto VARELA (Uruguay)
48. Eduardo Gonçalves de Andrade – TOSTÃO (Brésil)
49. Stanley MATTHEWS (Angleterre)
50. **Raymond Kopaszewski « KOPA » (France)**
51. Djalma SANTOS (Brésil)
52. George WEAH (Liberia)
53. Jürgen KLINSMANN (Allemagne)
54. Paolo MALDINI (Italie)
55. HUGO SANCHEZ Márquez (Mexique)
56. Amadeo Raúl CARRIZO (Argentine)

57. Albert-Roger MILLA (Cameroun)
58. Zoltan CZIBOR (Hongrie)
59. Leovegildo Lins Gama JUNIOR (Brésil)
60. Michael LAUDRUP (Danemark)
61. Josef MASOPUST (Tchécoslovaquie)
62. Antonio de Oliveira Filho – CARECA (Brésil)
63. Juan Alberto SCHIAFFINO (Uruguay)
64. ADEMIR DA GUIA (Brésil)
65. Paolo ROSSI (Italie)
66. Jair « JAIRZINHO » Ventura Filho (Brésil)
67. Mário Esteves COLUNA (Portugal)
68. ADEMIR Marques DE MENEZES (Brésil)
69. Enzo FRANCESCOLI Uriarte (Uruguay)
70. Teófilo CUBILLAS (Pérou)
71. Gaetano SCIREA (Italie)
**72. Alain GIRESSE (France)**
73. Júlio « JULINHO » BOTELHO (Brésil)
74. Luis « LUISITO » SUÁREZ Miramontes (Espagne)
75. Giacinto FACCHETTI (Italie)
76. PEDRO Virgilio ROCHA Franchetti (Uruguay)
77. SOCRATES Sampaio de Souza Vieira de Oliveira (Brésil)
78. Guillermo STABILE (Argentine)
79. Thomaz Soares da Silva – ZIZINHO (Brésil)
80. Gheorghe HAGI (Roumanie)
81. Antonio « TONINHO » Carlos CEREZO (Brésil)
82. Ricardo ZAMORA Martínez (Espagne)
83. RONALDO Luís Nazário de Lima (Brésil)
84. Antonio CARBAJAL (Mexique)
85. Silvio PIOLA (Italie)
86. Giuseppe MEAZZA (Italie)
87. Carlos Alberto GAMARRA Pavón (Paraguay)
88. Gabriel Omar BATISTUTA (Argentine)
89. Paul John GASCOIGNE (Angleterre)
90. Frantisek PLANICKA (Tchécoslovaquie)
91. Roberto BAGGIO (Italie)

**92. Zinedine ZIDANE (France)**
93. Johan NEESKENS (Pays-Bas)
94. Julio César Romero « ROMERITO » (Paraguay)
95. Davor SUKER (Croatie)
96. José Luís Félix CHILAVERT (Paraguay)
**97. Jean Amadou TIGANA (France)**
98. Mario Alberto KEMPES (Argentine)
99. Zbigniew BONIEK (Pologne)
100. Franklin Edmundo RIJKAARD (Pays-Bas)

## Placar : *Didi, 13e, en face, Fontaine, 14e*

*Page 26, Didi, page 27, Fontaine, ce beau face à face ramené à celui de 1958 où Fontaine affrontait Didi en cette demi-finale du 24 juin, que craignaient tant les Brésiliens, face aux artistes français. À l'époque, ils n'avaient encore rien gagné et ils redoutaient, comme toujours, de ne pas passer le cap des demi-finales, jusqu'à la blessure de Jonquet et les trois buts de Pelé. Le magazine brésilien titre : « Beaucoup de buts et peu de chance » pour la biographie de Just Fontaine. Dans ce classement des 100 cracks du siècle de* Placar, *une référence émanant du football qui domine le monde, il y a d'autres très grands et beaux joueurs français, ce qui prouve le respect du Brésil pour le football français du XXe siècle. Michel Platini, 8e. Raymond Kopa, 50e, Alain Giresse, 72e et Jean Tigana, 97e. Et Zidane ?*
*Il apparaît en 92e position, pas loin derrière Ronaldo, 83e.* Placar *confectionna ce classement historique, avec ses correspondants du monde entier, en tenant aussi compte des classements de toutes les grandes revues nationales. Ce travail qui commença après le Mondial 1998, au moment où Ronaldo et Zidane entamaient leur ascension. Cependant, la hiérarchie fut amendée en 2005, quand* Placar *publia la liste des 100 plus grands joueurs des Coupes du monde, où Zidane est 9e et Ronaldo, 5e. Fontaine y est toujours présent et bien présent, 17e, passant même devant Platini, 19e.*

## Placar : Os 100 Craques das Copas

1 – PELÉ (Brésil)
2 – GARRINCHA (Brésil)
3 – Diego MARADONA (Argentine)
4 – Franz BECKENBAUER (Allemagne)
5 – RONALDO (Brésil)
6 – Johan CRUYFF (Pays-Bas)
7 – Ferenc PUSKAS (Hongrie)
8 – ROMARIO (Brésil)
**9 – Zinedine ZIDANE (France)**
10 – EUSEBIO (Portugal)
11 – Lothar MATTHÄUS (Allemagne)
12 – DIDI (Brésil)
13 – Nilton SANTOS (Brésil)
14 – Gordon BANKS (Angleterre)
15 – GERSON (Brésil)
16 – JAIRZINHO (Brésil)
**17 – Just FONTAINE (France)**
18 – Obdulio VARELA (Uruguay)
**19 – Michel PLATINI (France)**
20 – Roberto RIVELLINO (Brésil)
21 – Fritz WALTER (Allemagne)
22 – Daniel PASSARELLA (Argentine)
23 – Lev YASHINE (Russie)
24 – Roberto BAGGIO (Italie)
25 – Mário KEMPES (Argentine)
26 – Paolo ROSSI (Italie)
27 – Leandro ANDRADE (Uruguay)
28 – Gerd MÜLLER (Allemagne)
29 – RIVALDO (Brésil)
30 – Josef « Sepp » MAIER (Allemagne)
31 – Giuseppe MEAZZA (Italie)
32 – Hristo STOICHKOV (Bulgarie)
33 – Robert « BOBBY » CHARLTON (Angleterre)

34 – Paul BREITNER (Allemagne)
35 – Franco BARESI (Italie)
36 – Karl-Heinz RUMMENIGGE (Allemagne)
37 – ZICO (Brésil)
**38 – Lilian THURAM (France)**
39 – Josef MASOPUST (Tchécoslovaquie)
40 – Dino ZOFF (Italie)
41 – Paulo FALCÃO (Brésil)
42 – Robert RENSENBRINK (Pays-Bas)
43 – Carlos GAMARRA (Paraguay)
44 – Guillermo STABILE (Argentine)
45 – Claudio CANIGGIA (Argentine)
46 – Gheorghe HAGI (Roumanie)
47 – TOSTÃO (Brésil)
48 – CAFU (Brésil)
49 – Ubaldo FILLOL (Argentine)
50 – Michael LAUDRUP (Danemark)
51 – Gary LINEKER (Angleterre)
52 – Zbigniew BONIEK (Pologne)
53 – JUNIOR (Brésil)
54 – Sandor KOCSIS (Hongrie)
**55 – Jean TIGANA (France)**
56 – Claudio TAFFAREL (Brésil)
57 – Johan NEESKENS (Pays-Bas)
58 – BEBETO (Brésil)
59 – Uwe SEELER (Allemagne)
60 – Silvio PIOLA (Italie)
61 – Leonidas DA SILVA (Brésil)
62 – Grzegorz LATO (Pologne)
63 – CARECA (Brésil)
64 – Robert « BOBBY » MOORE (Angleterre)
65 – Mario ZAGALO (Brésil)
66 – Djalma SANTOS (Brésil)
67 – Paolo MALDINI (Italie)
**68 – Raymond KOPA (France)**

69 – Jürgen KLINSMANN (Allemagne)
70 – VAVA (Brésil)
71 – Teófilo CUBILLAS (Pérou)
72 – CARLOS ALBERTO Torres (Brésil)
73 – Roger MILLA (Cameroun)
74 – Salvatore « Totó » SCHILACCHI (Italie)
75 – Davor SUKER (Croatie)
76 – Elías FIGUEROA (Chili)
77 – Osvaldo ARDILES (Argentine)
**78 – Marius TRÉSOR (France)**
79 – RONALDINHO GAÚCHO (Brésil)
80 – DOMINGOS da Guia (Brésil)
81 – Juan SCHIAFFINO (Uruguay)
82 – Oliver KAHN (Allemagne)
83 – ZIZINHO (Brésil)
84 – DUNGA (Brésil)
85 – Paul GASCOIGNE (Angleterre)
86 – DIRCEU (Brésil)
87 – Luigi RIVA (Italie)
88 – Dennis BERGKAMP (Pays-Bas)
89 – ROBERTO CARLOS (Brésil)
90 – Oleg BLOKHIN (Russie)
91 – Toninho CEREZZO (Brésil)
92 – Gaetano SCIREA (Italie)
93 – Nandor HIDEGKUTI (Hongrie)
94 – Michael OWEN (Angleterre)
95 – ADEMIR MENEZES (Brésil)
96 – Mathias SINDELAR (Autriche)
97 – SOCRATES (Brésil)
98 – Rudi KROL (Pays-Bas)
99 – Andreas BREHME (Allemagne)
100 – Jorge VALDANO (Argentine)

*Et dans cette liste des cracks des Coupes du monde, selon* Placar, *le contingent de Français augmente. Ils sont dorénavant 7. Lilian Thu-*

*ram est 38e, Jean Tigana, 55e, Raymond Kopa 68e et enfin Marius Trésor, 78e.*

### *Fontaine cité huit fois sur dix, seuls Pelé et Di Stefano...*

*Seuls Pelé et Di Stefano entrent 10 fois sur 10 dans les plus fameux classements du siècle ou de l'histoire.* Placar *classe Fontaine 14e, l'IF-FHS (la fameuse institution d'histoire et de statistiques du football) le met 30e,* World Soccer *et* Planète Football *le rangent dans les 50 meilleurs de l'histoire,* La Reppublica, *parmi ses 100,* France Football *et* L'Équipe *lui accordent une belle place, tout comme* El Païs *uruguayen, etc.*
*Enfin, en 2004, pour le centenaire de la FIFA, Pelé établit un palmarès de 125 joueurs où figure évidemment Justo, avec une belle photo de septuagénaire exécutant un tir parfait en costume cravate. Avec la légende GOAL !*

## Le joueur français des 50 ans de l'UEFA

En 2005, j'ai reçu une médaille de l'UEFA, étant distingué par la Fédération française de football, comme le joueur français des 50 dernières années, à l'occasion du jubilé de l'organisation européenne du football. J'en fus très heureux d'autant que je ne m'y attendais pas. Car d'autres la méritaient, tout autant.
On a fêté ça entre amis de l'époque glorieuse, avec Colonna, Kopa et Piantoni, et à la FFF. Puis je devais donner le coup d'envoi de France-Suède. Ce 9 février 2005 au Stade de France ; mais je l'ai laissé à Dominique Colonna, qui, comme gardien, n'en a pas souvent l'occasion. Et ce, sous nos yeux attentifs à tout défaut technique. Mais il faut convenir qu'il a un bon coup de pied, notre gardien spécialiste du dégagement à la main.
Outre la désignation d'un joueur par chaque association européenne de football, l'UEFA établit un classement des footballeurs européens de ce cinquantenaire 1955-2005, fondé sur les

votes des internautes du site uefa.com, un vote plutôt jeune, qui avaient à choisir les meilleurs parmi 250 postulants.

**1 Zinedine Zidane**
2 Franz Beckenbauer
3 Johan Cruyff
4 Marco Van Basten
5 Dino Zoff
6 Alfredo Di Stefano
7 Eusebio
8 Lev Yashine
**9 Michel Platini**
10 Paolo Maldini
11 Ferenc Puskas
12 Paolo Rossi
13 Ruud Gullit
14 Bobby Charlton
15 Lothar Matthäus
16 Karl-Heinz Rummenigge
17 Franco Baresi
18 Gerd Müller
19 George Best
20 Kevin Keegan
21 Frank Rijkaard
22 David Beckham
23 Bobby Moore
24 Roberto Baggio
25 Michael Laudrup
26 Ronald Koeman
27 Peter Schmeichel
28 Gheorghe Hagi
29 Sepp Maier
30 Oliver Kahn
31 Luis Figo
32 Raúl González

33 Berti Vogts
34 Johan Neeskens
35 Gianni Rivera
36 José Antonio Camacho
37 Marco Tardelli
**38 Just Fontaine**
39 Peter Shilton
40 Bernd Schuster

## Troisième du Ballon d'Or 1958 et contingences des trophées

En 1958, c'est Raymond Kopa, qui enlève, fort justement, le Ballon d'Or de *France Football*, devant l'Allemand Rahn. Ce fut pour moi une petite surprise, comme il y en a de temps en temps avec les trophées. J'avais en effet réussi une année exceptionnelle. Championnat, Coupe, Mondial et record des buts, je pensais bien que le ballon d'argent était à ma portée. À l'époque, les correspondants européens de *France Football* n'avaient pas la tâche aussi facile que ceux d'aujourd'hui. Ils ne se déplaçaient pas aussi souvent pour des matches. La télé naissante ne s'intéressait pas beaucoup au football.

À l'inverse, aujourd'hui, des problèmes éventuels demeurent pour discerner d'excellents joueurs qui évoluent dans des clubs de championnats moins couverts médiatiquement, que l'on ne verra que peu, surtout s'ils ne parviennent pas au moins dans une demi-finale de Coupe d'Europe. Mais s'ils sont aussi bons, ils s'épanouiront rapidement dans un grand championnat européen largement diffusé.

En 1958, toujours, la surprise fut l'élection de Maurice Lafont, comme meilleur footballeur français de l'année. Je n'en ai pas d'amertume, au contraire, j'en suis content pour Maurice, hélas ! décédé en 2005. Il avait des mérites, c'était un excellent demi-centre et un beau footballeur. Il disputa France-Allemagne en clôture du Mondial. Il fut en outre vice-champion de France et finaliste de la Coupe de France avec Nîmes, dans les deux cas, dauphin de Reims, en cette même année 1958.

J'évoque ces deux cas, Rahn puis Lafont seulement pour signaler qu'aujourd'hui, cela n'aurait sans doute pas été possible. Les résultats importaient sans doute plus qu'à notre époque, dans les critères des trophées. Cette relativité des opinions n'est qu'une péripétie.

## *Les choix du cœur des correspondants*

*Le Ballon d'Or de* France Football *est attribué par un correspondant de chaque pays européen, un seul, du plus petit pays au plus grand des 52. Mais prenons un seul exemple : l'Espagne et l'élection de Michael Owen en 2001. Un pays majoritairement divisé en pro-Barça et pro-Madrid présente la particularité d'avoir 4 grands quotidiens sportifs (autant dire de football),* Marca, *le leader, et* As *à Madrid,* Mundo Deportivo *et* Sport *à Barcelone, qui affirment leurs couleurs locales. Or le correspondant qui vote pour* France Football *est un grand journaliste de Mundo Deportivo, clairement pro-Barça. En 2001, la lutte s'était concentrée entre Owen et Raul, l'emblème madrilène. Owen remporta en 2001 ses quatre premiers titres avec Liverpool, UEFA, Super Coupe d'Europe, Charity Shield et la Cup, ses premiers titres. Raul, quant à lui, accumulait les titres majeurs depuis des années, deux Coupes d'Europe, deux championnats d'Espagne, un trophée du meilleur buteur. Et il remporta, en cette année 2001, le difficile championnat espagnol, la Super Coupe d'Espagne et de nouveau le trophée du meilleur buteur.*

*L'attaquant madrilène, régulièrement dans les meilleurs depuis des années et avec trois titres contre quatre cette année-là, dont deux très importants comme la Liga, le championnat, qu'Owen ne remporta pas en Angleterre. Le correspondant catalan de Barcelone de* France Football *ne donnera pourtant qu'un petit point au challenger espagnol de Madrid, le classant cinquième sur cinq et accordera le maximum, 5 points, à Owen, son premier. Raul ne frôle jamais d'aussi près le Ballon d'Or, en cette année 2001. Ce n'est sans doute pas ce seul vote particulier qui fit pencher la balance en faveur de Owen, lequel n'a d'ailleurs pas confirmé ce subit mérite depuis (Raul fut deuxième avec 140 points contre 176 à Owen). Mais on s'interroge toujours sur le choix du cœur des correspondants de l'hebdomadaire français.*

### Décoré de l'Ordre du Mérite de la FIFA

*Décoré de l'Ordre du Mérite de la FIFA, Just Fontaine est magnifiquement entouré dans la sélecte et restreinte liste de vingt acteurs et serviteurs du plus grand jeu universel : Larbi Ben Barek, l'idole de son enfance, les Anglais Stanley Matthews, Bobby Charlton et Bobby Moore, les Brésiliens Pelé, Gilmar, Zagalo et Zico, le gardien mexicain Carbajal, cinq fois mondialiste, l'Uruguayen Obdulio Varela, capitaine de la première sélection championne du monde, les Allemands Fritz Walter, Gerd Müller et Franck Beckenbauer, plus Alfredo Di Stefano, Eusebio, Dino Zoff, Salif Keita, Puskas et enfin Lev Yashine.*
*Fontaine y côtoie ici aussi d'autres personnalités internationales tels Henry Kissinger, Kofi Annan, Nelson Mandela ou Fernand Sastre.*

### Et la Légion d'honneur

*En décembre 1983, Just Fontaine reçoit la Légion d'honneur, des mains et avec l'accolade de François Mitterrand. Il était accompagné de son épouse Arlette.*
*Ainsi, treize ans après Raymond Kopa, qui fut le premier joueur de football ainsi honoré, il reçoit la plus haute distinction pour les hommes et femmes qui ont honoré le prestige de la France. Depuis, bien d'autres footballeurs et sportifs l'ont épinglée au revers de la veste.*

### Fontaine avec Eusebio, Maradona, Rivera, Roberto Baggio

*C'est la première promotion 2003 de la Champions'Promenade de Monaco, où les footballeurs historiques laissent l'empreinte de leurs pieds, sauf les gardiens, qui y laissent la main. Albert de Monaco, sportif et initiateur de cette opération, a créé cette distinction, qui, dans le domaine du football, sauf strass et paillettes et de plus humble façon, marche sur les pas du Walk of Fame des Stars de Hollywood Boulevard.*

*Chaque année, outre les historiques, une star du football moderne pose ses pieds sur la Champion's Promenade. Cette première année 2003 fut celle du magnifique artiste italien Roberto Baggio. En 2004, Di Stefano, Platini, Zoff, pour les historiques, et le Tchèque Pavel Nedved pour les modernes firent leurs premiers pas sur la promenade monégasque. En 2005, les historiques Best, Gento, Rivellino, Luigi Riva et Georges Weah, précédèrent le moderne Chevtchenko sur une Champion's Promenade qui s'embellit d'année en année.*

## Cinq stades Just Fontaine

Peu de joueurs, de leur vivant, reçoivent l'honneur ou le bonheur de compter un stade à leur nom. Moi, j'en ai cinq ! Les stades prennent habituellement le nom d'un défunt !

Le premier fut celui d'Antigny, dans la Vienne, où le maire m'avait demandé cette faveur. Lors de l'inauguration, j'y avais même eu l'occasion de serrer la main du général de Gaulle, alors président de la République. Mon père, gaulliste et fier de ce hasard, transforma la photo en poster. Ce hasard qui fit la fierté de mon père car ma main que serra De Gaulle remplaçait celle d'un maire communiste des environs, qui avait refusé de le faire ! Il y a deux stades Just Fontaine dans l'Isère, à Charvieu-Chavagneux et à Saint-Martin-d'Hères. Le premier construit à la demande du maire encore et le second par le truchement d'un ami d'enfance au Maroc qui en proposa l'idée au maire.

Puis il y eut le stade Just Fontaine de Yerville, en Seine-Maritime, pas bien loin de Rouen, commune voisine de Boudeville, ville de naissance de mon père. Le maire en avait parlé à ma famille et j'avais accepté. Le jour de l'inauguration, quelque temps après, je ne pus retrouver qu'un ou deux membres de la famille Fontaine.

## On aurait eu des ennuis avec la FIFA !

Enfin, le dernier stade Just Fontaine est proche de Toulouse, ma ville d'adoption et celle de mon épouse. C'est le stade de la CLEF, le club de football de Labège-Escalquens, à proximité de quelques terrains de rugby du centre de la Ville rose. Je dois cet honneur à l'instance du président du club, un grand ami, qui n'a jamais pu me tutoyer jusqu'à ce jour, Monsieur Jacky Conchou, ancien bon joueur, toutefois un peu rugueux. Peut-être que Jacky me tutoiera le jour où il m'engueulera de raconter ces confidences en public !
Jacky m'avait d'abord demandé d'être le président d'honneur de la CLEF. Lesquelles clés d'honneur de la maison, je les ai acceptées alors de bonne grâce. Puis après force gigots achetés à son étal du marché Victor Hugo, et d'excellentes relations humaines, il m'a aussi demandé de baptiser de mon nom le futur stade du modeste club. Car le petit stade original, victime de son succès, avait en particulier vécu des débordements indignes des règlements modernes de sécurité du football.
Près de 4 000 personnes avaient envahi un stade de théoriquement 500 places. Le public était d'une terrible densité, amassé sur dix rangs autour de la main courante, dans les arbres, partout. C'était le jour d'un match de gala entre la CLEF et l'équipe de France ! Kopa, Colonna, Wisnieski, Piantoni, Vincent, Jonquet, Bruey, J.J. Marcel et compagnie, tous les « Anciens de Suède », ou presque, furent les coupables de ce sympathique débordement. Pour le plaisir. De la folie et un grand souvenir.

## Seul Louis Finot...

Il est la seule personne à avoir prévu, avant le Mondial 1958, que j'en serais le meilleur réalisateur. Ancien international français dans les années 1930, comme demi-aile, il était le responsable de la publication du bulletin des anciens internationaux de l'équipe de France; Il fut aussi le président de cette association de serviteurs du football français.
Il n'avait pas prévu que je battrais le record. Mais aucun journal, aucune radio ou télé, aucun journaliste n'avait vu en moi le possible meilleur buteur de la Coupe du monde 1958. Il n'eut pas non plus le moindre doute, contrairement aux journalistes, sur ma titularisation au poste d'avant-centre. Sinon, il ne se serait jamais aventuré à émettre ce pronostic.

## Platini a eu de la chance, moi pas...

Si je ne m'étais pas gravement blessé, peut-être aurais-je pu précéder le record international détenu par Michel Platini (41 buts) ? Je pense à ça de temps en temps. Et je le dis à Michel pour le taquiner. Mais qui sait ?
En tout cas, mon record à la moyenne de buts par match, si l'on en croit toutes les statistiques et études, résiste toujours[1].

1. Curiosité : en marquant trois buts deux fois consécutivement (contre Lens et Lyon en Ligne 1 en février 2006), John Utaka (Stade Rennais) a égalé un record de Just Fontaine (avec Reims contre Sochaux et le Racing en 1957-1958) et de Michel Platini (deux triplés en équipe de France lors de l'Euro 1984).

Voilà les buts internationaux marqués par les 150 premiers joueurs ayant au moins inscrit 30 buts. – Sources : Jean-Pierre Bonenfant et Rsssf. com avant les matches amicaux de mars 2006.

1- Ali Daei (Iran) .......................... 107 (143) (1993-2005)
2- Ferenc Puskas (Hongrie) ................ 88 (89) (1945-1956)
3- Pelé (Brésil) .............................. 77 (92) (1957-1971)
**4- Sandor Kocsis (Hongrie)........ 75 (68) (1948-1956) – 1,103**
----------

**6- John Woodward (Angleterre).... 73 (53) (1903-1914) – 1,377**
7- Hossam Hassan (Égypte) ............... 69 (170) (1985-2006)
**8- Gerd Müller (Allemagne)....... 68 (62) (1966-1974) – 1,096**
----------

14- Ronaldo (Brésil) ....................... 57 (90) (1994-2006)
15- Omar Batistuta (Argentine).............. 56 (78) (1991-2002)
----------

18- Romario (Brésil)....................... 55 (70) (1987-2005)
----------

**22- Poul Nielsen (Danemark)....... 52 (38) (1910-1925) – 1,368**
23- Zico (Brésil)............................ 52 (72) (1976-1986)
----------

**26– Sven Ridell (Suède) ............49 (43) (1923-1932) – 1,139**
--------

**40- Gunnar Nordhal (Suède)....... 43 (33) (1942-1948) – 1,303**
----------

46- Eusebio (Portugal)........................41 (64) (1961-1973)
47- Platini (France) ..........................41 (72) (1976-1987)
----------

75- Luigi Riva (Italie) .........................35 (42) (1965-1974)
----------

**87- Wilimozski (Pologne/All.)...... 34 (30) (1934-1942) - 1,133**
----------

98- Maradona (Argentine).................. 34 (91) (1977-1994)
99- Cruyff (Pays-Bas)........................ 33 (48) (1966-1977)
----------

122- David Trezeguet ........................31 (60) (1998-2005)
----------
125- Thierry Henry .......................... 31 (75) (1997-2005)
----------
**129- Just Fontaine ..................30 (21) (1953-1960) - 1,428**
130- Lofthouse (Angleterre)................. 30 (33) (1950-1958)
131- Silvio Piola (Italie) ...................... 30 (34) (1935-1952)
132- Zizinho (Brésil) ......................... 30 (53) (1942-1957)
133- Jean-Pierre Papin ......................30 (54) (1986-1995)
----------
136- Denis Law (Écosse)...................... 30 (55) (1959-1974)
----------
140- Alan Shearer (Angleterre)..............30 (62) (1991-2000)
----------
146- Paul Van Himst (Belgique)..............30 (80) (1960-1974)

## Les meilleurs buteurs des Coupes du monde

1930 : Stabile (Argentine), 8 buts
1934 : Nejedly (Tch.), Conen (All.), Schiavo (Ita.), 4 buts
1938 : Leonidas (Brésil), 8 buts
1950 : Ademir (Brésil), 9 buts
1954 : Kocsis (Hongrie), 11 buts
**1958 : Fontaine (France), 13 buts**
1962 : Garrincha (Brésil), Vava (Brésil), Albert (Hongrie), Ivanov (URSS), Jerkovic (Youg.), Sanchez (Chili), 4 buts
1966 : Eusebio (Portugal), 9 buts
1970 : Müller (RFA), 10 buts
1974 : Lato (Pologne), 7 buts
1978 : Kempes (Argentine), 6 buts
1982 : Rossi (Italie), 6 buts
1986 : Lineker (Angleterre), 6 buts
1990 : Schillacchi (Italie), 6 buts
1994 : Salenko (Russie), Stoichkov (Bulgarie), 6 buts
1998 : Suker (Croatie), 6 buts
2002 : Ronaldo (Brésil), 8 buts

## Le but de l'année

J'ai eu la fulgurance de penser à mes équipiers. « Aïe, aïe, qu'est-ce qu'ils vont me mettre si je la loupe ! » J'avais en effet le temps de contrôler le ballon et de m'avancer pour tirer de plus près, voire tenter de dribbler le gardien ou aller vers la ligne de but pour un centre en retrait. J'avais en effet de l'espace devant moi. En l'espace d'une demi-seconde, j'ai décidé. J'ai effectué une reprise de volée instantanée. Et ce fut le but de l'année choisi par *L'Équipe* et *Sports et Loisirs*. Il en reste un document saisissant : le gardien a à peine amorcé un mouvement, la balle fouette le fond supérieur des filets droits et je suis toujours en extension, avec le pied droit de la frappe encore pas au sol. Un instantané !
C'était le deuxième but de la France, sur une passe sèche de la droite de François Heutte le 13 décembre 1959, contre l'Autriche. En gagnant 5-2, nous garantissions ainsi la qualification pour les demi-finales du championnat d'Europe de l'été 1960, à Paris.
J'avais totalisé trois buts sur cinq. C'était quelques jours avant notre belle victoire 4-3, contre l'Espagne de Di Stefano, où je marquai un but.
Et aussi trois mois avant le terrible 20 mars 1960, mon jour le plus noir.

## Pierre Mondy et le dîner de cons

Un jour, le neveu d'Albert Batteux, âgé de 8 ans, rentre chez ses parents après l'école et leur dit : « Y'a un nouveau joueur à Reims et il n'a pas de prénom ! » Et les parents : « Pourquoi donc ? – Ben, il s'appelle juste Fontaine. »
Je rencontre un jour Pierre Mondy. Je lui raconte l'histoire, qu'il trouve fort amusante. Il l'inclut dans la pièce et le film *Le dîner de cons*, de Francis Veber où, outre Thierry Lhermitte ou Jacques Villeret, joue aussi Francis Huster, alias Juste Leblanc. « C'est

Juste Leblanc qui vient dîner ce soir ? – ... Ah bon, il vient tout seul ?... »
Sur France 3, voici quelque temps, Isabelle Giordano animait une brillante émission « La fabuleuse histoire de Jacques Villeret ». Un souvenir me remonta à la mémoire. Villeret s'était, un jour, approché de moi : « J'étais ramasseur de ballons lors des Racing-Reims de votre époque. » Je lui ai rétorqué : « Avec moi, vous n'aviez pas beaucoup de travail. Je ne mettais pas les ballons à côté... » Il m'a regardé, un peu saisi. La seconde d'après, nous éclations de rire.

## *Rue Fontaine-du-But, ambassadeur, poésie et romans*

*Just Fontaine fut aussi ambassadeur de la candidature du Maroc à l'organisation du Mondial 2010. Du coup, si vous vous promenez à Montmartre vous pourrez arpenter une des rues les plus pentues de la Butte, appelée la rue Fontaine-du-But.*
*Quelques romans font référence aux treize buts de Justo ou s'appuient sur sa prouesse de 1958. Et une belle poésie de Parry Maguire, originellement publiée en anglais, dans* Beautiful Game *(Beau Jeu), dont voici une traduction sans prétention.*

## *Just Fontaine, par Parry Maguire*

*Le chapitre et le vers qui séduisaient et éblouissaient*
*Avec la douce tendresse de millions et millions de cœurs*
*Battant au rythme de l'âme belle*
*Pendant que les défenses chutent comme des notes tombées*
*D'un accordéon diatonique*

*Chaque tir un baiser de Smith & Wesson*
*Laissant les filets arrondis de grâce et plénitude*
*D'une touche sublime et précise*
*Au bout de longues courses interminables*
*Et décidées*

*D'une balle embrassée au pied comme la maîtresse*

*Qui l'épouse dans la perfection des huiles de Monet*
*Dans la légende et l'idéal par-delà la poussière et la boue*
*Par-delà le sang séchant les cicatrices des tenailles mortelles*
*Échouée enfin comme une nouvelle d'hier*

## Témoignages et hommages d'amis

**De Christian Olivères**, *directeur commercial de Lacoste. Aucune parenté avec Christian Oliver, célèbre footballeur de Sedan, avec son frère Célestin. Ce dernier fit partie des 22 de la Suède 1958.*

*Justo,*

*Unis par le croco, pour nos propres affaires*
*Étions-nous destinés, dans ce cas à nous plaire ?*
*Crinière de lion et corne de bélier*
*Sur leurs affinités, se sont appréciés.*

*Partout où tu es passé, ta marque glorieuse*
*T'a valu en tout lieu une attention flatteuse.*
*Tu détiens le record, mais peu savent encore*
*Que rien que par ton cœur, tu vaux ton pesant d'or.*

*Un jour plus tard, si tu perds ton record*
*Et entres dans le rang des gloires délaissées*
*N'oublie pas tes amis, pour qui ton vrai apport*
*Tient en ta générosité, que tu as tant dispensée*

## *Le football'art de Christian Railhac, journaliste à* La Dépêche du Midi

*Just Fontaine est un de ces rares champions qui restent fidèles à un idéal de jeunesse. Il est à l'image des plus grands, faisant jouer son équipe comme il aimait évoluer étant joueur.*
*Aujourd'hui, il n'a y a que Johan Cruyff, le prince de l'attaque, Menotti ou Valdano, qui sont de la même veine. En France, il effrayait comme entraîneur à double visage, anticonformiste à l'image de Batteux, ou*

*philosophe, à l'image d'Hidalgo. Il a simplement l'amour d'un jeu qui pourrait s'appeler le footbal l'art.*

## *De Pierre Samaran, spécialiste en foie gras : le passage à tabac*

*Vous n'êtes pas sans ignorer que Just Fontaine fumait comme un pompier. Un jour après lui avoir conseillé d'arrêter je lui indiquai l'adresse d'une personne qui pourrait peut-être l'aider.*
*Persuadé que, de toute façon, il n'y arriverait jamais, je lui propose un pari : « Je t'offre ton poids en foie gras si par miracle tu réussis à te passer de cigarettes. » Mais Justo a gagné son pari, alors j'ai dû lui offrir 90 kg de foie gras. On peut donc dire que son passage à tabac m'a coûté très cher.*

## *Le perroquet à l'envers par Alexandre et Jacquotte Oréglia, amis de Justo*

*Par une terrible chaleur en Espagne, Just Fontaine arrive dans le restaurant « El bolid », à côté de Barcelone. Just, dont on connaît la sobriété, demande au serveur la seule boisson légèrement alcoolisée qu'il ait jamais bue et bien rarement : un perroquet à l'envers. Une menthe à l'eau avec un zeste de pastis.*
*Le serveur, qui n'a pas bien compris, lui sert un véritable perroquet, avec une dose (espagnole) de Ricard mélangé à du sirop de menthe que notre Justo avale d'un trait. C'est l'heure de passer à table, Justo n'arrête pas de rire et d'amuser la galerie. Au fur et à mesure du repas, sa tête devenait plus lourde et ses yeux de plus en plus brillants. Survint alors le moment où il s'affala sur la table, la tête plongée dans son assiette. Imperturbable, Jean-Jacques Marcel lâcha : « Tiens, on nous sert un gobie maintenant ! »*
*Et pour cause, le gobie est un poisson non comestible du littoral méditerranéen qui possède d'énormes yeux.*

## *De Drucker et Cangioni*

*Justo vous dira peut-être en vous racontant sa vie pleine de buts et de records, qu'il en possède un autre, bien particulier : le record de consultant de football ayant eu le temps de parole le plus long lors d'une retransmission télévisée. Près d'une heure et demie à lui seul, en plus de ses interventions pendant le match.*
*Il s'agissait de France-Hongrie, le 10 juin 1978, lors du Mondial en Argentine, quand la France avait oublié ses maillots et qu'il fallut meubler. Heureusement que Justo avait beaucoup à conter sur l'histoire du football. La France joua avec les maillots vert et blanc du club voisin de Kimberley, et gagna 3-1, en son dernier match de la Coupe du monde 1978.*

### Mon record rentable pour le musée Grévin

Au fait, je suis entré dans la célèbre galerie des héros du musée Grévin depuis ce record de 1958 !
Je n'aurais ainsi pas causé de surcroît beaucoup de travail pour les conservateurs. Nul besoin de me remplacer ou déplacer, etc. Un demi-siècle plus tard, mon record reste toujours d'actualité. Comme les vins de Bordeaux, il risque fort de prendre de la valeur ajoutée en vieillissant.

# 13

Voici le conseil que je donne
à Joseph Blatter :
pour sauver le football,
inspirez-vous du rugby !

« Chers auditeurs, en ce 28 juin, au stade Ullevi de Göteborg, l'Allemagne fait de la résistance à la France qui ne mène plus que 5-3. Il reste peu de temps. Nous allons sûrement fêter cette inespérée troisième place des Français en Coupe du monde, pour la première fois de l'histoire de notre football. Plus que trois minutes de jeu. Préparons-nous à célébrer ce triomphe français. Celui de la solidité de notre défense, et du malheureux Jonquet, celui de la stratégie de nos demis, Penverne ou Jean-Jacques Marcel, de l'immense efficacité créative et offensive des inters Kopa et Piantoni, et des raids et centres des ailiers Vincent et Wisnieski. Et enfin de l'incroyable efficacité devant le but ou hors de la surface de notre avant-centre, Just Fontaine, qui a marqué au moins un but dans les six matches qu'il a joués. Personne ne l'avait fait dans l'histoire des Coupes du monde ! Comme personne n'avait marqué 12 buts ! Le nouveau record. Le ballon dans les pieds de

Wisnieski qui le glisse à Fontaine.
Nous sommes loin des buts de Kwiatowski.
40 mètres, mais Fontaine est parti.
On connaît sa vitesse balle au pied.
Personne ne peut le rattraper. Le gardien hésite à sortir, c'est le bon moment pour tirer. Fontaine va tirer, il pointe le gardien. Du droit, but, but. C'est ce qui s'appelle savoir tirer et viser. Au bon moment. Au moment où le gardien s'élance.
Quatrième but de Fontaine dans ce match.
Treizième but de Just Fontaine dans ce Mondial. Quel record. Record du monde !
Nous sommes dans les derniers moments du match. Fontaine se précipite dans les bras de Wisnieski, qui lui a adressé la passe de ce but historique. Et de tous ses équipiers. La joie de Fontaine et de ses compagnons fait plaisir à voir.
Les Allemands sont au contraire dépités de telle supériorité et impuissance.
89e minute de jeu :

France 6 - Allemagne 3. »

## Lettre à M. Joseph Blatter, président de la FIFA

Objet : Coupe du monde 2006

Mon cher Joseph,

En cette année de Coupe du monde, je souhaite attirer votre attention sur quelques points principaux pour protéger les sélections nationales, les clubs et la qualité du spectacle de football.

## Aménagements des calendriers

Paul Nicolas, dirigeant du football français de mon époque, en pionnier, avait tenté, sans succès, de réduire le nombre de clubs du championnat de France de première division, de 18 à 16, car on jouait déjà beaucoup de matches de clubs ainsi que les deux compétitions majeures des sélections, le championnat d'Europe des Nations, et la mythique Coupe du monde.

**Sans compter les matches amicaux et de bienfaisance.**

Je sais que l'effort majeur doit être consenti par les clubs et les différents organismes nationaux qui gèrent leurs compétitions. Mais je crois aussi que les organisations internationales et les organisations nationales de clubs sont condamnées à se retrouver sur un terrain d'entente commun : le spectacle du jeu de football tout simplement.

## Pour le bien du spectacle du jeu de football

Le football a besoin des deux genres de compétitions, celles des sélections et celles des clubs. Je crois que les deux doivent faire des efforts pour combiner des intérêts qui paraissent parfois opposés. Et si les discussions prennent pour base commune – et elle est bien commune – la défense du football, il est possible de s'entendre.
D'une part, les clubs doivent reprendre cette vieille idée de réduction des matches dans les championnats et autres compétitions afin de préserver la fraîcheur de leurs joueurs. Et les solutions sont multiples, moins d'équipes dans l'élite, les matches de coupe à un seul tour et la Ligue des champions avec moins de clubs, le champion et le vice-champion par exemple.
Quant aux compétitions internationales de sélections, il faut veiller à ce que celles-ci aient plus de temps pour préparer un Mondial ou un Euro. Que les calendriers mondiaux de sélections soient homogènes – je rappelle le cas de la Coupe d'Afrique des Notions, disputée la même année que la Coupe du monde. Et pourquoi ne pas envisager la réduction des participants dans un Mondial ?

## Le nivellement des valeurs

Lors de la Coupe du monde 2002, la France, l'Argentine, l'Espagne, l'Italie et l'Angleterre furent éliminées avant l'heure. La majorité des internationaux des pays en question jouaient dans des championnats et compétitions exigeants. Ou fatigués ou blessés, ils n'avaient plus cette fraîcheur physique pour épauler un talent certain, contrairement à des pays qui, comme le Japon, la Corée du Sud ou la Turquie, avaient des programmes de préparation physique spécifiques pour la seule Coupe du monde.
Résultat : la France ne marque pas un seul but, alors qu'elle

possède dans ses rangs les trois meilleurs buteurs d'Italie, d'Angleterre et de France, Trezeguet, Henry et Cissé, l'Argentine domine sans concrétiser ses occasions, l'Espagne et l'Italie sont éliminées plus physiquement qu'arbitralement. Enfin le Brésil est champion, surtout grâce à Ronaldo qui, longtemps blessé, recommence à jouer seulement quelques mois avant le Mondial. Le finaliste est l'Allemagne, qui bénéficie d'une longue trêve hivernale dans son championnat. La fatigue des joueurs des championnats européens, qui s'étaient terminés à la mi-mai, avait nivelé les valeurs des uns et des autres.

## Fraîcheur contre talent

Outre le Mondial 2002, d'autres exemples de victoires de la fraîcheur sur le talent se sont récemment produits. Lors de l'Euro 2004, remporté par la surprenante Grèce, tous les pays aux championnats difficiles échouent, qui en poule, Allemagne, Italie et Angleterre, qui en quarts, Espagne et France, pour laisser place en demi-finales à la Grèce, futur champion d'Europe des Nations, la République tchèque, l'amphitryon Portugal et les Pays-Bas, pays aux championnats autrement moins exigeants.
Concernant les organisations des clubs européens, qui doivent fournir, je le répète, de gros efforts dans le sens de la recherche de la fraîcheur, de la protection de leurs joueurs et stars, il doivent aussi s'interroger sur les récents vainqueurs de la Ligue de champions, Porto ou Liverpool. Et en particulier prendre note d'une étonnante nouvelle défaite du talent face à la fraîcheur. Celle du Milan AC contre Liverpool, en 2005, année sans Euro, ni Mondial.
J'avais, avant cette finale, pronostiqué la possibilité de cette surprise en argumentant que Liverpool, éliminé de la lutte pour son championnat anglais, s'était consacré exclusivement à la Ligue des Champions, alors que Milan avait longtemps aussi été en course pour le titre de champion d'Italie.

## Appliquer le règlement

Outre le spectacle qui souffre de la fatigue de certains grands joueurs ou grandes équipes, les dernières grandes compétitions internationales laissent entrevoir des problèmes d'application ou non du règlement, préjudiciables aussi au spectacle que doit être la Coupe du monde ou les compétitions de clubs. Il existe un règlement précis, avec son arsenal de sanctions, qui, bien appliqué, favoriserait la fluidité du jeu et le spectacle, et les buts.

## Le drame de la faute tactique

Je ne parle pas seulement de la plus évidente du tirage de maillot ou fauchage, en milieu de terrain pour briser une contre-attaque adverse, mais aussi comme je l'ai dit auparavant le blocage discret du pied d'un adversaire, qui, sans le côté spectaculaire des fautes tactiques antérieures, porte fortement préjudice à l'attaque ou à la contre-attaque, et donc au spectacle. Il faudrait appliquer la règle jusqu'au fond, car ces multiples petites fautes, souvent considérées comme vénielles, sont une grande menace pour la fluidité du jeu, l'esprit du jeu, le spectacle et le football.

## Et l'obstruction ?

Une autre tolérance est apparue ces dernières années : la protection de balle exagérée. Auparavant un défenseur pressé par un attaquant dégageait le ballon en touche, voire en corner. Car il était menacé de la faute dite d'obstruction. Maintenant, les joueurs protègent la balle pendant plusieurs mètres, parfois 20, avec tout le corps, bras, jambes, coups de rein, etc., à un ou deux mètres de la balle, empêchant ainsi l'attaquant de passer pour jouer la balle, faisant ce qu'on appelle une obstruction.

Et au contraire de sanctionner l'obstructeur, telle que la règle le dit, c'est la plupart du temps le joueur qui tente de jouer qui est sanctionné, en voulant récupérer la balle. C'est aussi un obstacle au jeu et à l'esprit du jeu, puisqu'un joueur, pendant plusieurs mètres, ne « joue » pas, il empêche de jouer. Obstruction au jeu !

## 20 fautes sur la même action !

Enfin, il convient de solutionner l'immense problème de la bataille sur les corners et coups francs sur les côtés, où, dans la surface, tous les joueurs s'empêchent mutuellement de jouer et bouger, transformant ces actions de football en nombreux moments de lutte gréco-romaine. L'arbitre s'abstient le plus souvent d'intervenir, car il devrait siffler dix penalties ou dix fautes en attaque. Parfois même dix penalties ou dix fautes d'attaquants, en exagérant à peine, sur le même coup franc ou corner !

## S'inspirer du rugby

Pour mettre fin à ces mêlées de rugby dans les 6 mètres ou la surface, il est possible de s'inspirer du propre rugby. Je proposerais d'établir un couloir de séparation attaquants et défenseur, les défenseurs sur leur 6 mètres et les attaquants aux 11 mètres par exemple, avec interdiction de bouger avant que le ballon soit en jeu, comme dans la touche de rugby.
En ce cas, les joueurs se fixeraient sur le ballon au lieu de ceinturer ou retenir leur adversaire direct. Et bien des buts seraient ainsi marqués plus facilement par les attaquants adroits de la tête, en même temps que le gardien serait libre de mouvement, au contraire de l'habitude actuelle où il est gêné par cette masse de joueurs devant lui.

## Avancez de 10 mètres !

Au football, les discussions des joueurs sont devenues très fréquentes sur presque chaque décision de l'arbitre. Sauf avec Collina ! Et au rugby, jamais ou presque ! Pourquoi ? Beaucoup disent que le rugby est plus fair-play que le football, que les massifs rugbymen sont des gentlemen, etc.

Oui, certes, mais aussi parce qu'ils sont sous la menace d'une règle précise, indiscutable et indiscutée, celle du recul ou de l'avancée de 10 mètres, selon le côté où on se place, du point de tir de la faute à la moindre contestation ou perte de temps, obstruction, etc.

## Les oreillettes et micros

On sait que le public en général, mais aussi bien des joueurs et entraîneurs, ignorent certains point du règlement ou aménagements récents des règles du football. Et contestent ainsi des décisions arbitrales. Ils ne contestent pas toujours, heureusement, par principe, mais parfois aussi par ignorance.

Alors, une fois de plus, comme au rugby, pourquoi l'apparition des micros et oreillettes des arbitres pour communiquer entre eux, ne sert pas aussi pour informer le public ? Que public, joueurs et entraîneurs entendent les explications de l'arbitre, le football y gagnerait sans doute en sérénité, à l'exemple de tous ses acteurs, en compréhension mutuelle.

## Des solutions qui favorisent le but

L'essence et le but du football étant le jeu et les buts, il est indispensable de se pencher sur tous les problèmes qui gênent ou empêchent ces deux sources du beau spectacle que peut et doit être le football. Alors, toutes les solutions qui tendent à cela seront bonnes, et il y en a une multitude.

Et pour conclure, je crois que les intérêts des clubs, des organisations internationales, des joueurs et acteurs du football, sont les mêmes. Je suis optimiste en cela et reste à votre disposition pour en débattre plus largement, dans un seul but, le but. Ce but que je veux défendre dans ce livre.

Respectueusement et sportivement,
Just Fontaine

## La vidéo, oui, mais pour tous

La FIFA et l'UEFA ont l'habitude de visionner les cassettes des matches de football des grandes compétitions de sélection ou de clubs, afin de sanctionner les joueurs coupables de mauvais gestes ou de conduites antisportives, ce qui est louable. Lors d'un match Arsenal-Lens, en 2001, en Ligue des champions, l'arrière anglais Dixon s'écroule sur le terrain, simulant avoir reçu un coup de coude du Lensois Vairelles, qui est expulsé. L'UEFA, après vision de la cassette, sanctionne alors Dixon, ce que j'approuve.

Mais elle n'innocente pas Vairelles, qui n'avait rien fait et avait été privé du match retour à Lens. À mes yeux, il y a là un vide juridique qui pourrait combler d'aise des avocats spécialisés, car on ne peut admettre l'utilisation de la vidéo seulement dans un sens. Ceci parce que la décision de l'arbitre ne pouvait être remise en cause au nom de « l'accident de jeu ». Ce serait bénéfique pour la justice et l'éthique que les arbitres puissent aussi reconnaître leurs erreurs, comme les joueurs et autres acteurs du football et aussi, au vu des images, être sanctionnés en cas d'erreurs graves, flagrantes ou à répétition. Car on ne peut, avec ce système, seulement sanctionner les joueurs. Et ainsi, comme dans le cas ci-référencé, la sanction de l'arbitre à l'innocent aurait été levée.

## La vidéo n'aidera pas toujours

Par exemple, sur la situation déjà évoquée des coups francs sur les côtés et corners où les 20 acteurs à la réception du ballon sont fautifs, l'arbitre doit être extrêmement compétent et vigilant. À la limite, il peut siffler ce qu'il veut.
Même la vidéo lui donnera raison, puisque tous font faute. D'où ma solution de couloir de séparation comme au rugby.

## Un arbitre de but, un deuxième arbitre de terrain ?

Pourquoi ? S'il suffit d'installer une micro-caméra dans l'angle d'un but pour voir si le ballon est entré entièrement ou non (la seule solution précise, les caméras de télé n'étant pas ou jamais dans l'axe de la ligne) et pour juger de quelques autres actions litigieuses dans la surface des penalties, on pourra avoir recours au quatrième arbitre, muni d'un écran de contrôle.
Quant à l'arrivée d'un deuxième arbitre dans le rectangle de jeu, j'estime que les juges de touche peuvent arbitrer avec l'arbitre central, comme le font ceux du rugby. Et communiquer plus souvent entre eux, avec les oreillettes-micros.

## L'arbitrage vidéo plus juste

Je rappellerai encore le rugby, où l'on utilise la vidéo pour les essais litigieux, quand l'arbitre a un doute. Pourquoi ne pas l'utiliser donc, dans les cas de doute en football ? Par exemple, le hors-jeu.
Sur un hors-jeu litigieux apprécié par le juge de touche, ou de centre, même si le drapeau est levé, on laisse se poursuivre

l'action. L'arbitre du centre décide de contrôler. Il demande au quatrième arbitre devant son écran de contrôle, de contrôler, comme au rugby. But, ou non. Mais au moins la justice aura été rendue, justement dans 99 % des cas. Bien sûr, il faudra définir les critères de contrôle, c'est-à-dire le critère de doute.
Mais la réalité le prouve, bien souvent l'œil humain se trompe. Le cas du hors-jeu limite, quand un défenseur monte et croise un attaquant qui file au but, est bien difficile à apprécier pour l'homme. Alors que l'électronique nous sort du doute dans presque tous les cas.

## La vidéo aide à valider des buts, à débloquer des matches

Le football recherche le but, son but : des buts ! Laisser l'action se terminer sur un hors-jeu limite est la possibilité d'un but, alors qu'arrêter l'action risque de refuser un but valable, souvent beau d'ailleurs, produit de vitesse et de vitesse d'exécution. C'est l'occasion d'ajouter un but au tableau d'affichage.
Et comme on sait, dans un match fermé, 0-0, le premier but sert souvent à ouvrir ce match cadenassé. Les buts valables doivent être recherchés, encouragés et non refusés. Cela va dans le sens du football.

## La vidéo suspense et émotion

Les opposants à la vidéo perçoivent, dans l'électronique au service du football, la fin de l'émotion du football du suspense, etc. Ce contrôle des buts fantômes qui ont ou pas franchi la ligne, des penalties litigieux et des hors-jeu, prendrait, au maximum, 30 secondes chacun. Et cela n'arriverait pas aussi souvent dans un match. Beaucoup de matches se déroulent sans aucun de ces cas. Et d'autres ne comportent que quelques trois ou quatre cas litigieux maximum.

Je partage beaucoup des points de la théorie favorable à l'arbitrage vidéo de Jean-Marc Guillou, ex-international français, qui a fait une thèse exhaustive sur le sujet.

## La théorie de Jean-Marc Guillou

Non content d'être un fervent et passionné défenseur de l'arbitrage vidéo pour la justice dans le football, il soutient en particulier que la vidéo peut même ajouter du suspense et de l'émotion au spectacle et au jeu, au football en définitive.
En effet, comme au rugby, au moment du contrôle demandé par l'arbitre, s'établit dans le stade, ou devant la télévision, un silence, digne des grands moments de suspense ou d'émotion de la vie, pour les supporters des deux camps. Et verdict annoncé, on en ressort toujours avec l'impression d'une décision plus sûre et juste que le hasard de l'erreur éventuelle de l'œil humain.
Guillou explique aussi dans sa thèse, avec force détails, la différence phénoménale de vitesse de réaction de l'œil humain par rapport à l'œil électronique.

## Pas plus long que les protestations des joueurs

On ferait d'ailleurs d'une pierre deux coups. En effet, à chaque fois qu'il y a une décision litigieuse prise par un arbitre, les joueurs se ruent vers l'arbitre ou le juge de touche pour protester. Les discussions sont parfois interminables. Les protestations durent plus longtemps que le temps nécessaire au jugement du quatrième arbitre sur son écran de contrôle.
Via ce système, on élimine donc en outre un des problèmes de l'arbitrage, les protestations des joueurs aux arbitres. Sauf à Collina.

## Conseils aux arbitres sur les trucs des joueurs

**Un joueur qui lève les bras** sur un choc et une chute d'un adversaire à ses pieds, en disant qu'il ne l'a pas touché. C'est qu'il l'a touché et lui a commis une faute. Neuf fois sur dix, il lui a généralement bloqué discrètement le pied, un acte d'anti-jeu à mettre au niveau de gravité de la faute tactique.
**Un joueur qui se contorsionne au sol** en un roulé-boulé de plusieurs tonneaux, qui réclame l'assistance, etc. En général, il n'est pas blessé, c'est au pire un coup, voire parfois une caresse.
Un vrai blessé grave, il ne peut pas se contorsionner, ni faire un seul roulé-boulé. C'est encore une manœuvre d'anti-jeu, généralement pour couper une dangereuse contre-attaque adverse, puisque, la plupart du temps trompés, les joueurs adverses, dans une sorte d'élan de fair-play désuet, vont dégager la balle en touche. Et le simulateur de la blessure récupérera la balle. Bilan : une contre-attaque dangereuse avortée des uns au profit des autres, qui récupèrent le ballon, en ayant trompé tout le monde, l'arbitre le premier.
**Un gardien qui s'élance vers l'avant** après un tir adverse dans les nuages au-dessus de sa cage, qui proteste à ses arrières d'un manque de marquage ou attention, c'est un gardien qui veut gagner du temps, une nouvelle technique d'anti-jeu assez récente.

## Les clichés football classique - football moderne abondent. Ça jouait moins vite, au ralenti ! Fadaises !

Je crois que cette idée reçue est un peu due aux images, qui, elles oui, défilent au ralenti, avec des caméras qui tournaient bien moins vite que les digitales actuelles. Et ainsi paraissaient des images au ralenti.
Bon, plus sérieusement parlant, je peux vous dire que nous cou-

rions très vite et beaucoup. N'oublions pas qu'on couvrait déjà le 100 mètres en 10 secondes dans les années 1930.
Notre but et notre technique était de courir très vite, balle au pied, ou pour se démarquer. À propos des mesures de vitesse et de force des tirs de Roberto Carlos à plus de 120 km/h, j'aurais bien voulu disposer à mon époque de tels moyens pour mesurer la vitesse de la balle sur le but de l'année 1959.

## Les arbitres et les avants. Fadaises !

C'était les meilleurs du monde, mais ils étaient plus mauvais que ceux d'aujourd'hui, moins bien préparés physiquement et techniquement et ne protégeaient pas les avants autant qu'aujourd'hui. Même encore à Séville, en 1982, le cas Harald Schumacher Battiston ! Et quand Sékou me casse la jambe, ni faute, ni avertissement ou expulsion. Rien ! Et rappelez-vous aussi de Pelé, agressé par les Bulgares et les Portugais au Mondial 1966 ! Sans sanctions !
On n'imagine plus cela aujourd'hui, n'est-ce pas ?

## Il y avait plus d'espaces, moins de pression

Sans doute, mais seulement en apparence. Car, théoriquement, les équipes jouaient avec quatre ou cinq attaquants. Et le milieu de terrain était composé de deux ou trois demis seulement. Mais les attaquants défendaient.
Je me rappelle les marquages sur Hidegkuti, l'inter ou faux avant-centre de la grande Hongrie. Je me souviens défendre devant Di Stefano. Et les ailiers des équipes qui évoluaient en WM, comme la France 1958, passaient beaucoup de temps à défendre aussi. La vérité, c'est sans doute l'état d'esprit.

## Un état d'esprit offensif et créatif

C'était la recherche constante de la supériorité numérique, soit par les dribbles de Kopa, soit par des une-deux permanents entre les différents attaquants, soit enfin par les raids de nos ailiers qui recevaient d'excellents ballons dans le dos des défenseurs.
Aujourd'hui avec un seul attaquant, voire aucun, comment voulez-vous créer cette fameuse supériorité numérique ?

## Nous avons perdu les duels

Cette réflexion classique de nombreux entraîneurs est bien symbolique de l'évolution des choses. Le football actuel est trop souvent dépendant de multiples duels qui se livrent au milieu, dans la jungle du milieu de terrain, où s'accumulent les joueurs dans le but d'empêcher l'autre de jouer. Et idem pour le rival bien souvent. C'est un jeu de pression et de duel sans fin.
À notre époque, l'esprit n'était pas autant d'empêcher l'autre de jouer, sinon de mieux jouer.

## Mieux jouer que le rival !

En demi-finale contre le Brésil en 1958, on n'avait même pas prévu de marquage spécial sur Pelé. Et sur Garrincha, c'était impossible ! Et enfin, si Garrincha ou Pelé avaient été marqués, c'est Vava qui serait passé, ou Didi, ou Zito. Alors le jeu consistait à les déborder en attaque et en création collective ou individuelle. Se créer des occasions si possible nombreuses. Et ne pas les manquer.
Le football d'alors, à quelques exceptions près, était imprégné d'un état d'esprit entreprenant, offensif. Alors qu'aujourd'hui, on observe plutôt des stratégies visant à neutraliser l'adversaire. C'est à mon avis plutôt ingrat pour les footballeurs modernes.

## L'autre pression

C'est peut-être un des rares arguments qui nous ait favorisé en notre époque où il y en avait très peu, en particulier lors de ce Mondial 1958, où tout le monde nous voyait de retour au bercail dès la fin de la première phase.

Aujourd'hui, l'ampleur de l'investissement dans le football, la pression des médias sont sûrement des facteurs contre-productifs pour la plupart des joueurs, sauf pour les incontestables et rares plus grands. Parmi leurs qualités, ceux-ci doivent s'abstraire de la pression de l'environnement du football.

## Le niveau technique

Je pense avec beaucoup de mes contemporains, comme Di Stefano ou Kopa et avec d'autres comme Cruyff, que le niveau technique a baissé, que les valeurs se sont nivelées, selon le principe des vases communicants où quand monte le niveau physique, la force, la pression baissent le niveau technique, la finesse et la créativité.

Il existe bien sûr des exceptions à la règle, comme nous avons observé avec le FC Barcelone qui a démontré qu'on pouvait encore faire du bon football et ce même devant des équipes qui priment les nouvelles valeurs du football, vitesse, physique, stratégie, etc.

## De cinq attaquants à un aujourd'hui

Dans des conditions autrement plus difficiles, ballons, matériels, chaussures, voyages, etc., les attaquants marquaient en moyenne près du double de ceux d'aujourd'hui, y compris les ailiers. De quatre ou cinq attaquants, on est passé à un ou deux maximum, parfois sans avant-centre authentique. Et ce au profit de la fameuse pression à exercer sur l'adversaire en milieu de terrain. Alors on a perdu les ailiers et des attaquants et gagné des milieux de terrain, et je ne suis pas surpris de la dimunution des moyennes de but et, même d'occasions de buts.

## Marquer plus que le rival ou encaisser moins ?

Un cliché de plus et une différence entre deux époques, entre deux types de football. Si nous avions quatre (le Brésil) ou cinq attaquants (la France), naguère, c'est parce que l'objectif était l'offensive avant tout. Si aujourd'hui, les attaquants se raréfient, c'est sans doute parce que l'objectif n'est plus le même. Non ?
Il ne faut pas se le masquer : le football actuel ne recherche plus à marquer plus de buts que l'adversaire, il s'agit d'abord de ne pas encaisser de but. Et bien des matches se déroulent ainsi, le premier but marqué garantit souvent un bon résultat. C'est tout.

## Plus facile de marquer avant ?

Cette réflexion me fait sourire – au moins. Considérons les scores des buteurs des différents Mondiaux, plusieurs meilleurs buteurs n'ont marqué que 6 buts ou moins ! Et les seconds de 1954 ou 1958 ne sont qu'à 6 buts !
Ce n'est pas si facile de marquer beaucoup de buts dans un Mondial, n'est-ce pas ?
Le dernier grand buteur, Ronaldo, en a mis 8 en sept matches lors du Mondial 2002. Il avait joué contre Costa Rica ou la Chine, deux matches dits « opération portes ouvertes ». Et comme je l'ai déjà souligné, les arbitres protègent mieux les avants d'aujourd'hui.

## Majed Oulmers, un cas d'école ?

Fabio Capello, l'entraîneur de la Juventus de Turin, a affirmé que les théoriques équipes majeures des grands championnats européens ne figurent pas toutes en haut des classements. Chaque club a une équipe type où les meilleurs ont une grande responsabilité et sont fort sollicités. Surtout en 2006, année du Mondial où les stars ont participé à la qualification pour la Coupe du monde.
Les réflexions de Capello se référaient, aussi et ainsi, à la blessure subie par un de ses joueurs clés à la Juventus, Lilian Thuram, lors d'un match officiel en équipe de France. Ce thème épineux nous amène au cas de Charleroi, un futur cas Oulmers peut-être.
Le club belge de Charleroi attaque la FIFA pour la longue blessure de son joueur marocain, Majed Oulmers, avec sa sélection contre le Burkina-Faso.
Un modeste club belge accuse la plus importante institution du football d'abus de position dominante, pendant que les richissimes clubs du G14 se plaignaient depuis très longtemps de telles mésaventures, sans jamais avoir attaqué la FIFA. Mais maintenant, le G14 a appuyé Charleroi. Je crois que Charleroi entame ce procès avec de bonnes chances de succès. Il est en effet anormal, dans ces cas-là, sans toutefois en arriver à parler de florissantes compensations financières, que rien ne soit prévu, pour couvrir les cas de blessures et longues indisponibilités des joueurs pour les clubs. Et pour le joueur aussi !
Même si l'argent n'arrange pas toujours les choses, imaginez un cas de blessure définitive avec la sélection. Il semble équitable de penser aussi au joueur.

## Violence et fanatiques

Un match de Coupe de France entre Nîmes et Trèbes provoqua en 2003 une bataille rangée entre supporters des deux camps après l'ouverture du score par Nîmes. Les « ultra » du Deportivo de La Corogne ont dissous leur section après la mort d'un des leurs, tabassé par d'autres « ultra » de La Corogne, parce qu'il avait voulu protéger un jeune supporter de l'autre équipe.
Lors d'un match Turquie-Angleterre, après le penalty raté par Beckham, la provocation d'Alpay a fini à la mi-temps par un pugilat général dans le tunnel menant aux vestiaires, etc. Les scènes de violence se multiplient partout où l'on joue au football, tant dans l'élite que dans les catégories inférieures. La violence existe hélas ailleurs, mais il serait trop facile de considérer la violence dans le football comme le reflet de la violence dans notre société.
Les « ultra », ainsi nommés, prouvent par cette seule dénomination, qu'ils peuvent dépasser certaines limites. Les médias et environnements de clubs qui parlent de « matches d'hommes », de «duels», de «batailles», «d'enfer», et autres termes guerriers, ne facilitent pas la tâche des arbitres, créant des climats peu sereins pour un match de football qui ne devrait être jamais qu'un jeu ou un plaisir. Sans parler des prestations de certains entraîneurs sur la touche et des provocations de certains joueurs, qui n'aident pas à la sérénité. Avant d'évoquer le fair-play et son sens éducatif ou préventif, il faudrait prendre et appliquer des sanctions sévères, pas uniquement financières.

## Hu, Hu, Hu, Hu... au racisme

Des incidents graves et regrettables se multiplient depuis plusieurs années déjà dans le football moderne, et ont dépassé les limites du supportable quant aux attitudes, cris et insultes racistes envers les joueurs noirs en particulier. Cette évolution est, en partie, due à l'existence de cohortes de fanatiques dans les stades. Le football n'a pas encore réussi à expulser tous les groupes ultras qui, la plupart du temps, orchestrent ces manifestations. Ce phénomène est assez répandu en Espagne et en Italie, où les joueurs noirs sont souvent insultés ou souffrent ce cri habituel... « hu hu hu hu », dans les stades. Des pays comme l'Angleterre, la France ou les Pays-Bas alignent un immense nombre de joueurs d'origine africaine dans leurs équipes, où parfois l'exception est le joueur blanc, et les dits joueurs ne souffrent donc pas trop ces cris ou insultes. Mais ces pays-là ne sont pas non plus à l'abri de la stupidité humaine et du racisme. Finalement il y a danger partout, et partout, il faut prendre des mesures, là aussi, bien au-delà des simples sanctions financières.

### Les noirs Pelé, Garrincha, Ben Barek

J'ai eu le plaisir de rencontrer sur le terrain, d'apprécier et d'admirer de très grands joueurs noirs, le plus grand, Pelé, et sans doute son prédécesseur en Afrique, puis en France, Ben Barek, et enfin Garrincha. Ces hommes-là, et je peux en citer d'autres comme Eusebio ou Roger Milla, ont mérité l'admiration de la planète, et ont apporté au football la beauté du jeu, la créativité, le but, l'art, etc. Leurs frères et descendants doivent recevoir le même traitement que les joueurs blancs, dans la vie, comme dans un stade de football : sifflets ou applaudissements, admiration ou critique, mais en aucun cas ces cris de singe, provenant des singes des tribunes.

## *Le fair-play disparu*

***Jouer pour gagner**, c'est la première règle du fair-play, presque universellement piétinée, sauf par les enfants. **Jouer propre**, la règle n° 2 du fair-play, universellement confondue avec le jeu sale, qui consiste* *à truquer et tromper son monde, l'arbitre en premier, soi-même et le football en dernier.* **Respecter les règles du jeu !** *Nombre de joueurs et entraîneurs, outre les spectateurs, ne connaissent pas les règles !* **Respecter l'arbitre** *: nombre de joueurs ou entraîneurs considèrent que contester les décisions de l'arbitre, et souvent systématiquement (sauf à Collina), est une arme de pression nécessaire dans le football moderne.* **Respecter adversaires, coéquipiers, juges, officiels, dirigeants et public !** *Une tâche impossible pour les joueurs, entraîneurs et dirigeants modernes. Sécher ou empêcher de jouer un attaquant habile, fêter les buts de façon pathétique et individuelle.* **Être digne dans la victoire et dans la défaite !**

**Le rôle du public dans le fair-play !** *Les joueurs souffrent sa pression, celle de la victoire obligatoire et de l'erreur interdite.*

*Le public siffle l'adversaire, par principe, ou habitude acquise, une seconde nature, et ne l'applaudit jamais, par principe. Il le conspue, le hue, voire l'insulte. Le public siffle ses propres joueurs, par dépit. Il arrive dorénavant qu'il tente de lyncher ses adversaires et même ses stars.* **Les autres règles** *du fair-play sont des conseils d'évangélisation, le refus de la corruption, du dopage, de la violence, du racisme, etc. La dernière règle est* **d'honorer ceux qui honorent le fair-play** *: hélas ! les conseils d'éthique n'ont pas beaucoup l'embarras du choix...*

## *Catalogue Anti-fair play à l'usage des enfants*

*Les enfants qui aspirent à devenir footballeurs professionnels ont tendance à limiter les tricheries vues sur les stades et à la télévision, qui répète à satiété les actions « anti-fair-play », sous tous les angles. L'enfant risque de s'imprégner de ces pratiques pour apprendre à casser le jeu, à faire mal à l'adversaire, comment gagner du temps, marquer un but discrètement de la main, tomber dans les 18 mètres en se faisant un auto-fauchage, simuler un coup de coude ou une blessure pour récupérer la balle et gagner du temps, etc.*

**Chutes théâtrales.** *Une main t'effleure le cou ou l'épaule : chuter spectaculairement en simulant un violent coup de coude au visage, chercher du sang dans la bouche, sur les lèvres, dans le nez, dans les*

*cheveux. Comme il n'y a pas de douleur, et que l'arbitre ne siffle pas, se relever en se plaignant toujours et en se plaignant aussi à l'arbitre qui n'a rien vu.*
*Quand tu cours au coude à coude avec un rival, les yeux fixés au sol et qu'enfin tu voies la ligne blanche de la surface de réparation, cherche le contact et tombe spectaculairement, roulant au sol autant de fois que le permet ta vitesse. Si l'arbitre ne siffle pas, reste 20 secondes sur ton séant, clamant au ciel et à l'injustice. Plus que probablement, tu auras pour le moins l'appui de ton public, si tu joues à domicile.*
**Pour gagner du temps.** *Quand on mène au score et qu'un ramasseur de balles te lance le ballon pour effectuer la remise en jeu, laisse-le passer innocemment, ça oui, cours immédiatement pour le récupérer parce que l'arbitre peut se formaliser de ta fausse maladresse. Etc. Le Catalogue anti-fair-play du football est infiniment riche. Pauvre enfant ! Aujourd'hui, nombre de parents ont éloigné leurs enfants de ce football antisportif, ou anti-éducatif. Et certainement se sont perdus en route quelques talents.*

## Mes pronostics pour le Mondial 2006. Finale talent contre fraîcheur

Ou Brésil-Allemagne. Ces deux sélections ne doivent pas se rencontrer avant l'ultime match. C'est effectivement une finale probable ou possible.
Le talent du Brésil compensera la fraîcheur émoussée de certains des siens comme Ronaldinho, Kaka ou Robinho.
Ronaldo et Adriano, hors forme à la sortie de l'hiver, devront retrouver sans doute du punch au bon moment. Ainsi que Cafu, rétabli de blessure au bon moment.
Le déficit technique de l'Allemagne par rapport à d'autres sera au contraire compensé par la fraîcheur relative de ses joueurs qui ont bénéficié d'une longue trêve hivernale de leur championnat. La jeunesse de son équipe et la condition d'amphitryon sont aussi favorables à ce match final. L'alerte devant l'Italie (1-4, le 1er mars 2006) a dû avoir un effet salutaire.

D'autres favoris comme l'Argentine, l'Italie, la France, l'Espagne ou l'Angleterre ont les moyens techniques d'arriver en finale, mais les championnats où évoluent leurs cadres et leurs stars sont très chargés. L'Angleterre, en particulier, joue beaucoup et sans trêve du tout ! Si Totti revient à temps, ce sera un avantage pour les Transalpins. Il en va de même pour l'Espagne qui aura récupéré Raul, Xavi et Vicente après de longues blessures et qui apporteront talent et fraîcheur à une bonne sélection. La France aussi a ses chances de songer à la finale, mais cela dépendra encore de la fraîcheur de ses cadres, Zidane, Thuram, Vieira, Makelele, Trezeguet et Henry, très sollicités avec leurs clubs. Mais tous ces favoris devront croiser sur leur chemin vers la finale les super-favoris, l'Allemagne et le Brésil.

Les Africains risquent de nous décevoir, hélas, en particulier la Côte d'Ivoire qui a disputé la finale de la Coupe d'Afrique des Nations et dont beaucoup de joueurs jouent en Europe, dans des championnats exigeants et Drogba le premier. Ils ne seront sans doute pas au niveau physique que requiert leur talent naturel : de la fraîcheur.

## Jean-Pierre Bonenfant

Voyageur, footballeur, photographe, spécialiste des transports internationaux, journaliste et écrivain, mais surtout passionné d'histoire du football, Jean-Pierre Bonenfant réside en Espagne où il est éditeur de la revue www.contrapie.com, unique en son genre sur la toile. Il a collaboré ou collabore avec divers medias de presse écrite, *La Presse de la Manche, La Dépêche du Midi, Ballon Mag* (France), *Don Balón* (Espagne), *Placar* (Brésil).

## Références bliographiques


www.fff.fr : le site de la Fédération française de football
www.francefootball.fr : la page de *France Football*
www.lequipe.fr : la page de *L'Équipe*
www.unfp.org : le site de l'Union nationale des footballeurs professionnels
www.fifa.com : le site de la Fédération Internationale de Football Association
www.rsssf.com : Record Sport Soccer Statistics Foundation
www.iffhs.de : International Federation of Football History and Statistics
www.neofoot.com : le site français des Archives et statistiques du football
www.stade-de-reims.com : le site du Stade de Reims
www.ogcnice.com : le site de l'OGC Nice
www.elwatan.com : le site du quotidien *El Watan*, pour l'article de Mohamed Maouch
www.ladepeche.fr : le site du quotidien *La Dépêche du Midi*
www.donbalon.com : le site de la revue *Don Balón*, Espagne
www.placar.com.br : le site de la revue *Placar*, Brésil
www.contrapie.com : le site d'histoire du football offensif et créatif

**Revues, magazines**

*France Football, L'Équipe, Ballon Mag, Don Balón, Placar, World Soccer*

**Livres**

*Stade de Reims, une histoire sans fin*, Pascal Grégoire Boutreau et Tony Verbicaro, Éditions des Cahiers intempestifs - Stade de Reims, 2001
*OGCNice, Cent Ans de passion*, Michel Oreggia, 2004, Éditions Giletta-Nice Matin
*El fútbol a sol y sombra*, Eduardo Galeano, 1995, Ediciones del Chanchito, Montevideo
*Os artistas do Futebol Brasileiro*, Antonio Falcão, 2006, Bagaço, Recife, Brésil

**Aux Éditions de L'Équipe**

*La belle histoire de l'Équipe de France*, 2004
*50 ans de Coupes d'Europe*, 2005
*50 ans de Ballon d'or*, Gérard Ernault, 2005
*La Coupe du Monde 1930-1998*, 1997

Si vous souhaitez recevoir notre catalogue
et être tenu au courant de nos publications,
envoyez-nous vos nom et adresse, en citant ce livre
et en précisant les domaines qui vous intéressent.

**Éditions SOLAR**
**12, avenue d'Italie**
**75013 PARIS**
**Internet : www.solar.tm.fr**


ISBN : 2-263-04107-9
Code éditeur : S04107
Dépôt légal : avril 2006

Directeur de collection : Renaud de Laborderie

Réalisation de la couverture : Graph'm, Montrouge
Réalisation de l'intérieur : Nord Compo, Villeneuve-d'Ascq

*Achevé d'imprimer sur les presses de*

BUSSIÈRE

GROUPE CPI

*à Saint-Amand-Montrond (Cher)*
*en mars 2006*

N° d'impression : 061227/1.

*Imprimé en France*